CORONA FÚNEBRE DEL PARTIDO NACIONAL DE HONDURAS

CARÍAS ANDINO: EL ÚLTIMO CAUDILLO

ERANDIQUE

COLECCIÓN

CARÍAS ANDINO: EL ÚLTIMO CAUDILLO
Corona fúnebre del Partido Nacional DE Honduras

©Colección Erandique
Supervisión Editorial: Óscar Flores López
Diseño de portada: Andrea Rodríguez
Administración: Tesla Rodas—Jessica Cordero
Director Ejecutivo: José Azcona Bocock
Primera Edición
Tegucigalpa, Honduras—Septiembre 2025

En marzo de 1971, en la fecha de los 95 años de nacimiento del caudillo, el Partido Nacional publicó un libro homenaje en su memoria.

EL ÚLTIMO CAUDILLO DE AMÉRICA...

El 23 de diciembre de 1969, un día antes de la Navidad, falleció en Tegucigalpa, a los 93 años, en santa paz y no al filo de la navaja de alguno de sus muchísimos enemigos, el general y dictador Tiburcio Carías Andino.

Quince meses más tarde, el Partido Nacional le rindió un homenaje con la publicación de Corona Fúnebre, un libro de 139 páginas en el que aparecieron artículos de escritores de la talla de Jaime Fontana, Eliseo Pérez Cadalso, Lucas Paredes, Yanuario Landa Blanco, Rafael Bardales Bueso y Raúl Gilberto Tróchez, entre otros.

"Casi nada se ha dicho, por ciertos prejuicios y por la Navidad. Hace un mes murió el último caudillo de América —y probablemente del mundo, si se exige al caudillo tantos atributos—: el hondureño Tiburcio Carías Andino", escribió el poeta Jaime Fontana.

La apología del autor de Color naval no se detiene allí y agrega: "Fue el hombre fuerte, paternal y generoso. Fue el fundador de la paz y el exterminador de la guerra civil. El saneador de la economía. Creó la plataforma donde se asentaron el gobierno liberal de Gálvez y las leyes sociales de Lozano, todo ello continuado, ampliado y codificado por los gobiernos posteriores. Dios premió las virtudes de este hombre extraordinario".

Yanuario Landa Blanco, por su parte, señaló que "La transformación de Honduras, un país anarquizado, empobrecido y estático hasta el año de 1932, se verificó con la aparición en el escenario político de la figura extraordinaria del doctor y general don Tiburcio Carías Andino, quien, dotado de grandes aptitudes mentales y de un singular don de mando, unido a una gran comprensión de las necesidades nacionales, se convirtió en símbolo de las aspiraciones populares y figura central de nuestra historia y nuestra vida republicana".

"Discreto en sumo grado —escribió el abogado Eliseo Pérez Cadalso—, nunca de sus labios salió secreto alguno para dañar a terceros, y mucho menos a sus amigos. Esta especial condición suya, que era conocida del pueblo hondureño todo, lo erigió en el confesor de millares de personas que llegaban hasta él a confiarle sus problemas. Y he aquí otra de las razones que explican su enorme ascendiente sobre las multitudes."

La publicación de 1971 también incluye sentidos acuerdos de duelo de distintos comités nacionalistas de toda Honduras.

Para completar Carías Andino: el último caudillo, como lo llamó Jaime Fontana, incluimos algunos extractos del libro Biografía del doctor y general Tiburcio Carías Andino, de Lucas Paredes (publicado en 1938), y El Diario de la Guerra, del periodista español radicado en Tegucigalpa, Mario Rivas de Cantruy.

Carías Andino se convertiría en 1924 en uno de los protagonistas de la peor guerra civil en la historia de Honduras (él, Vicente Tosta, Gregorio Ferrera y Francisco Martínez Funes lideraron el bando revolucionario que enfrentó al dictador Rafael López Gutiérrez), luego de que el Congreso Nacional desconociera su triunfo en las elecciones generales de 1923.

Interesante es la entrevista que el periodista Matías Oviedo (de afiliación liberal) le realiza a Carías Andino en 1929, cuatro años antes de que el general se convirtiera en presidente de Honduras:

"Al llegar a Zambrano al mediodía, pedí ver al excandidato a la presidencia, y Elena, su noble e inteligentísima compañera, se prestó deferente a obsequiar mi deseo. Minutos después estaba frente al hombre a quien yo había atacado apasionadamente durante la campaña electoral de 1923-1924 y después de la revolución, en El Salvador, en Guatemala y en México; sentí una indecible emoción cuando los robustos y viriles brazos del caudillo me apretaron fuerte contra su pecho. Y me dijo, antes que yo pronunciara una sola palabra:

—Oviedo, no se imagina cuánto gusto me da verlo de nuevo en su patria. Los hondureños debemos vivir en Honduras, Oviedo, hacer a un lado rencores y tratarnos como hermanos."

Temido por muchos, amado por otros, Tiburcio Carías Andino es uno de los políticos más controversiales en la historia de Honduras, incluso cuando concluyó su dictadura y siguió conspirando protegido por las sombras.

Este libro es un homenaje de aquellos que lo admiraron. No hay en él críticas ni señalamientos. Sin embargo, posee un valor histórico incalculable.

ÓSCAR FLORES LÓPEZ
Editor Colección Erandique

POSTRER OFRENDA

En esta fecha —15 de marzo— estaría celebrando su cumpleaños el eminente república, doctor y general don Tiburcio Carías Andino.

El recordatorio provoca emoción en el alma del pueblo hondureño, y el Comité Central del Partido Nacional, como postrer ofrenda, dedica a su Jefe Supremo esta Corona Fúnebre, elocuente demostración de respeto y simpatía para el excelso caudillo.

En las páginas de este trabajo, numerosos profesionales e intelectuales consagran al general Carías la frase justiciera que lo define como uno de los mejores gobernantes que ha tenido el país, de extracción popular nacionalista.

Los juicios son espontáneos y desapasionados, destacándolo como el fundador de la paz y creador de la Honduras próspera y respetada a la que tanto amó —así como amó y se entregó por entero, sin reservas, por igual a todos sus amigos.

Ciudadano de ejemplares virtudes cívicas, morales, republicanas y patrióticas, preciosa herencia de sus también virtuosos progenitores, la vida del general Carías fue de abnegación al trabajo y de positiva responsabilidad frente a los sagrados intereses de la República, de Honduras, del pueblo hondureño.

Desde el instante mismo en que su acción se hizo sentir en la vida pública del país, su solo nombre fue imán de simpatías y estandarte de unidad nacionalista.

Su obra es vasta en materia de progreso material y cultural, y sus ejecutorias de político sagaz y visionario cubren más de medio siglo en la historia patria.

El 23 de diciembre de 1969 cerró sus ojos para siempre.

Entró al oriente de la inmortalidad, para ocupar el puesto que hoy ocupa en el corazón del pueblo hondureño, que día a día —justificada su gestión de estadista— lo recuerda con cariño y gratitud.

Al publicar este valioso documental, contenido en esta Corona Fúnebre, el Partido Nacional de Honduras, a través de su Comité Central, deposita sobre la tumba de su Jefe Supremo el fresco laurel del reconocimiento y las siemprevivas del invariable afecto.

¡Que el general Carías Andino duerma en la grandeza de su gloria, seguro de que su nombre es y será la luz que ilumina e iluminará la victoriosa senda del Partido Nacional, de este partido que con orgullo perpetúa su memoria!

Renovadas demostraciones de simpatía a los familiares del insigne caudillo.

Tegucigalpa, D. C., 15 de marzo de 1971.

LOS GRANDES DE LA HISTORIA

Para mí, los representantes de este país han sido:
El Cacique Lempira: contra el conquistador.
El General Morazán: que hizo la Unión de Centroamérica.
El Capitán General José Santos Guardiola: que fusiló en Trujillo al filibustero invasor y reivindicó para Honduras las Islas de la Bahía y la Mosquitia; y el General Carías: que de los escombros de este país organizó la República.

JOAQUÍN PALMA OYUELA

Tegucigalpa, D. C., 28 de enero de 1970.

CORONA FÚNEBRE

Sr. Dr. Martín Agüero, h.
Su despacho:

Atendiendo a los deseos de usted, como Presidente del Comité Central del Partido Nacional, expongo algunas ideas acerca de la personalidad del Dr. y Gral. Tiburcio Carías Andino, quien hace poco falleció, y con el objeto de contribuir a la formación de una "Corona Fúnebre", que son los deseos del expresado Comité, me es muy grato dar algunos perfiles que son muy conocidos del Dr. Carías Andino.

El Dr. Carías Andino se graduó de abogado en esta capital, siendo bastante joven.

Participó en la política del país y luchó por sus principios democráticos en la prensa y en el terreno militar.

Fue electo Presidente de la República y desarrolló una obra cultural de fuertes dimensiones.

Sentó la paz del país, siempre amenazada por los políticos, y durante el ejercicio de la Presidencia por tres períodos, el pueblo se dedicó al trabajo abriendo fuentes de riqueza.

Al terminar el tercer período presidencial, el pueblo hondureño deseaba que continuara, pero él se abstuvo.

Durante el ejercicio de la Presidencia hubo honradez en el manejo de los fondos públicos.

Esas son, en pocas palabras, las obras meritorias del Gral. Tiburcio Carías Andino.

Quedo esperando sus apreciables órdenes.

TOMÁS ALONZO B.

EL ÚLTIMO CAUDILLO Y PARA SIEMPRE

Por JAIME FONTANA

Casi nada se ha dicho, por ciertos prejuicios y por la Navidad. Hace un mes murió el último caudillo de América —y probablemente del mundo, si se exige al caudillo tantos atributos—: el hondureño Tiburcio Carías Andino.

Muerte casi increíble —aunque esto suene a boba paradoja a quienes saben que cargó casi 100 años, aún leyendo sin anteojos—, porque los hondureños, viejos o jóvenes, amigos o adversarios, nos habíamos acostumbrado a su vitalidad y su vigencia excepcionales; a que la historia de Honduras —y en gran medida la de Centroamérica— girara, como giró durante medio siglo, alrededor de su poderosa personalidad.

Esto que digo en el Decano es sólo la primera cédula de mi suprema aspiración literaria: la biografía completa del más grande centroamericano de este siglo, a quien el pueblo llamaba cariñosamente "El Gran Viejo", "El Viejo Roble" o "El Mero Tatascán", aludiendo estos últimos nombres a muy fuertes, muy nobles y duraderos árboles. También fue llamado, por su serenidad agreste en la derrota, "El Cincinato hondureño".

Lo asombroso en este hombre —convertido en leyenda y en símbolo desde mucho antes de su muerte— es que alcanzó su popularidad fabulosa sin un solo gesto demagógico; sin moverse de su sillón de patriarca rural, excepto para acariciar, todas las tardes, los árboles sembrados por su mano; con muy pocas palabras, empleadas más para regañar los desvíos que para alabar los aciertos. Los alcanzó con solo el peso de sus virtudes, privadas y cívicas, con la sola convicción magnética de su mirada. Historiadores imparciales calculan que esa popularidad —con sus aumentos y sus rebajas naturales— llegó en 1923, año en que los marines, invocando tratados obsoletos, le impidieron, desembarcando en Amapala, tomar la Presidencia, y llegaba al 90 o al 95% de la opinión.

Nacido en la democracia liberal, cumplió cabalmente su destino histórico: salvar a esa democracia —tan limpiamente defendida por algunos de sus adversarios, como Policarpo Bonilla y Mejía Colindres— "echándosela en el bolsillo".

(Esta frase es mía, y la escribí cuando era muchacho, con la aprobación enigmática de mi maestro López Ponce, refiriéndose a cómo Napoleón salvó a la Revolución Francesa).

Basta una anécdota para medir la estatura moral de este hombre que, sin ejército organizado, sin más fortuna que las tierras que heredó de sus padres y hoy lega a sus hijos, sin mendigar apoyo de gobiernos o intereses extranjeros, fue Presidente durante 16 años consecutivos; colocó, antes y después, con la mano —cuyo índice la mayoría hondureña seguía sin vacilar— a cuatro presidentes; dio su fuerza decisiva a otros tres gobiernos; ayudó, incluso, siempre por defender la paz (que fue su bandera y su lograda meta) a dos gobiernos adversarios: el del Dr. Mejía Colindres, enviando a sus hombres contra los montoneros, y el otro —el del Dr. Villeda Morales—, oponiéndose enérgicamente a su derrocamiento cuando el gobernante liberal (1959) se hallaba en el filo de la navaja.

Fue el hombre fuerte, paternal y generoso. Fue el fundador de la paz y el exterminador de la guerra civil. El saneador de la economía. Creó la plataforma donde se asentaron el gobierno liberal de Gálvez y las leyes sociales de Lozano, todo ello continuado, ampliado y codificado por los gobiernos posteriores.

Dios premió las virtudes de este hombre extraordinario.

Lo premió —decíamos— con una esposa nobilísima, doña Elena Castillo de Carías, que lo acompañó en todas sus brechas hasta que la muerte llegó por ella, hace 11 años; y con cuatro hijos dignos de ambos. Lo premió dejándolo vivir hasta ver fuera de su patria al invasor y contemplar, orgulloso, a sus "Aguiluchos" (aviadores, iniciados por él, como lo ha recordado el sagaz periodista Tito Aplicano) barriendo de los cielos hondureños a los agresores. Y en lo familiar, tuvo en las horas postreras la satisfacción de ver al hijo que lleva su nombre —aunque sin el segundo apellido, que es de su magnífica madre— ganando gallardamente, como Canciller de la República, la gran batalla diplomática de la OEA; a su otro hijo varón, Gonzalo, dedicado al campo que el patriarca tanto amaba; y a sus dos hijas haciendo siempre algo por Honduras, como nobles matronas.

La muerte de Tiburcio Carías Andino es la más llorada de la historia de Centroamérica. Pero su consagración en vida tiene la virtud de hacernos creer nuevamente —porque ya habíamos dudado— que, aunque sólo en rarísimas veces, se imponen en este mundo la decencia, la verdad y la justicia.

(Tomado de "EL COMERCIO", Decano de la Prensa Peruana, página editorial. Viernes 30 de enero de 1970).

POSTERIDAD DEL DOCTOR Y GENERAL TIBURCIO CARÍAS ANDINO

Por ÁNGEL G. HERNÁNDEZ

Escribir la semblanza, aunque sea de cortas dimensiones, de un hombre superior como lo fuera desde su vida egregia el Doctor y General Tiburcio Carías Andino, no es, en realidad, una tarea de investigación histórica simplemente, sino también de interpretación de la filosofía de ese hombre extraordinario, con todo su dinamismo multifacético proyectado sobre el panorama internacional y todas sus aspiraciones que emergían de su conciencia de la realidad nacional, para luego ingresar a la historia y colocar su imagen en el alto sitio que merecidamente le corresponde.

Esa semblanza nos diría, así en forma resumida o comprimida, que el Doctor y General Tiburcio Carías Andino procede de un hogar que en esta ciudad capital formaran el General Calixto Carías y la noble señora Sara Andino de Carías. De ese hogar honorable salió la personalidad llamada a encarnar y resumir la nación hondureña, equipado con los altos atributos morales en los que, como en inmensa fragua del espíritu, templó su carácter y formó su voluntad de acero para triunfar, con inteligencia clara, en las aulas primarias, secundarias y universitarias, preparándose en estas últimas para optar al título de abogado de los tribunales de la República, habiendo formado, en el ínterin, con la distinguida dama señora Elena de Carías Andino, el honrado hogar que alentara la vida de sus hijos Tiburcio, Gonzalo, Marta y Elena.

Así como todo hombre actúa dentro de su circunstancia, sea esta favorable o adversa, el Doctor y General Carías Andino se movió dentro de la suya, la que, por su enérgica y rectora influencia, fue aumentando su diámetro en el correr de su vida, habiendo sido, sucesivamente, local, nacional, centroamericana, continental y mundial; crecimiento que fue simultáneo, como era natural, con el de su recia personalidad que tuvo la suerte de leer en la realidad de los pueblos la clave del progreso, la cual le produjera la profunda obsesión de toda su larga y fecunda vida.

Con las armas académicas que recibió en las aulas, el Doctor y General Carías Andino salió del mundo escolar, de las ciencias, para entrar en el de la política. Del campo de la teoría científica al de la práctica, al de la experiencia. De la circunstancia en que actuaban profesores, hombres de letras, intelectuales, artistas y estudiantes, entraba a otra en que desfilaban políticos y militares que se movían en campos distintos. De la circunstancia en que se enfrentó con los fogueados políticos doctores Policarpo Bonilla y Juan Ángel Arias, quienes no pudieron hacerlo caer en las redes que le tendieron para liquidarlo políticamente, pasó a la de las guerras intestinas donde vio cómo ellas desgarraban la paz y sembraban la tragedia y la pobreza en las campiñas nacionales. De este modo comprendió cómo entendían la política aquellos hombres contra quienes luchó en las contiendas cívicas y bélicas y oyó de cerca las palpitaciones del corazón de las revoluciones armadas y sintió las agitaciones del alma de la patria que empobrecían. Actor en aquellas sangrías fratricidas, ya lejanas, vio en aquella circunstancia sangrienta las necesidades del pueblo hondureño que se sepultaban en el desprestigio exterior de la nación, pero quedó equipado de las mejores experiencias que pronto le sirvieron en el ejercicio de los cargos departamentales y de gabinete ministerial, empezando a moverse, entonces, en una circunstancia nacional.

El Doctor y General Carías Andino, que había adquirido paciencia y tolerancia políticas en las luchas cívicas y armadas que caracterizaran su circunstancia nacional anterior, soportó en 1924 la intervención de la política exterior que, condensada en el Pacto de Amapala y pasando por alto este pacto, que él había obtenido mayoría de votos sobre sus contendores en 1923, le quitó la Presidencia de la República que había ganado con dicha mayoría de sufragios. Y por esa tolerancia y esa paciencia políticas, se esperó otra vez hasta 1932, año en que triunfó en las urnas electorales ante su adversario Lic. José Ángel Zúniga Huete, quien le hizo la revolución para impedirle que tomara posesión de la Presidencia de la República.

Y ese triunfo electoral de 1932 llevó al Doctor y General Carías Andino a la Primera Magistratura de la Nación, habiendo tomado posesión de ella el primero de febrero de 1933, oyéndose todavía los disparos de la revuelta fratricida, disparos que le recordaron su determinación de haber ido a las revoluciones intestinas no para animar sus llamas destructoras de la vitalidad nacional, sino para extraer del corazón de ellas los cimientos de la paz.

En esa fecha —primero de febrero de 1933— entró en la Casa de Gobierno el Doctor y General Carías Andino, llevando la imagen de la patria que había visto reflejada en el rostro del político, del militar, del soldado, del obrero, del campesino, de la mujer humilde del campo y de la ciudad, del niño harapiento, de los campos exuberantes sin cultivo y de los pueblos y aldeas arrasados por los huracanes de las revueltas intestinas. Con todos ellos había vivido su juventud y con todas esas cosas había empezado su madurez. Y todo ello fue un tesoro de experiencias políticas, sociales, económicas, militares y culturales, que constituyó el instrumental o equipo de instrumentos de trabajo que llevaba aquel hombre superior que entró en la Casa de Gobierno como mandatario de la República, en la fecha indicada.

Y así, con ese repertorio de experiencias surgidas del conocimiento de los hombres y del país, el Doctor y General Carías Andino se hizo cargo de la Primera Magistratura de la Nación y vio con claridad meridiana la circunstancia dentro de la cual tendría que actuar, circunstancia que ya no sólo era nacional, sino también centroamericana, continental y mundial. Su papel de jefe del Partido Nacional, de político prudente, de estadista visionario, de gobernante constructor, de ciudadano ejemplar y de pacifista a toda prueba, no podía apartarlo ni borrarle la visión que del país traía de sus actuaciones de guerrero y de funcionario de gobierno. Confrontó el repertorio de sus quehaceres como gobernante de Honduras con las dimensiones y la naturaleza de la circunstancia que desde ese momento enmarcaría su gestión, y con el equipo de hombres que seleccionó para que colaboraran con él, se puso a trabajar, a mandar en forma concreta.

Los mojones del progreso nacional que el Doctor y General Carías Andino levantara para dejarlos, además, como huellas de su sensibilidad patriótica, están a la vista de propios y extraños, incluyendo en el término propio a todos los hondureños sin discriminación alguna, y en el de extraño a todos los extranjeros. Dice el gran pensador español José Ortega y Gasset que de la sensibilidad del hombre dependen sus quehaceres y aspiraciones. Y este pensamiento, que ha venido aplicándose al hombre, puede referírsele también a los gobiernos. El Doctor y General Carías Andino, que estuviera en el corazón de nuestras revoluciones intestinas y que vio cómo se desenvolvía su técnica en la tarea destructora de la nación, por su gran temple moral y su profunda filosofía humana, tomó aquella visión para destruirla a su tiempo, y así fue que, en contraposición a aquel espíritu guerrero que él viera vigente en las campiñas hondureñas, se fortaleciera en su ser el sentimiento de paz, el espíritu pacifista que le inculcaran en el hogar. No puede encontrarse otra explicación a la tarea que emprendió su gobierno, desde sus inicios, de colocar la paz de Honduras en cimientos perdurables, mediante el exterminio de todo brote de revuelta y de las pandillas de ladrones que asaltaban en los caminos del país. Asimismo, la reforma educativa que se emprendiera en Honduras desde 1934, bajo la inspiración del gobernante, por medio de la cual se introdujeron los métodos activos en las escuelas para instaurar en ellas una vida escolar en un ambiente de paz, de libertad y de democracia, para preparar así a los obreros de una paz estable y, a la larga, el advenimiento de la Honduras nueva que anhelamos. Otro hecho que apuntaba certeramente hacia la consolidación de la paz fue la fundación de la Escuela Militar de Aviación en Toncontín, cuyos frutos se vieron durante su gobierno y, últimamente, con motivo de la agresión salvadoreña en julio del año pasado, en la cual se vio aniquilada la aviación militar guanaca por nuestros aguiluchos, en el término de dos días. Y gracias a esa acción nueva y humanitaria del gobernante, Honduras goza ahora de una paz duradera. Y gracias a esta paz que disfrutamos sin mezquindad, se le ha conferido al Doctor y General Carías Andino el título de "Fundador de la Paz de Honduras".

Pero una paz sin una base económica no tiene una vida segura, duradera. Un país con hambre y pobre no puede tener hombres de paz. Sin himnos de trabajo, no se escuchan himnos de paz. Sin economía garantizada no hay trabajo, no hay paz, no hay producción, no hay cultura avanzada. Todas estas cuestiones fueron plena y ampliamente consideradas por el gobernante, de ahí que uno de sus primeros pasos fuera la cancelación de la deuda externa, pues él sabía, además, que con ese paso vendría la solvencia moral del país en el extranjero y una retención de divisas que aumentaría el poder económico de la nación. El gobernante comprendía que es paso de buen gobierno abandonar la rutina como técnica en el manejo de los negocios del Estado, y que este paso no sería más que el de poner a Honduras en el plano de la economía moderna. Y de la comprensión pasó a la acción, y dejó dispuestas, como resultado de esta manera de pensar, las bases económicas del Banco Central del país, cuya misión de todos es conocida.

Pero hay otro aspecto de la gestión del gobierno del Doctor y General Carías Andino que está en contraposición a lo que ahora se estila en casi toda América Latina. Si aquel gobierno nacionalista se oponía a adquirir fondos en el extranjero para realizar alguna obra de carácter nacional, ahora ninguna obra de esa clase se lleva a cabo sin el préstamo monetario de instituciones bancarias o firmas extranjeras, aunque el país vaya hundiéndose en el mar de deudas foráneas en forma casi alarmante.

En relación con este criterio, conviene insertar a continuación los conceptos que el Doctor y General Carías Andino vertió en un reportaje publicado en el diario El Día, en su edición del 24 de diciembre de 1969: "Usted sabe que a veces me objetan el no haber hecho uso del crédito internacional tan trabajosamente logrado por Honduras para estímulo del progreso acelerado del país. Pero la inseguridad que prevalecía en el mundo y la falta de una adecuada preparación técnica en aquellos tiempos para manejar abundantes fondos financieros me inclinaban a la certeza de que fueran nuestros propios recursos nacionales las fuentes más propicias para respaldar el esfuerzo nacional." Omitimos ahora otros hechos relevantes del gobierno del Doctor y General Carías Andino, por razones de espacio, pero tenemos la seguridad de que otros los relatarán, y así, en esta Corona Fúnebre, se verá en toda su magnitud la obra de aquel hombre superior que ahora está en la inmortalidad.

Dice Ortega y Gasset —volvemos a citar al gran pensador ibérico— que no debemos juzgar al hombre sólo por lo que hace, que cada quien hace lo que puede; debemos juzgarlo también por lo que aspira, por lo que desea; a través de su rostro de carne debemos ver el rostro de sus ideales, de sus aspiraciones, que completan su fisonomía moral. No hay duda de que el pensador español basó este concepto en el papel que la circunstancia desempeña en el quehacer cotidiano del hombre. Si la circunstancia es adversa, es poco o nada lo que el hombre hace o puede hacer. El hombre y su circunstancia son solidarios o contrapuestos entre sí en la obra que contribuye al progreso. Pero no hay que olvidar que la voluntad del hombre puede convertir en favorable el carácter adverso de la circunstancia. Dada, por consiguiente, la férrea voluntad del Doctor y General Carías

Andino, habría que agregar a las obras eminentes que acabamos de enumerar otras no menos importantes que, todas juntas, podrán contrapesar sus aspiraciones que están al otro extremo de la balanza. La circunstancia nacional, centroamericana, continental y mundial que enmarcaron su actuación como gobernante, nadie podrá olvidarlas. Nosotros, que estuvimos a su lado como integrantes del gabinete de su gobierno, vimos cómo en su rostro se reflejaba o se proyectaba claramente la ruta de sus gestiones encaminadas siempre al bienestar del pueblo hondureño. El progreso de Honduras fue la obsesión de toda su vida fecunda. Y todavía, en las proximidades de su viaje eterno, aconsejaba a sus amigos: capacidad, prudencia y valor, en todas las empresas en que entre en juego la dignidad nacional.

Hemos titulado este trabajo "POSTERIDAD DEL DOCTOR Y GENERAL TIBURCIO CARIAS ANDINO", aceptando el término posteridad no con el significado de descendencia, sino de fama, de prestigio, de influencia, de buen nombre, reconocimientos de que disfrutaba el Doctor y General Carías Andino desde su vida egregia y que ahora, después de fallecido, se han crecido al llegar él a la inmortalidad. Esta es la posteridad que debemos guardar y respetar en correspondencia a sus grandes servicios a la Patria.

EL DOCTOR Y GENERAL DON TIBURCIO CARÍAS ANDINO UN HOMBRE EXTRAORDINARIO

Por YANUARIO LANDA BLANCO

La transformación de Honduras, un país anarquizado, empobrecido y estático hasta el año de 1932, se verificó con la aparición en el escenario político de la figura extraordinaria del Doctor y General don Tiburcio Carías Andino, quien, dotado de grandes aptitudes mentales y de un singular don de mando, unido a una gran comprensión de las necesidades nacionales, se convirtió en símbolo de las aspiraciones populares y figura central de nuestra historia y nuestra vida republicana.

Aunque desde su juventud figura en la violenta política de nuestros partidos tradicionales, puede asegurarse que es hasta el año de 1932 que este ilustre ciudadano, al asumir el poder de la nación, se incorpora en forma determinante a los grandes acontecimientos.

Con visionaria inteligencia y con agudo sentido social y político se propuso cristalizar su más profundo anhelo patriótico, cual era el de poner término al torrente de sangre que bañaba los campos hondureños en las frecuentes luchas fratricidas que segaban la existencia de nuestras juventudes en defensa de ideales incomprendidos, preparando así una vida mejor, más armoniosa y más próspera para las generaciones venideras.

Durante muchos años el progreso de nuestro país se encontraba detenido porque aún no había aparecido en Honduras un mandatario con la suficiente grandeza de carácter para tomar las grandes y permanentes decisiones que son necesarias para romper con el pasado, asumiendo valientemente todas las consiguientes responsabilidades.

El implantamiento de la paz en Honduras coloca al General Carías como una de las grandes figuras políticas de Centroamérica y su nombre queda inscrito en el reconocimiento de un pueblo que comienza a comprender que solamente dentro de la paz podrá llegar a ser un pueblo próspero y civilizado.

Los que fuimos testigos de la pavorosa tragedia en que se debatía el pueblo hondureño antes de 1932, comprendemos que era necesaria la presencia en el poder de un hombre con el carácter del General Carías Andino, a efecto de comenzar la cruzada de su organización con el implantamiento de la paz.

Sus grandes atributos personales le permitieron realizar la batalla más grande de nuestra historia: la batalla contra nosotros mismos, contra nuestra indolencia, contra nuestro espíritu anárquico, contra nuestra soberbia y nuestras múltiples negaciones. Esa fue la batalla de la paz, indispensable para consolidar el bienestar de las generaciones del porvenir y trazar los lineamientos para la formación de un pueblo trabajador, progresista y apto para la defensa de su soberanía.

Hay quienes han tratado de opacar la obra material administrativa llevada a cabo por el General Carías Andino durante su período presidencial, aduciendo que podría haber sido más importante tomando en cuenta el tiempo de su duración. Pero se olvidan que el General Carías recibió el mandato presidencial en el momento más crítico de nuestra historia, cuando el país se encontraba en completo desbarajuste político y financieramente desorganizado, cuyo presupuesto anual era escasamente de DOCE MILLONES DE LEMPIRAS, y que solamente después de un arduo trabajo de reorganización se logró elevarlo hasta VEINTICUATRO MILLONES DE LEMPIRAS, al final de su administración; mientras que en los años posteriores, cuando ya el país estaba pacificado y organizado, los mandatarios que le han sucedido han dispuesto de un presupuesto anual desde CIEN hasta DOSCIENTOS MILLONES DE LEMPIRAS.

Pero, a pesar de tan escasos ingresos, siempre pudo mantener al día el pago de los sueldos de todos los empleados públicos y promovió el adelanto del país en todas direcciones dentro del ámbito nacional, pues construyó carreteras, caminos vecinales, instalaciones de luz y agua potable, escuelas, mercados públicos, pagó totalmente la cuantiosa deuda externa que pesaba sobre el país, organizó el Ejército y la Fuerza Aérea, la más poderosa de Centroamérica en aquel tiempo, al mismo tiempo que tuvo que develar las frecuentes invasiones armadas de sus adversarios políticos refugiados en países vecinos, a costa de grandes sacrificios económicos, con el propósito de parar para siempre las llamadas revoluciones.

Era el General Carías un amigo en quien se podía confiar. Nunca prometía una cosa que no podía cumplir, pero cuando prometía algo siempre lo cumplía. Jamás se expresaba mal de nadie, ni aun de aquellos adversarios suyos que lo insultaban y calumniaban, insultos y calumnias a las que jamás replicaba. Defendía siempre al amigo y lo visitaba cuando sabía que se encontraba enfermo o era víctima de algún infortunio. Toda su vida se mantuvo enmarcada dentro de una moral rigurosa.

Aunque todos sabemos que tarde o temprano tenemos que morir, siempre se siente una honda tristeza cuando muere un hombre tan querido y tan admirado por sus amigos como fue el General Carías, porque era él una persona que, cuando se le conocía de cerca, se le quería para siempre.

Varón austero y puritano, padre ejemplar, admirable esposo, excelente y leal amigo, llegará un día, cuando las pasiones políticas cedan su puesto a la serenidad y la justicia, en que el pueblo hondureño consagrará su memoria como uno de los raros ejemplares humanos dignos de los mármoles imperecederos.

Tegucigalpa, D. C., marzo 5 de 1970.

TIBURCIO CARÍAS ANDINO: ESTADISTA Y PATRIOTA

Por GUILLERMO E. DURÓN

EL MAESTRO: En el año 1908 funcionaba el "Colegio El Porvenir", bajo la dirección del Dr. Antonio R. Vallejo; antes había estado a cargo del Dr. Esteban Guardiola.

Lugar: casa donde hoy está el moderno edificio de la Pan American Airways.

Profesores: los doctores Vallejo, clase de Latín y de Gramática Castellana; Félix Salgado, Historia y Geografía Universal; Tiburcio Carías Andino, Aritmética Razonada; Esteban Guardiola, Ciencias Naturales.

Época: revolucionaria. Los estudiantes sabían de las guerras fratricidas. La disciplina era, no obstante, buena. El maestro se hacía respetar.

En ninguna otra clase existía la disciplina que prevalecía en la clase de Aritmética Razonada, del profesor Tiburcio Carías Andino.

Enseñaba, obligaba a estudiar, dando la forma en que debía hacerse; se hacía respetar como profesor y como hombre.

Un día, alguien llegó portando un revólver, que mostró abriéndose el saco de dril y alardeando de bravo e imponente.

El profesor Carías Andino se lo quitó; y como se resistiera —era este alumno hijo de una persona que mandaba en esa época—, lo obligó a sentarse en el suelo, bajo la mesa del maestro.

De más está decir que jamás se atrevió nadie a faltarle al respeto, en esa forma, a ningún profesor.

Sus exalumnos nos sentimos honrados de mencionar su nombre como un gran educador en todos los tiempos.

EL HOMBRE: Siendo Presidente de la República, y en uno de sus viajes cotidianos a su casa de campo "Villa Elena", su automóvil fue detenido por un niño perdido en la carretera, ya cuando caía la tarde y se aproximaba una noche de tormenta. El lugar era a propósito para cualquier acechanza de parte de un enemigo escondido en la maleza, fuera del camino. El General Carías se bajó del carro presidencial, sin atender a nadie, sobre precaución alguna al respecto, y conversó con el niño perdido, el cual dio, más o menos clara, la situación y alrededores de su casa en el pueblo vecino. El Dr. Carías Andino ordenó a su chofer que regresara y localizara ese lugar; lo cual se hizo, y el niño perdido quedó en su casa. La familia le ofreció al señor Presidente su rancho para que entrara, porque había empezado a llover; la hora no lo permitía; con un apretón de manos al jefe de la familia, y entre frases de agradecimiento de todos, el Dr. Carías Andino regresó a Tegucigalpa, ya entradas las nueve de la noche. Jamás tuvo temor; siempre creyó en el cariño y respeto de los campesinos y de la gente del pueblo. Se le cuidaba, como era natural, por la época en que le tocó lograr la paz que tanto necesitaba Honduras. Pero su carro, su automóvil, transitaba despacio por las carreteras, encontrando, para él, solamente saludos cordiales y amigos.

EL MANDATARIO: El Presidente, General Carías Andino, recibía, a mediodía, a algunos de sus amigos particulares, entre ellos a humildes campesinos, con quienes compartía sus momentos de descanso con la mayor de las satisfacciones.

El General Carías ejerció su mandato presidencial en favor, ante todo, de su pueblo, gente humilde, la cual no puede, ni podrá, olvidarlo nunca.

EL CIUDADANO: Nos tocó conocer de cerca al hombre que, sin olvidarse jamás de su posición de representante de su patria Honduras, actuó sin pretensiones, sin orgullos, sin humillar a nadie, fustigando, sí, con mano dura, al que faltaba a su deber.

Han asegurado algunos mal informados que él gustaba del chisme alrededor de la actuación de sus subalternos. Podemos afirmar que esto es falso. El Dr. Carías escuchaba, es verdad, pero tenía muy mal concepto de los chismosos, de los delatores, de los falsos amigos. Una vez dijo a alguien que, con ensañamiento, denigraba la reputación de un profesional para que se le quitara el empleo que bien desempeñaba, más o menos estas palabras:

"Recuerdo que de usted me vienen a decir cosas parecidas a las que usted está relatando de otra persona; yo no les doy fe ni crédito a acusaciones no comprobadas."

Era un ciudadano serio, valiente, sereno, sincero y franco. En él no cabía la maldad, la falsedad, el engaño, tan comunes en otros hombres en posiciones de altura.

Escribimos estas líneas —que apenas esbozan el alto concepto que siempre tuvimos y tenemos de la personalidad indiscutible de un ciudadano que supo entregarse, sin egoísmos, al servicio de su patria, Honduras— con el respeto que se merece: el Doctor y General D. Tiburcio Carías Andino, ante la cordial excitativa, que mucho agradecemos, del Comité Central del Partido Nacional de Honduras, "vivamente interesado en rendir un justo homenaje literario al Dr. y General Tiburcio Carías Andino", comité que se encuentra "preparando una Corona Fúnebre", "en torno a la figura conspicua de quien fue reorganizador del Nacionalismo, Jefe Supremo del mismo, esclarecido Primer Mandatario de la Nación y ciudadano, a cuyo alrededor giró la historia de Honduras durante varias décadas".

Para nosotros, la figura de nuestro maestro, el compañero de hogar de una santa mujer, doña Elena de Carías, no podrá jamás ser olvidada.

Enero de 1970.

HA MUERTO EL AMIGO DE LOS POBRES

Por F. SALOMÓN JIMÉNEZ CASTRO

Con la muerte del Doctor y General don Tiburcio Carías Andino, desaparece un gran político, quizá el político más logrado que ha tenido Honduras. Para llegar, como él, a las cumbres del poder y desarrollar una labor administrativa tan combatida como la suya, no es suficiente tener buenas ideas y patrióticas intenciones; es preciso, además, llevarlas a la práctica, y eso requiere decisión, don de mando y prudencia, cualidades que brillaron sobresalientemente en la recia personalidad del ilustre desaparecido.

Siendo aún muy joven, acompañó a su padre en varias acciones de armas, en las que comenzaron a vislumbrarse sus innegables atributos de auténtico dirigente, poseedor de relevantes méritos y virtudes ciudadanas.

Después de estas experiencias bélicas, cursó los estudios de Derecho en nuestra Universidad y, en el año de 1898, la Honorable Corte Suprema de Justicia le confirió el título de Abogado de los Tribunales de la República. Alternando las funciones profesionales con la docencia, arribó a la nueva centuria, cuya mayor parte cubriría su destacada actuación política; y en épocas de guerra, siempre al frente de fuerzas leales a su persona, combatió con denuedo y táctica insuperables, que le condujeron muchas veces a la victoria.

Los azares de la política vernácula lo lanzaron fuera de nuestras fronteras y, radicándose en un país vecino, continuó ejerciendo el noble apostolado del magisterio. Reintegrado a la patria, se retiró a la vida privada, estableciéndose en su pintoresca heredad de Zambrano, donde se dedicó a la agricultura, no como potentado explotador de ingenuos campesinos, sino como uno más de ellos, labrando con sus poderosas manos la pródiga tierra adquirida por herencia de sus mayores.

Era natural que una persona de tantos merecimientos fuese llamada a nuevas funciones públicas, y un buen día de 1922, un grupo de prominentes hondureños de distinta filiación política decidió postularlo candidato a la Presidencia de la República, dándose de este modo nacimiento al Partido Nacional, que él jefaturara con singular acierto y pericia hasta sus postreros días.

En dos ocasiones fracasó el Partido Nacional en el empeño de llevarlo a la Presidencia de la República, pero finalmente lo logró en los comicios del 30 de octubre de 1932, sin que el amplio margen de ventaja sobre su opositor hubiese sido óbice para que sus adversarios trataran por tercera vez de discutirle el triunfo. Sin embargo, en esta ocasión el gran caudillo, cansado de ver burlada la voluntad del pueblo que lo rodeaba en su inmensa mayoría, defendió sus derechos gallardamente contra un enemigo que lo combatía con las ventajas que proporciona el poder público; pero, no obstante esta decisiva circunstancia, se impuso la justicia y la razón, y el General Carías pudo inaugurar su gestión presidencial el 1° de febrero de 1933, cuando aún teñía de rojo la verde campiña hondureña el negro corcel de la guerra civil. En esta etapa de su agitada existencia es cuando se manifiestan sus innegables cualidades de verdadero estadista. Habiendo recibido el poder en un período de anarquía y descomposición, como consecuencia de la guerra civil que a la sazón se desarrollaba, el General Carías se consagró con tesón y constancia a reconstruir el país sobre bases sólidas que garantizaran, por encima de las pasiones de los partidos, un auténtico resurgimiento nacional.

En su primer mensaje al Congreso Nacional, el Presidente Carías esbozó concretamente su programa de gobierno en los términos siguientes:

"He de empeñarme en el desarrollo de las industrias, en el florecimiento de la agricultura, en el forjamiento de caracteres fundidos en los crisoles del honor, del deber y del civismo; en la elevación del concepto que priva en otros países respecto al nuestro, mediante una vida interna ordenada y la seriedad y decoro de nuestras relaciones internacionales; en sostener incólume la majestad de nuestras leyes; en seguir dignamente la tradición de nuestros próceres, que nos heredaron una patria para que la amáramos, defendiéramos y engrandeciéramos."

El General Carías estuvo siempre alerta a todo asunto administrativo e hizo concurrir todos los actos del complejo engranaje del Estado al desenvolvimiento de la riqueza del país y al afianzamiento definitivo de la paz de los ánimos, generalmente exacerbados por las diferencias de carácter político, mal endémico en la familia hondureña.

Aunque sus mayores esfuerzos se dirigieron a la consolidación de la concordia entre los hondureños, a fin de que se sintieran todos con iguales derechos constitucionales y con las mismas oportunidades para el ejercicio de funciones públicas, las circunstancias concomitantes no permitieron el desarrollo total de tan plausibles propósitos, pues, como antes se dijo, inició su mandato bajo el rugido del cañón y la metralla. Esta deplorable circunstancia obligó al mandatario a expresarse en su citado mensaje en los términos siguientes:

"Tengo que lamentar únicamente que la ofuscación y el desconocimiento del deber cívico hayan llevado a algunos compatriotas al deplorable extremo de ensangrentar el suelo nacional, olvidando que ha sonado para nuestra patria la hora de la democracia iniciada en 1928, con base inconmovible en la función del sufragio y en el respeto inquebrantable a la voluntad popular expresada en las urnas."

Se aplicó con ahínco a la organización de todos los servicios del Estado, a sanear en primer lugar la hacienda pública, poniendo especial énfasis en la amortización de la deuda exterior, que gravitaba como pesado lastre sobre las espaldas del pueblo hondureño desde más de medio siglo atrás, quedando al final de su gobierno reducida a un pequeño saldo por cancelar. Fomentó la agricultura y la ganadería; por primera vez se introdujeron al país sementales de razas puras; se aumentaron las comunicaciones interiores, prolongando y abriendo carreteras orientadas hacia los cuatro rumbos del país; hizo crecer considerablemente el número de escuelas primarias y dio vigoroso impulso a la educación secundaria, cuya eficiencia y disciplina son recordadas con satisfacción por las personas mayores. Impulsó obras de progreso material de importancia en la capital y en todos los departamentos de la República, cuya presencia constituye testimonio irrebatible de los esfuerzos del mandatario por sacar al país del estancamiento a que lo habían reducido las constantes montoneras, con las cuales juró terminar, aunque para ello se viera obligado a ignorar transitoriamente algunas garantías ciudadanas.

Débese al General Carías —y es un mérito importante que nadie le puede discutir— la formación del fondo acumulativo que sirvió al gobierno presidido por el Dr. Juan Manuel Gálvez para la creación de la banca nacional; la fundación de la heroica Fuerza Aérea, la creación de la Escuela de Aviación y el haber levantado el nivel moral y material del Ejército Nacional. Es también oportuno recordar que mantuvo relaciones cordiales con los representantes del poder eclesiástico y que también fomentó y sostuvo con dignidad y decoro las relaciones exteriores del país.

No consideramos justo ni equitativo dudar de la importancia de la obra material realizada por el General Carías durante su gestión administrativa, si se toma en cuenta que la llevó a cabo con fondos exclusivamente nacionales y que los presupuestos del primero y último año de su gobierno apenas ascendieron a las cantidades de QUINCE MILLONES DOSCIENTOS VEINTIDÓS MIL DOSCIENTOS DOS LEMPIRAS CON NOVENTA Y NUEVE CENTAVOS y DIECINUEVE MILLONES OCHOCIENTOS TRECE MIL NOVECIENTOS CUATRO LEMPIRAS CON DIECIOCHO CENTAVOS, respectivamente. Fue enemigo jurado de los empréstitos, pues no consideraba acierto de buen gobierno comprometer los futuros ingresos de la nación, por lo cual durante su mandato no se contrató ninguno.

Sin embargo, la labor del General Carías no se circunscribió a lo puramente material; lo más trascendente de su obra fue la conquista e implantación definitiva de la paz pública. Sólo por la consolidación de la paz, por el acerado blindaje que logró imprimirle para luego insuflarla en la conciencia de todos los hondureños, el General Carías merece el respeto y la gratitud de toda la nación, sin reservas de carácter político, ya que la era de paz que él propició y que, dichosamente, aún disfrutamos, no beneficia a un sector político determinado, sino a la nacionalidad entera. Además, es innegable que deseó gobernar para todos los hondureños, como aparece en su citado primer mensaje, cuando declaró:

"Voy a principiar la difícil gestión gubernamental con la voluntad dispuesta a todo sacrificio que signifique un aumento de bienestar para el conglomerado social; empeñado, muy sinceramente, en garantizar las vidas, bienes y actividades de todos los habitantes de Honduras, sin distinción de sentimientos ni colores sectarios."

Si a veces procedió con mano dura, lo hizo obligado por las circunstancias, por la decisión inquebrantable de erradicar para siempre los atávicos impulsos de insensatez y de violencia que engendraban las constantes matanzas fratricidas, y por el convencimiento pleno de que actuaba en beneficio de la tranquilidad futura de la nación en general, sin discriminaciones de carácter banderizo; además de que todo gobernante debe defender la estabilidad del régimen que preside.

Lamentándose de la incomprensión de sus adversarios, manifestó en otro de sus mensajes: "Mis anhelos eran de que se borraran las fronteras de los partidos políticos y que todo fuera armonía en Honduras, pero mis enemigos políticos no han conocido mi carácter ni mi fondo moral."

Recordamos que, con motivo del Decreto del Día de la Paz, un ferviente admirador del Caudillo expresó los siguientes conceptos:

"Cien años de feroces luchas fratricidas cesaron con la ascensión del General Carías Andino a la Primera Magistratura de la Nación. Toda su gigantesca obra de reconstrucción nacional palidece ante este hecho portentoso, que hablará con elocuencia a los siglos venideros de la trascendental batalla librada por este hombre excepcional, para proporcionar a su pueblo el bienestar y la tranquilidad que por mil títulos le corresponde.

Puentes, carreteras, edificios públicos, centros de beneficencia, etc., toda su obra material perecerá bajo la implacable acción del tiempo, pero lo que no destruirán jamás, ni el tiempo ni la perfidia humana, será la página de la historia en la que las generaciones futuras escribirán con criterio imparcial y desinteresado la epopeya magnífica del Coloso de la Paz de Honduras."

Como conductor de multitudes, el General Carías ha sido único en la vida política de Honduras. Supo corresponder dignamente a los amigos que lo acompañaron en las justas cívicas que libró; y, después de descender del poder, su casa era visitada diariamente por numerosas personas de diferentes clases sociales, desde las más encumbradas hasta las más humildes. Unas acudían simplemente para expresar sus simpatías y reconocimiento al viejo caudillo, y las más, para solicitar su protección o sus sabios consejos en los disímiles problemas que abaten constantemente a las gentes pobres. Siempre, por humilde que pareciera el peticionario, o por singular que fuera su consulta, contó con la atención bondadosa y paternal del General Carías; pudiéndose afirmar a este respecto que nadie que hubiese buscado su sombra protectora, en cualquiera de las etapas de su fecunda vida, haya resultado defraudado. El General Carías jamás desatendió a los humildes; daba la impresión de que sentía mayor satisfacción en escuchar las voces sencillas, pero plenas de sinceridad, de los campesinos, que las ampulosas palabras de las personalidades que frecuentemente lo visitaban. Este era el secreto de su inmensa popularidad, que, estamos seguros, se mantendrá latente a través de muchas décadas en la conciencia del pueblo nacionalista que hoy llora inconsolable la partida sin retorno de su amado guía y protector insustituible.

CARBÓN DE VIEJO ROBLE

Por ELISEO PÉREZ CADALSO

Con estrépito de árbol solitario acaba de caer, bajo el hachazo definitivo, el más grande caudillo que arrullara el patrio lar a lo largo de este siglo.

El caso es que, durante siete décadas y media, el Doctor y General Tiburcio Carías Andino, último divisionario al servicio de la paz, ocupó primeros planos en el quehacer nacional, cumpliendo los dictados de un destino extraordinario, porque era él uno de esos titanes de obsidiana que, con un pie en la realidad y el otro en la leyenda, se pasean triunfalmente por la historia dando la sensación de ser, más que hombres, designios de la naturaleza que se aparecen de vez en cuando para encauzar a los pueblos por su auténtico camino.

No podía entonces la madre tierra recibir sin estremecerse los despojos del Gran Jefe, ni el alma popular quedarse impávida ante un hecho que, por lo infrecuente de su manifestación, está llamado a engendrar consecuencias imprevisibles dentro del medio vernáculo.

Era el General Carías hombre de tan fuerte vigencia personal, que su paso por la vida, desde la cuna hasta la tumba, fue el epicentro de la atención ciudadana, al grado de que nadie en esta su natal comarca pudo permanecer indiferente ante el sístole-diástole de su actuación política; y así, mientras unos lo aplaudían con delirio, otros llegaron a odiarlo sin cuartel; y aquellos que no le amaban, le aborrecían; al menos lo respetaban o le temían. Nadie, quizá después de Morazán, ha sido tan idolatrado ni tan escarnecido; y en eso, precisamente, radica el don de su extraordinariedad.

Baja al sepulcro el patriarca después de una cruzada plena de episodios hazañosos, donde campean grandes aciertos y también grandes errores, porque todo en él fue grande. Pero, en el balance y la liquidación de sus acciones históricas, subyace un saldo que lo acredita como actor de primer rango en la escena política centroamericana.

Su obra de gobernante se resume en el lema "Paz y dignificación", pues fue en el logro de estas dos metas de infraestructura cívica donde el hombre empeñó a fondo su experiencia de guerrero y su numen de patriota.

La verdad es que sólo quien ha andado en medio de la tormenta es capaz de conocerla, y, por ende, dominarla. Ello explica por qué este patricio, que de niño hizo a un lado los libros de Mantilla para irse a ocupar un puesto en la línea de combate, conoció muy de cerca la hidra de la guerra civil, con su secuela de horrores, y juró desde ese instante exterminarla. No era oficio de mediocres este de cortarle al monstruo sus innúmeras cabezas, pues ya muchos compatriotas habían sucumbido en ese esfuerzo.

Precisaba, para consumar esa tarea mitológica, una voluntad de roca y una mano exenta de vacilaciones, regidas por un corazón sensible al espectáculo de la patria en agonía con tremendo lanzazo en el costado.

Era 1933, y en las montañas de Honduras aún rebotaba el eco aterrador de la metralla. La pólvora de las últimas montoneras intoxicaba la atmósfera en campiñas y ciudades. Viviendo en un viacrucis de guerras intestinas, la paz pública constituía, obviamente, la primera necesidad nacional, como hogaño lo es la integración de la familia hondureña.

Carías prometió implantar la paz, no importando los obstáculos que le salieran al paso. Sabíase comprometido con la patria y con la historia, y ningún poder humano lo haría retroceder en su bienhechor designio. Y es así como, en 1948, después de dieciséis años, se aparta del poder por propia decisión y deja en la presidencia al ciudadano que juzgó más adecuado para operar, en esa época crucial, el alto cometido civilizador que las circunstancias demandaban, tras el capítulo de la pacificación, realizado y concluido por él.

El gobierno de Gálvez, ilustre como el que más, fue, pues, una consecuencia de la obra anterior, y ambos períodos, aquél y éste, constituyen, a los ojos de la historia, una era indisoluble que enriquece y glorifica los anales del Partido Nacional.

Pero es bueno enfatizar que, mientras el Gran Jefe realizaba aquella ímproba labor, también iba sembrando en el hondureño la mística de su fuerza y de su fe, elementos sustanciales en el proceso de dignificación colectiva.

Antes de entonces, el hombre de esta tierra no tenía una exacta conciencia de la patria, porque ésta no pasaba de ser una expresión literaria, envilecida por los demagogos. Sólo hay que recordar que nuestro suelo fue, por mucho tiempo, el escenario donde los demás países ístmicos venían a dirimir sus controversias por medio de las armas.

Honduras fue, pues, durante más de un siglo, una deidad indefensa y expuesta al manoseo de extranjeros mercenarios.

Testigo presencial de reiteradas humillaciones, Carías juró acabar con ese régimen de conformismos y afrentas y colocar a su patria en el mapa de las naciones dignas. Y Honduras, merced a él, comenzó a hombrearse en planos de igualdad con los demás componentes de la comunidad internacional, al tiempo que, en lo interno, se consolidaba el orgullo nacional con el apoyo de una flotilla aérea que llegó a ser, en su tiempo, la más fuerte del Caribe, y la misma que hace poco destrozara las huestes invasoras. A mayor abundamiento, el prestigio externo se conquistó y se mantuvo gracias a la habilidad de su servicio exterior, que siempre estuvo integrado por gente de prestancia y seriedad.

Carías llegó a meterse muy hondo en el corazón del pueblo porque encarnaba de manera cabal las características del hondureño: arisco a primera vista; parco en el hablar; entero en el ejercicio de la amistad; generoso a manos llenas y sincero hasta el sacrificio. Y precisamente por llevar dentro de sí las virtudes y los defectos de sus compatriotas es que ejercía sobre ellos un influjo decisivo como nadie tal vez lo haya logrado hasta hoy.

Su conducta personal, esto es, el comportamiento como miembro de una familia y de una sociedad, fue sencillamente ejemplar; y su ejecutoria política será por siempre escuela viva para todos los que aspiren a hacer armas en tan compleja actividad, porque en él se daban cita todas y cada una de las condiciones que pueden conducir al hombre a la victoria.

Sabía ganar y perder, así como renunciar en favor de otros cuando el interés supremo de la patria o la disciplina de equipo lo exigían, y también retirarse con táctica para volver al ataque en el momento oportuno, conservando su fuerza de hombre-brújula, respetado y seguido por las masas.

Acostumbraba el diálogo directo con el pueblo, prescindiendo de los intermediarios, porque estos casi siempre desfiguran la imagen de la realidad. No es de extrañar, por lo tanto, que durante su gestión gubernativa atendiera un promedio de cien personas por día.

En su trato con la gente, jugaba papel principalísimo aquella memoria colosal que lo convirtió, de hecho, en un archivo viviente.

Si jefatura, al decir de los técnicos modernos, es la capacidad de tomar decisiones, el Hombrón de Zambrano era un jefe nato, porque siempre le sobró valor, tanto en lo moral como en lo físico, para asumir responsabilidades, por graves que estas fueran. Nada de andar echándole la culpa a los demás, como hacen muchos líderes de hogaño, porque eso no es de conductores bien nacidos.

Pero es justo decir que, antes de dar cualquiera de sus grandes pasos, solía consultar con sus amigos y asesores, que eran, por lo general, varones muy capaces y ecuánimes, como se comprueba con solo hojear la historia de nuestro pasado reciente.

En esto aprendió mucho de sus antecesores y maestros los Bonilla —don Policarpo y don Manuel—, quienes también se rodearon de los hombres más preclaros de su tiempo como medio de impulsar el progreso en sus distintos órdenes, ganándose a la vez un puesto honroso en el regazo de la inmortalidad.

Era de una entereza a toda prueba, y en ningún momento se le vio titubear ante el peligro. Testimonio de este aserto es que, en las paredes de su residencia, aún pueden verse los costurones que en cierta ocasión dejaron las balas enemigas, las mismas que hicieron impacto en más de una persona de las que entonces lo acompañaban. Y es sabido de todos que él estaba allí, impertérrito y sin armas, resistiéndose a huir para no darles gusto a sus gratuitos atacantes.

Si nunca intentó emigrar, ni aun en horas de tempestad como otros suelen hacerlo, es porque consideraba que abandonar el terruño es actitud indigna de un dirigente, quien, según él, no debe desamparar a los suyos cuando más lo necesitan.

Discreto en sumo grado, nunca de sus labios salió secreto alguno para dañar a terceros, y mucho menos a sus amigos. Esta especial condición suya, que era conocida del pueblo hondureño todo, lo erigió en el confesor de millares de personas que llegaban hasta él a confiarle sus problemas. Y he aquí otra de las razones que explican su enorme ascendiente sobre las multitudes.

Amante de la naturaleza, la agricultura constituyó su afición más arraigada. El sol del trópico le curtió los anchos hombros, limpiando también su alma de oscuridades y pequeñeces.

Henos, pues, ante la estampa de un personaje totémico cuyos hechos constituyen material privilegiado para una novela de fuerte proyección humana, porque fue hombre, hombre de verdad, desde el principio hasta el fin.

Su retrato se agiganta tanto más cuanto que no asoma en el horizonte figura alguna capaz de reemplazarlo, ya que nadie reúne por ahora el compendio de sus altas condiciones.

De aquí para adelante y a lo largo de muchos decenios, la historia política del país se dividirá en dos épocas: antes y después de Carías.

Frente al hecho irreversible de su viaje sin retorno, conviene que todos los hondureños nos unifiquemos para fines de progreso, defensa y cooperación, y que el óptimo homenaje a su memoria sea un haz de voluntades ante el reto que nos lanzan a diario los enemigos de la nacionalidad: imperialismo —venga de donde viniere—, sectarismo político y subdesarrollo.

Tegucigalpa, D. C., enero de 1970.

TIBURCIO CARÍAS ANDINO, FARO LUMINOSO DE LA NACIÓN HONDUREÑA

Por *FERNANDO FERRARI BUSTILLO*

El Dr. y Gral. Tiburcio Carías Andino ha desaparecido de la escena de los vivos. En ese momento supremo de la vida, el gran caudillo nacionalista ha rendido su postrer tributo a la madre tierra y ha entrado a la región de la inmortalidad cubierto con los pliegos sacrosantos de nuestro emblema nacional y al compás del latido de los nobles corazones de hondureños que, en su vida, así como en su muerte, supieron reconocer sus inmensas virtudes. Pueblo generoso y valiente que hoy, en el instante de su partida, ha esculpido a perpetuidad en su espíritu todo cuanto su ilustre nombre significa en la brillante constelación de los auténticos valores nacionales.

Tiburcio Carías Andino se ha marchado a las regiones sidéreas, pero continuará iluminando a los hondureños de buena voluntad para que reafirmen, día a día, los principios patrióticos que él supo estructurar como forjador genuino que fue de un ciclo histórico que vino a revolucionar los viejos sistemas de pensamiento, donde la violencia y las matanzas fratricidas constituían la mejor forma de solucionar las diferencias políticas de nuestro pueblo. Procedimientos que eran la causa y efecto del atraso aterrador en que se encontraba nuestro país y que mantenían acongojadas a aquellas generaciones que cifraban su fe y su esperanza en la supremacía de los valores espirituales del género humano.

Llegó a esta tierra bajo el signo esplendente de los predestinados. Su existencia, fecunda en pensamientos y hechos superlativos, fue numerosa en manifestaciones, pero toda ella convergía hacia un solo derrotero: establecer la paz nacional como el único medio que permitiría a los hondureños encauzarse por la senda de la superación sobre las sólidas y diáfanas bases de la dignidad y del honor. Fue una lucha tenaz y persistente la que sostuvo en el decurso de largos años para reducir a los falsos apóstoles de un patriotismo falsificado y a todos aquellos que, en el transcurso del tiempo, venían traficando impunemente con la buena fe del pueblo hondureño.

La inmensa personalidad de Tiburcio Carías Andino se agigantaba día a día, y su irrevocable determinación de infundir nuevos pensamientos que estuvieran a tono con la autenticidad tradicional hondureñista y exponentes del respeto irrestricto debido a la dignidad humana lo condujo a asestar rudos golpes a los eternos traficantes del decoro de nuestra patria y verdugos sanguinarios de las masas obrero-campesinas. Su amor a Honduras fue su genio propulsor y supo probarlo en diferentes épocas con aquella rectitud de carácter y afirmación que fueron sus sobresalientes virtudes.

La misión elevada de Tiburcio Carías Andino en su vida política fue hacer que los hondureños nos sintiéramos orgullosos de serlo. Para lograr ese fin de elevada alcurnia espiritual, destruyó para siempre las raíces podridas que sostenían el árbol venenoso del odio y del rencor entre los hondureños. Algunos espíritus refractarios a la convivencia pacífica, ordenada y digna, sufrieron esos impactos a que eran merecedores, pero, felizmente, Honduras y sus mejores hijos lograron salvarse de la hecatombe. Todo cuanto acontecía ya estaba escrito en la ley de la vida, en la evolución de la historia y en los arcanos herméticos de Dios que solamente Él conoce.

Fue combatido por sus adversarios, por todos los medios vedados por la moral y la hidalguía, hasta llegar al criminal extremo de confabularse para eliminarlo físicamente. Fueron numerosas las revoluciones que le hicieron para derrocarlo, pero él, con su coraza acerada revestida con todas las virtudes de hombría de bien, conjuró aquellos peligros y disipó los nubarrones preñados de calumnias lanzadas contra su nombre egregio por figuras diminutas del tablero político, cuyas conciencias siempre estuvieron a la altura de sus bajezas y depravaciones.

Desafiando tormentas a cual más bravía, supo navegar con esa serenidad que distingue al hombre superior. Limpió las ciudades, pueblos, montañas y campiñas del crimen organizado y dejó cimentados los sólidos fundamentos que han conducido al pueblo hondureño a la conquista de pináculos insospechables en la marcha de un progreso que hoy está fortaleciendo a aquella patria soñada por los venerables fundadores de nuestra nacionalidad.

La personalidad del Gran Caudillo Nacionalista ofrece múltiples aristas que iluminan su preciosa existencia. Cada una de ellas encierra un cúmulo de hechos patrióticos y de bizarría que jamás podrán ser opacados por sus violentos detractores. Pulsando con espíritu imparcial e inspirado en la autenticidad histórica, la misión de Tiburcio Carías Andino en esta tierra generosa de Honduras puede colocarse en la balanza que sostiene la Divina Providencia. De tal manera se podrá apreciar cómo fue que este hombre excepcional apareciera en escena en aquellos trágicos momentos cuando nuestra patria parecía zozobrar bajo el peso estrangulador de furiosos vendavales. Momentos aquellos en que Honduras se encontraba azotada en todos sus rumbos por demagogos y patrioteros; todos ellos criminales y gestores incorregibles del desorden y de la perfidia, que no reparaban en infundir la tragedia y la desolación, recreándose y estimulando la cruel matanza entre hermanos cual buitres famélicos, siempre sedientos de sangre inocente.

La presencia de Tiburcio Carías Andino en esos momentos de muerte y lúgubre tragedia trae a memoria aquel pasaje bíblico cuando Dios habla a su profeta y exclama: "Cuando la humanidad declina y se está hundiendo en los pantanos de la iniquidad, yo me encarno en un hombre y le entrego mi látigo para que lo haga caer sobre las conciencias extraviadas y llevarlas a los senderos de su redención."

Así se puede interpretar la misión del Gran Caudillo Nacionalista en Honduras. Nuestra patria se encontraba atrapada por la hidra de las convulsiones políticas, por las revoluciones sangrientas y sumergida en un nivel abyecto por el expolio de los políticos corrompidos y de una turba de malhechores insancionados que conducían vertiginosamente al país a su desintegración. Se manifiesta la misericordia de Dios para el pueblo hondureño en el largo recorrer de un calvario saturado de sangre y de ignominia, y se encarna en el corazón del Caudillo. Lo ilumina y guía por la senda propicia y establece la paz y el orden; garantiza vidas y propiedades; destruye al bandolerismo desenfrenado que abatía las comarcas campesinas e inicia las reformas institucionales que aún subsisten con signos de perpetuidad. El odio y el rencor no pudieron destruirlo, pero contribuyeron a colocarlo en el Panteón de los Inmortales, porque él los redujo a cenizas y sobre ellas inició su raudo vuelo a ocupar el inmenso lugar que le corresponde en la historia de Honduras. Fue faro y luz de su pueblo, a quien tanto amó, y así continuará siéndolo a través del tiempo histórico.

Tiburcio Carías Andino fue generoso en la victoria y grande en la derrota. Para él, la sangre de un hondureño valía más que la Presidencia de la República. Su nombre fue símbolo de respeto y admiración que perdurará en el corazón de aquellos hondureños que, desposeídos de fanatismos y compenetrados de nuestro destino histórico, saben medir y pesar su fecunda obra en beneficio de nuestra tierra. Encarnó el alma tradicionalista de nuestro pueblo en su esencia espiritual y la epopeya permanente de nuestra historia.

Nunca se le vio haciendo gala de esa verborrea barata que tanto caracteriza a los políticos mediocres, ambiciosos y falaces, ni invocando preceptos político-socioeconómicos sustraídos de doctrinas y prácticas foráneas. Buscó su inspiración en el vientre del pueblo hondureño, de donde él había surgido, y el panorama nacional fue siempre su fuente prístina de iluminación. Los derechos territoriales de Honduras constituyeron una de sus máximas preocupaciones, porque él sabía que no constituían un privilegio, sino el patrimonio jurídico de su pueblo, amante de sus tradiciones y celoso de su libertad.

Supo extraer del árbol milenario de Honduras la savia exuberante de nueva vida y jamás contribuyó a celebrar la efemérides de los políticos inmorales, petulantes y vanidosos. Consumido por la antorcha de su inspiración, sabía que la revolución de las ideas es un hecho eterno, así como eterno es el movimiento, y que nadie puede destruir el empuje hacia adelante de las sociedades humanas, impedir el progreso de la humanidad ni ahogar las transformaciones sociales. Fue así que el Gran Caudillo Nacionalista mantenía aprisionados en la ánfora sagrada de su espíritu esos principios eternos que contribuyeron poderosamente a la transformación de Honduras y a reducir, a una mínima expresión, a los perpetuos enemigos de las honrosas rectificaciones.

La vida de Tiburcio Carías Andino fue rectilínea. Jamás claudicó ni alteró su pensamiento ideológico en bien de Honduras, ni rindió los pendones de su brillante lucha a los pies de sus adversarios. En sus acciones no hubo contradicción alguna; ni como estadista, ni como militar subordinado, ni como jefe. En la Presidencia de la República demostró a cada instante solidez de pensamiento y acción, e hizo gigantescos esfuerzos para que renaciera aquella estirpe de poderío que plasmaron los Perínclitos Padres de la Nación Hondureña. Si alguna vez sufrió los aguijones de la ingratitud y de la deslealtad, su magnanimidad —inconmensurable y nobilísima— lo condujo a las altas cimas del perdón, desde donde él surgió más grande y más luminoso que nunca.

La obra administrativa de Tiburcio Carías Andino se levanta majestuosa en todos los ámbitos de Honduras. Tanto como las circunstancias de su tiempo se lo permitieron, dejó obras perdurables de progreso que son mudos testigos de lo que se puede hacer en bien de la patria cuando hay voluntad, energía y talento para hacerlo. Sin duda alguna, fue el mejor amigo del campesino y del obrero, a quienes dio su cooperación amplia y benévola, y con quienes alternaba diariamente en su residencia presidencial. Recibía a diario el calor de su pueblo y así supo comprenderlo más y servirlo mejor, con esa lealtad irrevocable que fue una de sus preclaras virtudes. La altura del poder jamás lo hizo perder el equilibrio ni el sentido de las proporciones, y siempre fue tan natural en todo que su presencia inspiraba respeto y afecto. Su palabra era de oro e inviolable; lo que ofrecía lo cumplía, y donde había alguna necesidad que subsanar, allí se encontraba su mano generosa.

Fundó la paz y el orden en nuestra patria, y sobre esa sólida estructura surgieron escuelas públicas a granel; colegios de segunda enseñanza, hospitales, asilos de indigentes, asilos de tuberculosos, caminos vecinales, carreteras, y su apoyo fue notable al arte y a los hombres de letras y pensamiento. La Universidad Nacional —su alma máter— recibió su cooperación, en la forma como la recibieron los diferentes centros profesionalistas y las instituciones de artesanía. El comercio, la ganadería, la agricultura, la industria y la banca fueron estimuladas y garantizadas, y dejó las fuertes reservas monetarias que permitieron la fundación del Banco Central y del Banco Nacional de Fomento. Embelleció notablemente a Tegucigalpa y dotó de alumbrado eléctrico y agua potable a numerosas poblaciones del país. Fue el fundador supremo de nuestras Fuerzas Armadas y de la Aviación Militar, y su empeño visionario hizo que la organización moderna de estas instituciones sobresalientes de nuestra defensa se significaran, con heroísmo y bravura, en la reciente agresión traidora a Honduras por el gobierno y pueblo salvadoreños.

La vigorosa personalidad del Gran Caudillo Nacionalista traspasó nuestras fronteras patrias y se proyectó en todos los ámbitos del continente americano como una expresión de un patricio de elevado quilataje y representativo del espíritu indómito-autonomista de la América Indo-Hispana. La política internacional de Centroamérica giró alrededor de él como un guía conductor en los campos ideológicos sustentados por la democracia auténtica y sin adulteraciones convencionales, y su sabio consejo fue consultado en muchas ocasiones por los gobernantes vecinos. Fue, en suma, un numen privilegiado y un imán que emanaba fluidos poderosos de atracción, porque bien se sabía que su honradez era la levadura de su propia vida y el ser honrado era su mejor título.

Numerosas personalidades extranjeras lo visitaban continuamente, y su presencia como jefe del Poder Ejecutivo y la firme estabilidad que imprimió a su fructífero gobierno fueron luz y aliento para las inversiones en pluralidad de industrias por capital nacional y extranjero.

Tiburcio Carías Andino fue en vida y continúa siendo un faro luminoso de la nación hondureña. Su nombre será hoy y siempre la fuente de inspiración patriótica para aquellos hondureños que saben sentir y pensar con alteza de miras. Símbolo de hombría, rectitud y talento, ha dejado incrustada en el alma de su pueblo una floración de recuerdos imperecederos y de gratitud por todo el bien que hizo a nuestra Honduras, rescatando su prestigio de los profundos abismos en que la habían lanzado la ambición, la crueldad y la inmoralidad de los profetas y redentores espurios que abundaban en aquel tiempo. Se podrá participar, o no, de sus ideas, pero no se puede negar que la grandiosa gesta eminentemente hondureñista de Tiburcio Carías Andino es una de las más soberbias que ha quedado esculpida con letras áureas en la roca granítica de nuestra historia patria.

¡Salve a ti, eximio Caudillo Nacionalista! ¡Salve a ti, eximio Caudillo Nacionalista!

Tegucigalpa, D. C., enero 26, 1970.

EL GENERAL CARÍAS, LÍDER CARISMÁTICO

Por RAFAEL BARDALES BUESO

El término carisma se usó primitivamente en la literatura teológica y en la historia eclesiástica, siendo introducido más tarde en la teoría sociológica por Max Weber. Carisma significa el don extraordinario, el genio y el poder que tiene una personalidad para ejercer influencia dominante en una colectividad religiosa o política. Sirve de base a los movimientos de masas que inspiran los dirigentes carismáticos por la atracción que ejercen sus personalidades creadoras.

El carisma fue fuerza espiritual que dio sentido misional permanente a la extraordinaria vida política del General Carías, cualidad que demostró en su actuación en diferentes campos de lucha: en la oposición política, en la dirección ejecutiva del Gobierno y en la Jefatura del Partido Nacional. En esos campos de lucha dura, difícil y azarosa, sus adeptos lo siguieron y lo secundaron con fe absoluta, con devoción sincera, con sólida lealtad, sin escatimar recursos ni el tesoro de la vida misma.

Él, con su gran poder de dirigente nacionalista, dio batalla vencedora al mal de la anarquía y al fenómeno antihondureñista de la guerra civil, flagelo que destruyó las entrañas y los recursos de la patria durante más de un siglo de la época republicana. Al culminar esta batalla, su figura se irguió en la historia como el Fundador y el Sostenedor de la Paz, título grandioso que conquistó con el apoyo valeroso de su pueblo. Y el conductor alcanzó el triunfo que soñó visionariamente en las campiñas de Zambrano, en las tertulias patrióticas de Tegucigalpa y en las horas de angustia y de nostalgia del exilio, porque su don carismático cultivó y fortaleció la fe y la lealtad de sus activos seguidores en todos los pueblos de Honduras.

El General Carías reunió las tres cualidades del político que, según Max Weber, son la pasión, el sentido de responsabilidad y la visión.

La pasión procura la devoción apasionada por una causa. "La pasión sola, por muy sincera que sea, no es suficiente; no convierte a un hombre en jefe político, cuando éste está al servicio de una causa, sin que hagamos de la responsabilidad correspondiente la estrella polar que oriente de manera determinante nuestra actividad. Finalmente, se necesita la visión, que es la cualidad psicológica determinante del político". De estas tres cualidades proviene la fuerza de la personalidad política del General Carías.

El carisma del General Carías le facilitó los medios para hacer un gobierno fuerte en nuestro país. Para evitar confusiones con los gobiernos de fuerza, considero conveniente dar el concepto de "gobierno fuerte", según el pensamiento del Dr. Juan José Arévalo: "Gobierno fuerte, por el contrario, es aquel que ha nacido de la voluntad popular, aquel gobierno que cuenta con su pueblo para todas las emergencias. Un gobierno fuerte siempre es un gobierno de paz, de trabajo, de prosperidad material y espiritual; porque solamente dentro de la ley, dentro de la moral y dentro del corazón de su pueblo puede hallar un gobierno la fortaleza invisible pero invulnerable que se necesita para conducir durante determinado período los destinos de una nación".

El liderazgo carismático del General Carías no fue el resultado de slogans de propaganda política. Él no los usó porque no los necesitó. Los valores de su personalidad gigantesca eran superiores a tales lemas para ganar adherentes. Él era la paz, él era la tranquilidad, él era el orden, él era la serenidad, él era el trabajo, él era el progreso, él era el bienestar, él era el principio de autoridad, él era el respeto al honor y a la propiedad, él era la integridad familiar, él era la integridad de la patria. Estos valores se expresaban en sus palabras sobrias; estos valores se realizaban en su conducta privada y pública. El campesino, el obrero, el industrial, el comerciante, el profesional, el pueblo todo, lo sabía y lo sentía. Esos valores se disfrutaban en la vida nacional, en el campo y en la ciudad. Este es el origen y la fuerza dominante de su liderazgo.

El fenómeno carismático del General Carías será de influencia perdurable en nuestra historia. La vigencia de su ideología política queda en manos de su Partido Nacional, de sus dirigentes, de sus cuadros medios y de su militancia. Su mensaje debe ser la bandera de lucha para fortalecer la unidad nacionalista y para conseguir que el Partido Nacional prosiga cumpliendo funciones de gobierno.

El General Carías irradiará las luces clarividentes para que el Partido Nacional sea siempre el mejor gobernante de los destinos nacionales de Honduras.

El pueblo lo venera en su corazón y lo realiza en sus acciones cívicas. Por eso siempre se escuchará la voz de los hombres humildes que lo proclaman su guía, cuando exclaman: ¡Viva el General Carías!

Comayagüela, D. C., febrero de 1970.

LA PAZ LEGADA A HONDURAS

Por MAX GUERRA FLORES

Si habláramos del concepto paz como concepto filosófico-espiritual, tendríamos que referirnos a la reeducación de la humanidad para llegar al yo interno y enfocar el asunto a la individualidad, punto de vista que no es nuestro objetivo.

Pero sí es nuestro caso intentar hablar de algo específico, de un asunto ya juzgado por la historia interna de Honduras, como es la Paz de Honduras; y al tocar este tema es hablar de su artífice, es decir, de ese hombre que se llamó Tiburcio Carías Andino.

Se inició el gobierno del Dr. y Gral. Tiburcio Carías Andino el primero de febrero de 1933, bajo una angustiosa situación derivada de las guerras intestinas.

Siendo el Dr. y Gral. Carías Andino un político de experiencia y de estudio, sabía a plena conciencia que uno de los más abordados temas en todas las épocas, fuente de disputas, divergencias, egoísmos y crímenes, ha sido el escabroso, sangriento y sombrío de la política; por eso fue su meta y sacrificio darle a Honduras una paz perdurable, para que todos los hondureños supiéramos gozar de ella y tratar los asuntos de la política con la mentalidad de almas blancas; para que bajo los rayos luminosos de la paz comprendiéramos que no es con nombres y promesas más o menos oportunistas, exageradas y pomposas, sino la capacidad y superioridad moral de las colectividades las que habrán de llevarlas a la noble, dignificada e incorruptible práctica de leyes y regímenes, a individuos que más tarde tendrán alta calidad espiritual.

El Dr. y Gral. Carías Andino sabía, estaba consciente de que se necesitaba estimular e impulsar infatigablemente la calidad moral de las almas, estimular e impulsar eficazmente la calidad moral de la educación; por eso fue su principio de gobierno implantar la paz y mejorar la educación.

Cuando el Dr. y Gral. Tiburcio Carías Andino tomó la Presidencia fue en circunstancias negativas: la paz no existía, este concepto no se practicaba en Honduras; pero llegó él con el propósito patriótico de implantarla, y entre los conceptos de su mensaje de instalación presidencial dejó ver su misión. Dijo el Gral. Carías:

"Dr. Vicente Mejía Colindres: Altamente agradezco vuestro deseo de que mis labores de gobernante que se inician en este día (1° de febrero de 1933) tengan el mejor éxito. Hubiera deseado que la transmisión del poder se efectuara en circunstancias diferentes, y que este acto de efectiva democracia hubiera servido entre todos los hondureños de vínculo de unión y de concordia; pero aún es tiempo que todos trabajemos porque en los surcos del pasado germinen sentimientos de armonía y fraternidad."

La paz fundada por el Gral. Carías Andino dio inmediatamente su fruto, reflejado en el aumento de la población, pues en el año 1936 el Censo de Población arrojó la cantidad respetable de 962,000 habitantes, excediendo este censo en la cifra de 408,554 habitantes al año 1926 y 1930. Así ha seguido en aumento ascendente y acelerado nuestro censo de población, que hoy demuestra cuánto necesitamos de muchos hondureños para la defensa de nuestra querida patria, Honduras, al ser invadida por las hordas guanacas.

Cimentada la paz en Honduras, el Gral. Carías no solo pensaba y actuaba por la paz nacional, sino que su espíritu tenía ámbito continental, y así lo prueban los siguientes documentos:

"Tegucigalpa, D. C., 7 de diciembre de 1941.
Excelentísimo Señor Franklin D. Roosevelt, Washington.

En estos momentos, por noticias radiográficas, me entero de la agresión japonesa contra posesiones norteamericanas en el Pacífico. Ante hecho tan insólito, expreso a V. E. toda la simpatía y solidaridad del pueblo hondureño y del Gobierno que presido, y formulo fervientes votos por el triunfo de los Estados Unidos en esta contienda provocada por los totalitarios.

Afectísimo,
TIBURCIO CARÍAS ANDINO"

Contestación de aquel ilustre mandatario:

"Washington, D. C., 11 de diciembre de 1941.
Su Excelencia Tiburcio Carías A., Presidente de la República de Honduras, Tegucigalpa, Honduras.

Me encuentro profundamente agradecido por el amable mensaje que me ha dirigido en relación con la traicionera agresión japonesa en territorio americano. La simpatía y solidaridad que usted expresa y que ha sido confirmada por Honduras en su declaración de guerra contra el agresor ha sido una muestra muy afectuosa de la amistad del pueblo hondureño en el momento histórico presente.

Con mis más cordiales deseos por su ventura.

Su amigo,

FRANKLIN D. ROOSEVELT."

Juzgado ya el Dr. y Gral. Tiburcio Carías Andino por la Historia Patria y por la Divinidad, su espíritu brilla sin la sombra material del cuerpo, y así familiares y particulares, connacionales y extranjeros, amigos y enemigos, correligionarios y anticorreligionarios, a una sola voz decimos:

EL MANTENIMIENTO DE LA PAZ DE HONDURAS FUE EL PROBLEMA DE PRIMER ORDEN QUE RESOLVIÓ EL GRAL. CARÍAS ANDINO DURANTE SU FRUCTÍFERA ADMINISTRACIÓN PRESIDENCIAL, PARA LEGARNOS ESA JOYA DE INCALCULABLE VALOR ESPIRITUAL, PARA FELICIDAD DE TODOS LOS HONDUREÑOS.

MI HOMENAJE AL CAUDILLO

Por LUCAS PAREDES

Honduras parecía un país sin mañana. Nublados sus horizontes por el humo de las saturnales periódicas, se despertaba en cada hondureño la ambición del poder. Cada espuela se convertía en un general y cada general en un presunto presidente; cada fusil en un soldado y cada soldado en un levantisco; cada pistola en un valiente y cada valiente en un matasiete. Era el cuadro dantesco. Honduras se precipitaba al caos y a la anarquía.

Por décadas se buscaba un hombre. Los ciudadanos mejor intencionados, cada uno un moderno Diógenes en busca del hombre que pudiera guiar a la nación a un mejor destino. Así surgió el nombre de Tiburcio Carías Andino, el Cincinato hondureño que durante dieciocho años vivió doblegado, su robusto cuerpo sobre las antes áridas tierras de una heredad, para convertirla en rendidora de ricas vendimias.

Fue en los albores de 1918 cuando, bajo los nimbos de nuestro cielo patrio, se escuchó, como venido de las trompetas de Josué, el nombre de Tiburcio Carías Andino, un cruzado en las luchas libertarias del 94, curtido por el sol, bañado por las lluvias y acariciado su austero rostro por los rocíos otoñales, allá en su viejo Zambrano, donde compartió parte de su vida entre los campesinos, de quienes supo sus problemas y conoció sus necesidades. Llegó a comprenderlos y consagró sus esfuerzos por redimirlos; por eso lo siguieron, lo rodearon y siguen fieles, aun cuando saben ya que nada más pueden esperar del líder, del jefe y del caudillo.

Sumaba además la incomparable cualidad de una larga experiencia política y del conocimiento de los hombres. Era, además, un militar prestigioso y respetado. Hijo de obreros humildes, en su hogar fue enseñado a vencer dificultades y las exigencias más apremiantes de la vida. Así moldeó su carácter con aceradas virtudes, como supo disciplinarse en las nobles rebeldías.

Para quienes pensaban en el porvenir de la patria —sin equivocarse—, Carías Andino era el ciudadano a quien nadie podría resistirle parangón: entereza, capacidad, carácter, honradez, cordura y patriotismo.

Cuando en los comicios de 1932 el pueblo confió su suerte a su entereza y hombría de bien, esperó. Estaba el pueblo cansado de vergüenzas y promesas.

Carías Andino es el caudillo político de mayores relieves en la vida política de Honduras, pese a sus gloriosos fracasos, que fueron conllevados por un fin determinado: la victoria final, que se tradujo en la implantación del orden, la tranquilidad, el progreso y la paz, que es la resultante de una férrea voluntad.

Los pueblos pueden ser jóvenes y ricos, pero si carecen de lo más esencial, que es la paz para desenvolverse, para engrandecerse, nada habrán logrado en sus afanes y en sus inquietudes.

Carías Andino, candidato a la Presidencia de la República en 1923, 1928 y 1932, perfila su recia personalidad en la derrota de 1928; fue aquel caudillo entonces el sostenedor pacífico del régimen surgido de las elecciones, a pesar de la frustración de aquella administración liberal. Al conocer el resultado de las elecciones de 1928, supo aceptar la decisión popular e impuso su autoridad de caudillo, revistiendo aquella serenidad inimitable suya, la ejemplar postura de los patricios que honran el frontón de la historia.

En nada varían los sentimientos de aquel adusto ciudadano hasta la hora en que el Supremo Creador lo llama a su reino de paz espiritual y corporal. Para Carías Andino no hubo jamás vencedores ni vencidos. Todos para él eran hondureños, aun aquellos que empuñaron el rifle y la metralla para alterar la paz o poner fin a su existencia física.

Con sobrada razón y profundo saber de la vida de las grandes cruzadas en la historia de los pueblos poderosos, como de los pueblos débiles, Emil Ludwig ha dicho que a ningún hombre se le conoce totalmente en lo que vale antes de su muerte. Al final de la jornada se liquidan las pasiones, se borran los odios y se impone, atrayente, sugestivo, polémico y definido, el hombre que en la muerte es más grande, más admirado y más determinante que lo fue en la guerra y en la paz.

TRAYECTORIA LUMINOSA DE CARÍAS ANDINO

Por RAÚL GILBERTO TRÓCHEZ

En Honduras han proliferado los políticos; los de mala calidad han fracasado sin honor y sin gloria, y no se les recuerda; pero los que se han perfilado poderosos, desafiando las circunstancias adversas y han logrado sobrevivir a través del tiempo en la conciencia de las masas populares, se han vuelto mimados de éstas y han entrado con paso firme y seguro en las más brillantes páginas de la historia.

Tal aconteció con el "último caudillo" de Centroamérica, Dr. y Gral. Don Tiburcio Carías Andino, al bregar, con verdadera devoción y patriotismo, en la arena política nacional, venciendo, como los grandes, todos los tropiezos, hasta darle a Honduras una fisonomía real de nación libre, soberana e independiente, en un ambiente de paz y de concordia.

La economía nacional fue robustecida hasta el máximo en su progresista administración pública, al utilizar, por primera vez, todos los métodos técnicos y científicos que demandaba la época en que le tocó actuar. El Ejército Nacional fue reorganizado y dotado de equipo moderno, y se fundó la Escuela Nacional de Aviación, que tantas glorias alcanzó en los días de la contienda armada contra la agresión salvadoreña.

En lo educativo y cultural, se abrieron brechas en todos los campos del saber y del arte; no sólo se construyeron modernos edificios para impartir la educación primaria, secundaria y artesanal, sino que se fundaron instituciones que han dado los mejores frutos, como son la Escuela Nacional de Bellas Artes, las Escuelas Normales Rurales y los Centros Correccionales de Menores. Se construyeron carreteras, puentes, aeropuertos, modernizándose los servicios de comunicaciones eléctricas y de correos.

Se pagó la deuda externa e interna, y se dejaron las bases para fundar la banca nacional, de donde aparecieron los Bancos Central y Nacional de Fomento. Pero el mejor monumento que nos quedó de la sabia administración de Carías Andino fue el de la Paz, del cual se enorgullecía el "Hombrón de Zambrano", al considerar tal hecho histórico como la mejor obra de su interesante vida pública.

En su mensaje al Soberano Congreso Nacional, instalado el 5 de diciembre de 1948, se expresaba así de sus conquistas:

"Habréis notado, Honorables Representantes, que en todos mis mensajes anteriores hice hincapié en un aspecto o problema nacional que estimo de importancia fundamental, básica, en la vida del país. Ese problema o aspecto, a que me refiero ahora nuevamente, es el del indefinido mantenimiento de la paz, plataforma indispensable para obtener, en el transcurso de los años, la estabilidad de las instituciones, su debido respeto y acatamiento, y el desarrollo intensivo del país en todo sentido, así como la seguridad necesaria, en un medio social renovado, para que el pueblo hondureño conquiste más altos niveles de bienestar y de cultura, para que la nación afirme vigorosamente, con sus fuerzas económicas, materiales y culturales, su personería internacional."

Al caer "el viejo roble", abatido por el hacha del tiempo el 23 de diciembre de 1969; al entrar al mundo de lo desconocido, cuando los enemigos perdonan y los amigos recuerdan, sin el calor del odio, de la envidia o del rencor, se puede medir con serenidad y con justicia la magnitud espiritual de aquel hombre nacido para el bien, que fue como un predestinado orientador de pueblos que, de los restos de una patria en agonía, sacrificada en las tremendas hogueras del partidarismo desorientado, supo levantar con valentía un templo de paz y de progreso que no podrá negarle la posteridad.

Así podemos decir con orgullo que, desde la gestión administrativa del General Carías a nuestros días, arranca el progreso efectivo de Honduras, enmarcado en los lineamientos de la administración pública moderna. También podemos asegurar que, en la historia nacional, sabrá distinguirse una época caríista al enumerar las diferentes épocas de nuestra historia.

Fue Tiburcio Carías Andino, el hombre providencial que llegó en tan buena hora para enseñarnos a trabajar; para enseñarnos a ser honrados, a ser buenos hondureños y, sobre todas las cosas, a enseñarnos, como el divino Jesús de Galilea, a amarnos los unos a los otros, sobre las montañas de cadáveres, entre ríos de sangre inocente y entre humeantes escombros de ciudades y pueblos que supieron del terror y la venganza, nacidas a consecuencia de las constantes guerras intestinas en que nos debatíamos, sin razón, los hondureños, en una estéril lucha de hermanos contra hermanos.

La posteridad hará justicia a tan ilustre varón y la historia dirá la última palabra sobre su paso de vencedor por esta humilde tierra que lo vio nacer. Mientras tanto, cumplimos con un deber de nacionalistas al evocar su nombre y alabar sus luchas y sus obras, tal como se lo merece todo hombre de bien que guarda en su corazón un acendrado patriotismo.

Tegucigalpa, D. C., marzo de 1970.

TIBURCIO CARIAS ANDINO: HOMBRE Y BANDERA

Por EMMA MOYA POSAS

"General, ¡Oh! Mi General". Walt Whitman

Como el roble centenario, reverdecido aún por el milagro de la primavera, que cae herido por el rayo, ha caído el General Tiburcio Carías Andino, hombre extraordinario que recorrió los caminos de la vida salvando las escabrosidades, descansando bajo la prodigiosa copa del arbusto, alargando su mirada preñada de adivinaciones, centellas y suavidades sobre el porvenir, abrevando el agua fresca del escondido manantial, como un pastor responsable y generoso que cuida su rebaño, apartando con su propia planta las guijas y las espinas.

Mi general: yo tuve la suerte de vivir bajo su techo por dos años; años de brega, de presagios, de escuela, de soportar los dos las tempestades en tiempo en que la borrasca amenazaba con el rayo. Compartí su frugal alimentación que ordenaba a sus servidores me sirvieran antes que a usted; supe de sus íntimos quebrantos, conocí lo apurado de su estado económico, oculto a los ojos de los que solo supieron conocer halagos; compartí sus preocupaciones y supe defenderlo siempre que la inconsciencia lo atacó tan solo por el complejo de saberlo superior.

General: ¡qué cariñoso era usted con los desvalidos!, con esos campesinos que usted llamó sus amigos, los Guajiquiros, los San Juancitos y tantos otros de otros poblados donde usted supo de la fidelidad y del consuelo. Usted los llamó sus amigos y siempre encontraron su puerta abierta, su mano tibia y fuerte, su pan y su consejo. Todos lo amaban, y cuando llegaron momentos de peligro para su seguridad personal, ellos formaron una muralla con su cuerpo defendiendo la entrada de su morada con el deseo de hacerse morir por usted.

¿Quién dijo que usted era duro de corazón? Yo lo contemplé llorando tres veces, en horas en que hombres y mujeres también supimos llorar con usted; aquella vez, primero de enero de mil novecientos cincuenta y seis, cuando aquel grupo de valerosas mujeres fueron a despedirse de usted para viajar a Guatemala, y usted, dotado de visión única, intuyó el peligro para ellas; y allá, en tierras de Guatemala (Esquipulas), y cuando regresaron muertos aquellos soldados que se habían batido en los campos del honor y del derecho, usted también lloró y recriminó a alguien, quizás impulsado por su gran dolor.

Lo admiré, mi general, por valiente y cuidadoso de la seguridad ajena. Recuerdo especialmente aquella vez, tres de julio de mil novecientos cincuenta y seis, que fueron a informarnos que lo iban a lanzar fuera de su patria. Cómo recuerdo aquel momento angustioso en que la numerosa ciudadanía que llenaba su casa lanzó un alarido de rabia y desafío. Estábamos desarmados, pero hombres y mujeres se lanzaron por jardines y cocheras, agarrando cuchillos, leños, el hacha de rajar la leña, los cortantes de la cocina, y hasta hubo mujer que empuñara una enorme cacerola. Usted les lanzó una mirada que se detuvo en mí, leyó en todos los rostros la decisión y, creyendo proceder de acuerdo a la seguridad de todos, agarró su sempiterno sombrero negro, de un manotón se lo hundió hasta los ojos, abrió la puerta y se lanzó a la calle.

Entonces el grito terrible fue el mío: "¡Salgan tras él y tráiganlo!". A mi voz, un tropel saltó a la calle y, quieras que sí, quieras que no, regresaba como un prisionero entre centenares de brazos. Fue entonces cuando lo regañé como se regaña a un hijo rebelde: "¿Para dónde iba usted? Si quieren venir a sacarlo, que entren a su casa; nosotros haremos el resto". Usted nos miró dulcemente, lanzó una carcajada y dijo: "Mire, señora, esos brutos son capaces de venir aquí, hacer un atropello que no resisto; yo también soy hombre, puedo olvidar muchas cosas y tener que defenderlos a ustedes".

Esa noche, la noticia de la amenaza que se cernía sobre su cabeza cundió por valles y montañas; centenares de campesinos armados hasta los dientes hicieron murallas con sus cuerpos. Nosotros, los que dependíamos de usted, nos sentimos fuertes, seguros y capaces de llegar a la contienda por su respeto y seguridad.

General: ¡qué decisivo era usted! Recuerdo aquella vez que la patria estuvo amenazada y se le pidió ayuda para enfrentar al agresor; sentí intensa emoción cuando, a pocas horas de haber dictado su orden, aquel grupo de generales curtidos por las luchas, serenos, viejos fogueados, uno a uno fueron llegando de los confines de la patria, subiendo la escalera para presentarse ante usted, que los esperaba en su recibidor privado, y lo saludaron con un "Presente, mi general".

Jamás vi un fulgor más cegador en sus ojos al recibir a aquellos viejos revolucionarios que hicieron de Honduras, en su tiempo y fuera de él, la plaza más fuerte de Centroamérica. En aquella oportunidad usted extendió un mapa de Honduras sobre una mesa y fue haciendo caminos mientras la estrategia se iba delineando poco a poco con los razonamientos de aquellos generales. Me retiré y no supe qué resolvieron, pero sí me di cuenta al día siguiente de que los que le habían pedido su concurso le habían tenido miedo y habían dejado para enseguida la resolución a tomar, pese a que usted se comprometió al éxito de la empresa.

Recuerdo, general, su justa indignación: rugió como un león herido y descargó su puño repetidas veces sobre la superficie de una mesa; yo le presentaba una estilográfica solicitándole una firma que pedían los que lo dejaban, y me dijo: "No mando a nadie, vaya usted si quiere". —"No, general", le contesté, "esto es asunto de hombres; usted descargue su puño cuantas veces quiera, pero deme la firma". Me miró con rabia y firmó hasta rasgar el papel con la pluma, después me dijo: "Dispense mis arrebatos, pero yo soy un caballero y se ha puesto en duda mi honradez". Le contesté: "Comprendo, general, su justa indignación, pero enfrente y detrás de nosotros está un partido político que espera las decisiones de su jefe para acatarlas, porque con esto se le demuestra que se le toma en cuenta en el concierto nacional". Olvidamos el incidente y seguimos trabajando, pero ¡cuántas cosas tuve que escuchar de sus labios!

Recuerdo que una vez un hombre del pueblo le dijo: "General, manifieste que no apoya a don Julio". Y usted contestó mansamente: "De hecho no lo estoy apoyando, pero yo conozco a Julio y, si sabe que no lo apoyamos, puede pedir la intervención extranjera, y yo tengo que recordar que, por sobre mi condición de expresidente, soy hondureño y patriota".

¡Qué puro era usted, general! Una vez me llegó de regalo una botella de champaña e invité a las amigas para que brindásemos; habían sido elegidas las primeras mujeres nacionalistas para que figurasen en la planilla de diputados, y yo me sentía eufórica. Fuimos donde usted con botella y copas y le pedimos: "¿Nos acompaña, general?" —y usted nos dijo—: "¡No! Yo he sido enemigo del licor porque comprendo que el día que los hondureños rectifiquen sus vicios, será esta una nación libre. Mientras tanto, ¡no!".

Tengo tan presente este hecho que una vez le pregunté al doctor Salvador Zelaya: "¿Qué opinión tiene usted del general Carías, como hombre?". —"Inmaculado", me contestó, "lo conozco desde siempre, y aunque no somos amigos políticos, reconozco en él cualidades únicas. Es inmaculado".

General: ¡qué gentil era usted! Todos los días, a las seis de la tarde, hacía su arribo a su casa, procedente de su finca, en la cual, sus manos callosas lo expresaban, había hecho los surcos que esconderían la simiente, con la burda herramienta del campesino. Venía usted con un hermoso ramo de rosas que depositaba en las manos de su esposa, luego extraía de su bolsa un fruto, y le decía: "Toma, Elena, este es el primero del palito que sembramos, ¿te acuerdas? Te traigo otras frutas por allí".

Doña Elena, cariñosa y suave como siempre, ordenaba la traída de un búcaro con agua fresca para las rosas mientras acariciaba el fruto único, mientras pedía le guardasen las otras. Yo sentía una impresión honda y contenida contemplando este romance caballeresco mientras usted se sentaba al lado de su esposa y le hacía la corte a la una y a las dos de cada tarde; luego recibían juntos las visitas de las siete de la noche en adelante. Usted no comprendía cómo había maridos malos, esposas sacrificadas que tenían que trabajar para alimentar a los hijos; y Reyes Irene Valenzuela y yo le referíamos pasajes evolutivos de la nueva manera de vivir y nos reíamos por la extrañeza suya y sus preguntas temerosas sobre tales tópicos.

Podría escribir un libro de cada instante de esos dos años que disfruté del pan y la sal que usted me ofreció generosamente; poseo un álbum político donde en todos los pasajes está usted complacido al lado de esas mujeres humildes que usted apreció tanto.

Y a otra pregunta que en fecha muy marcada le hizo otra persona sobre la confianza con que usted recibía a algunos liberales, usted contestó: "Los conozco. Muchos fueron mis alumnos, otros mis amigos, los demás mis conciudadanos; a nadie se puede menospreciar porque, en política, el peor enemigo hoy puede ser el mejor de los amigos mañana".

Era usted un hombre incomparable, general, y por eso una vez, en una festividad de su cumpleaños, me acordé del célebre epitafio sobre la tumba de Sócrates y dije para usted: "¡HOMBRE A QUIEN NI SUS PEORES ENEMIGOS PUDIERON ODIAR NUNCA!"

General: estoy llorando. He sentido una impresión angustiosa desde esa funesta hora, siete y veinte de la mañana del día veintitrés de diciembre, en que las ondas radiales dieron la noticia de su muerte. El vaho tibio de los recuerdos ha derretido mis nieves y aquí me tiene, pesarosa por la orfandad en que se encuentra sumida la patria que usted tanto amó.

Muchas veces le llevé personas que me demostraron deseos de conocerlo o de volver a saludarlo, entre estas, el gran abrazo que mutuamente enlazó a usted con el filósofo costarricense Moisés Vicenzi. Otra visita que mucho me impresionó fue la de Mr. Frankie, miembro de la embajada americana en calidad de agregado cultural, infatigable viajero para acrecentar su acervo cultural, y que citaba en su casa lo más conspicuo del espíritu para ofrecer sus alicientes.

Este señor de gran cultura me dijo un día: "La próxima semana me voy; me trasladan a otro lugar… ¿Cuándo me llevas a conocer tu general?". —"La víspera de tu partida", le contesté, y así lo hicimos. Cuando Frankie volvió a mí para marcharnos, después de su plática con usted, venía pensativo y un poco pálido. No sé qué hablaron, pero me dijo: "¿Sabes?, me alegro de haberlo conocido, es muy, muy interesante y me ha dicho cosas que no olvidaré nunca. ¡Qué gran hombre es! Y qué agradable y generoso. Te agradezco que me lo hayas presentado".

Yo lo defendí siempre, general. Usted nunca lo supo todo, pero siempre cumplí con los mandatos de mi conciencia, y para pagarle en parte el bien que hizo a los hondureños de una forma o de otra, expresé la justicia de mi espíritu y demostré el afecto y respeto que usted siempre me inspiró; respeto que también supo inspirar a todos mis connacionales.

Ha tropezado en las salientes de la encrucijada, mi general, y ha caído como un hombre: con valor, con entereza, con resignación y con ejemplo. La bandera ha escapado de sus manos, pero miles de manos la recogen para hacerla flamear en los espacios de la patria. Es su bandera, mi general; otro heraldo la portará lanzando su grito de combate: "¡Viva el general Carías!".

En alguna parte estará usted, general, y enviará sus mensajes; recuerdo la poderosa intuición que siempre lo hizo leer en los arcanos: cuando recién estaba en el poder el coronel Carlos Castillo Armas, un día, muy excitado, me dijo: "Ya lo van a matar, se ha confiado y no sé cómo advertirle; ¡ya lo van a matar!". Tres días después, el coronel Castillo Armas era asesinado. Y muchos otros hechos lamentables ocurrieron que usted había previsto, gritando alertas que tardíamente fueron consideradas.

A usted, general, le gustaron las luchas francas y decisivas. Era afirmativo en todas las facetas de su vida pública y jamás le gustó la conspiración a puerta cerrada; francamente decía lo que se haría y jamás tomó el consejo de otro para sus decisiones, de conformidad con la honradez. Recuerdo aquella vez que un gran representante diplomático le aconsejó que no mandara al pueblo a las urnas electorales previa convocatoria, que era mejor tomara con determinada persona el poder. ¡Qué cólera la suya, general! Le habló fuerte y, entre otras, le dijo: "Quisiera tener veinte años menos para demostrarle cómo se responde a los ultrajes que se hacen a un pueblo humilde. El pueblo hondureño es soberano e irá a las urnas a elegir sus gobernantes".

General: con nosotros está su esencia y su bandera. En las horas de prueba emularemos al general Pershing, cuando al finalizar la Primera Guerra Mundial se cuadró ante la tumba del marqués de Lafayette y dijo: "General, hénos aquí…". Así nosotros, los que le estimamos y respetamos en conocimiento de sus grandes méritos, en todas las grandes decisiones que involucren la paz y seguridad de la nación hondureña, le diremos:

¡GENERAL, HÉNOS AQUÍ!

Tegucigalpa, D. C., 26 de diciembre de 1969.

LA ESTATUA PARA EL GRAN CAUDILLO HONDUREÑO

Por *GENERAL HUMBERTO BARNICA MILLA*

La situación de nuestra patria no puede ser más lisonjera, ni más brillante el horizonte de su porvenir. Así lo confiesan hasta los más acérrimos enemigos que ayer no más adversaban al Gran Partido Nacional de Honduras.

En el período de los dieciséis años que tuvo de gobernar a nuestra Honduras el General Carías Andino, el país se transformó por completo; los habitantes de los pueblos se agitaban por todas partes, no con esa agitación convulsiva de las revoluciones que todo lo dislocan y aniquilan, sino con esa agitación bienhechora que, sacudiendo el espíritu del hombre, lo despierta y lo lanza al campo del progreso, en donde el ciudadano se coloca en un plano distinto en busca de una vida mejor.

¿Cómo se encontraba nuestra patria antes de que el Gral. Carías asumiera el poder supremo de la República? —Continuas guerras civiles que desolaban nuestras ciudades y campos y, a consecuencia de éstas, miseria, orfandad, luto y lágrimas en los hogares, como también despilfarros de los caudales públicos y, en fin, escándalos de todo género—. ¿Y en su mandato gubernamental cuál fue el aspecto político que presentaba nuestra patria? —Todo hondureño, sin distinción de color alguno, miró y palpó la gran transformación habida, admirando al piloto de la nave, Gral. Carías Andino, por su hábil manejo en gobernarnos.—

Este ilustre exgobernante trabajó sin descanso para repararlo todo, persiguiendo el engrandecimiento patrio, y lo cual consiguió, porque el Gral. Carías Andino sabía mandar, y porque también contó con el apoyo decidido de todos los hondureños, que, cansados ya de los gobiernos antecesores, apreciamos y quisimos de alma y corazón a tan ilustre ciudadano. Por eso hoy, de uno a otro confín de nuestra patria, cuando ya viajó hacia el oriente eterno, el nombre de Tiburcio Carías Andino es pronunciado con admiración, cariño y respeto; ya nadie se acuerda de aquellos caudillos que abundaban en profusión disputándose los despojos de nuestro terruño.

Los hondureños, como ciegos autómatas, nos desgarrábamos unos a otros como hambrientos chacales, importándonos poco o nada el porvenir y honra de nuestra querida Honduras.

Por las razones antes dichas se deduce que el Dr. y General don Tiburcio Carías Andino fue el verdadero salvador y reformador de nuestra patria; fue un padre conscripto, como llamaron los antiguos romanos a sus hombres públicos benefactores, y es por eso que, como una muestra eterna de gratitud a su memoria, el Partido Nacional de Honduras y el pueblo hondureño en general, con su peculio personal, deben sufragar los gastos para la estatua en bronce que debe erigirse en el majestuoso e imponente cerro El Picacho, en la capital de la República, al último caudillo de Centroamérica: Doctor y General don Tiburcio Carías Andino.

El General Carías Andino debe ser "la encarnación en bronce de una Honduras férrea".

Que sobre su tumba crezca inmortal el laurel que hoy sembramos, y que allá, en la eternidad, él, con los ojos del espíritu, vea que aquí estamos todavía de pie, luchando por lo que fue para él una eterna idealidad: Honduras, su patria, y el Gran Partido Nacional.

Santa Rosa de Copán, 20 de enero de 1970

EL HOMBRE INDISCUTIBLEMENTE CAUDILLO

Por MANUEL PACHECO
(Secretario del Comité Departamental Nacional)

La historia de los hombres se analiza por sus diferentes hechos. En esos análisis, los historiadores, por sentimientos propios, tergiversan los hechos y resplandecen las personalidades de los mismos hombres, fuera de la equidad y de la justicia, cuando no se les quieren dar las virtudes a los verdaderos hombres que han construido, en diferentes formas, el bien de la patria.

Estamos ante la presencia de la historia, con la verdad. Estamos ante la presencia de hechos y relatos históricos, ante la presencia de una evocación clara y meridiana, ante la personalidad de la materia que fue y del espíritu que existe y existirá siempre: la personalidad del más gran caudillo, que responde con luz muy brillante al nombre del Doctor y General don Tiburcio Carías Andino, a quien sus enemigos, con odios y rencores, lo quisieron desfigurar, pero ante los hechos, que son la verdad y la luz, reflejó aquella gran personalidad, porque él, durante su vida, era un hombre positivo y de acción indiscutibles; y todo el pueblo hondureño, ante su muerte —eterna en materia—, sin distingos de colores políticos, ante su descanso en la eternidad, ha alcanzado la más alta dignidad de su pueblo, que es la justicia, para calificarlo hoy como un hombre austero, honorable y sobresaliente, tanto como ciudadano, así también como gobernante.

Fundar la paz, la felicidad y la prosperidad de una nación y de su pueblo alcanzan grandes dimensiones en sus rasgos y en la escala de los hombres justos y amigos de la verdad.

El Doctor y General don Tiburcio Carías Andino trazó y construyó la fundación y base de que gozamos hoy todos los hondureños; es por ello que hoy contemplamos un horizonte amplio como herencia que legara al pueblo hondureño, y esa tarea es el producto de hombres libres y de buena voluntad, porque hoy gozamos de todas esas maravillas que nos legara aquel Hombrón de Roble, las que debemos aprovechar en toda nuestra vida ciudadana, para cultivarlas y cosecharlas, para nuestro propio bien y para darle vida a la patria con dignidad, carácter y honradez acrisoladas.

En la historia contemporánea de Honduras no ha existido caudillo tan extraordinario como Tiburcio Carías Andino, y en Centroamérica el único y el último caudillo triunfante, que, después del odio de sus enemigos, ese odio se convirtió en respeto y abnegada admiración, porque todos comprendimos —unos como correligionarios de él y otros como adversarios— que su único amor era Honduras, pero una Honduras con paz, felicidad y prosperidad.

Es por esta razón y por muchas razones más que el Partido Nacional del Departamento de Intibucá, y del resto de Honduras, ha llorado ante el cuerpo inerte del que en vida fuera el verdadero reorganizador del Gran Partido Nacional y su único jefe supremo, y acoge con amor el espíritu que supo sorprender con sus obras morales y materiales a su pueblo, porque supo interpretar, como todo un gobernante, las necesidades de la patria, de su pueblo y de su partido, y también para el bienestar de sus adversarios, que son también hondureños tan legítimos como nosotros, y también para la defensa de nosotros mismos, con una Honduras respetada y fuerte.

Por eso rindo ante sus restos mortales mi corona fúnebre de laurel, porque el caudillo más grande de Honduras y de Centroamérica se fue para siempre, y que su tumba permanezca con las flores más delicadas y perfumadas, porque el General Tiburcio Carías Andino bien se merece este homenaje por sus relevantes méritos como ciudadano, como gobernante y como exgobernante de nuestra Honduras. Que Dios, nuestro Señor, lo tenga en el seno de su gloria.

Y así como este homenaje, vienen otros, porque la figura del General Carías Andino siempre flameará como un estandarte en el horizonte de Honduras; y pasarán los años, pero en política, en la vida pública interna e internacional, se mantendrán incólumes los altos ideales de aquel Roble valiente y sincero hondureño, porque si fue grande en vida, hoy es más grande en la muerte, y sepamos comportarnos con sus sabias palabras: "Prudencia, paciencia y valor."

El Departamento de Intibucá siempre estuvo con él, en la paz y en la guerra, y siempre sabrá enaltecer y corresponder su memoria por las grandezas y virtudes del Gran Caudillo, el Doctor y General don Tiburcio Carías Andino. Descanse en paz, en la gloria del Señor.

La Esperanza, febrero 6 de 1970.

UN GRAN HONDUREÑO

Por FERNANDO MARTÍNEZ H.

La historia política de Honduras señala sucesos y etapas de gran significación, pero hay sucesos y etapas que encierran y plasman toda una época, porque los personajes que originan éstas se consagran por entero a la forja de una Honduras que trabaja, se eleva y progresa bajo el lábaro insigne de una paz bienhechora que beneficia a toda una nacionalidad.

Tal es la época de Tiburcio Carías Andino, el agricultor, el político, el militar y el estadista, que se consagró por entero a establecer la paz, la que logró con grandes esfuerzos en la búsqueda de un mejor porvenir para su patria, la que amó entrañablemente, la que dignificó como ciudadano, como político y como gobernante.

Orientó sabiamente al Gran Partido Nacional, cuyo acervo popular le dio los más significativos triunfos. Fue justo, recto y probo; gobernó al país con gran acierto y supo de las penas del campesinado hondureño, remedió en lo posible sus necesidades y supo en todo momento ser lo que fue: un gran hondureño que solo pensó en la patria, predestinado del destino, dio a su partido y a su patria todo.

Por eso, el General Carías vivió y vive dentro del alma nacional, respetado por todos, y su actuación política llena toda una época, porque el Doctor y General Carías está ligado estrechamente a la historia política y militar de Honduras.

Su muerte dejó un profundo vacío en todo el conglomerado hondureño y su figura cimera crece y crece con el tiempo, como el más grande político de nuestra Honduras en todos los tiempos.

Aun desaparecido físicamente, el General Carías sigue y seguirá guiando e iluminando al Gran Partido Nacional y al pueblo hondureño. Su figura prócer tiene sitio dentro de los grandes estadistas de nuestra América. El Partido Nacional continúa teniendo al General Carías, aun muerto, como su orientador potencial.

LAUREL PÓSTUMO A TIBURCIO CARÍAS ANDINO

Por MANUEL DE J. BUESO

Su figura prócer se forjó con el bronce de los héroes legendarios, llamados a escribir gloriosas epopeyas con la palabra, con el ejemplo y con la acción constructivas en beneficio de los hombres y de los pueblos.

Nació con el influjo del genio para dirigir multitudes y redimir comunidades, porque su estirpe de caudillo y estadista se alzó con la majestad de los colosos, erguida, gigantesca e impoluta, sobre el horizonte nebuloso de las pequeñeces ambientales, iluminada por el sol radiante de prestigios ancestrales y de méritos intrínsecos, capaces de resistir inconmovibles los embates del presente y el juicio imparcial y austero de la posteridad.

Su vida, colmada de rectitud, de entereza y de patriotismo, llena casi una centuria de la historia de Honduras, y la firmeza de sus decisiones, como la fe inquebrantable en el porvenir venturoso de la tierra que le vio nacer, lo llevaron a participar en luchas cimeras, aunque cruentas, para colocarse en la suprema dirección de los destinos de la patria y trabajar por su tranquilidad y redención sin escatimar sacrificios personales y familiares.

Llegó a la primera magistratura de la nación en los albores del año de 1933, cuando la república se debatía en el caos de la guerra civil, que era el pan de cada día de los hondureños y el estado normal de este país, víctima entonces de la ambición y el desenfreno de políticos sin entrañas, a quienes solo importaba el poder y el lucro, sin preocuparles un adarme el prestigio nacional e internacional y mucho menos el progreso material y espiritual de sus conciudadanos.

El ascenso de Tiburcio Carías Andino al poder cumplió a cabalidad los vaticinios del inmortal Paulino Valladares, quien con providencial clarividencia, al presentarlo por primera vez ante la opinión pública como candidato a la Presidencia de la República, lo consideró el único hombre capaz de salvar a Honduras y de levantarla como al Lázaro bíblico de la postración en que yacía.

La visión futurista del General Carías se puso de manifiesto desde los primeros meses de su administración, cimentando la paz como fundamento indispensable para propulsar el progreso, pues el desorden y la anarquía en que vivíamos eran la causa matriz de la casi absoluta falta de probidad administrativa y de la carencia total del principio de autoridad.

Sus determinaciones inquebrantables y su acierto de estadista por convicción y por temperamento abrieron rutas de superación y engrandecimiento donde antes crecía lozana la maraña inextricable del atraso social, político, económico y cultural.

Su acertada política económica, que no necesitó técnicos extranjeros para estructurarse, fue austera y conservadora, con fines de soberanía e integridad. Jamás adquirió préstamos en el exterior, para mantener a la nación libre de las ataduras de los compromisos internacionales que a veces enajenan la dignidad de la república. Gobernó con un presupuesto bien equilibrado de nueve millones de lempiras, que ascendió paulatinamente, pero nunca rebasó los veinticinco millones.

Con rigurosa economía acumuló los fondos para la creación de los bancos del Estado, con el propósito de mantener incólume la estabilidad de nuestra moneda y de incrementar el desarrollo agropecuario e industrial del país; propósitos que aún no se han colmado como lo proyectó su creador, porque son precisamente los pequeños agricultores, ganaderos e industriales los que menos estímulo reciben del Banco Nacional de Fomento, que es la institución llamada específicamente a brindárselos.

Paz, orden, armonía, bienestar y progreso fueron los lemas del General Carías durante su gestión administrativa. Y, al descender del solio presidencial aureolado por la gratitud y la admiración de su pueblo, continuó desde su retiro predicando la comprensión y confraternidad entre los hondureños, saboreando la gloria de haber sido el fundador de la paz y el propulsor del progreso de Honduras.

El Partido Nacional, al que el General Carías Andino jefaturó con acierto por espacio de cincuenta años, rodeó al egregio caudillo con absoluta fidelidad en todo momento y recibió invariablemente el aliento vivificante de sus indeclinables prestigios, que lo llevaron a estruendosas victorias tremolando la bandera azul de la estrella solitaria.

La muerte sorprendió al General Carías con la satisfacción del deber cumplido y el reconocimiento casi unánime de sus virtudes cívicas y de su estatura de gobernante ejemplar. Su deceso conmovió al país entero y constituyó duelo nacional, que cubrió de negros crespones todos los confines de la patria.

Como que Tiburcio Carías Andino era de esos raros hombres que, por su grandeza, descienden al sepulcro para ascender a la inmortalidad, donde solo moran los genios, los héroes y los próceres.

En Honduras, el nombre de Tiburcio Carías Andino será, a través de todos los tiempos, paradigma de entereza, de dignidad, de civismo, de decoro, de patriotismo, de prestigio y de probidad, y siempre ha de ser pronunciado por las generaciones presentes y futuras con el respeto que amerita el de los varones egregios que vinieron al mundo con el sino de los redentores de pueblos.

No es tiempo todavía de enjuiciar en toda su majestuosa dimensión la obra de progreso material y espiritual realizada por Tiburcio Carías Andino. La historia, con su juicio crítico e imparcial, se encargará de aquilatar al digno émulo de Cincinato y de Pericles.

MI HOJA DE LAUREL A LA MEMORIA DEL GENERAL TIBURCIO CARÍAS

Por FELIPE CANTARERO REYES

Las alas del tiempo son terribles por cuanto son eternas. Tremolan sobre el universo, y en cada rincón de la tierra dejan a veces las huellas tremendas del misterio.

Cada época tiene sus características, como cada generación tiene sus hombres. Moisés, con el poder de "Yo soy", partió en dos el Mar Rojo para dar paso por tierra al pueblo cuya libertad tuvo a su cargo; y con la misma potencia golpeó la roca con su vara para convertirla en fuente de agua viva que habría de mitigar la sed de todo aquel conglomerado.

Grande fue Josué, al ser oído por el Omnipotente, para prolongar la luz del sol todo el tiempo necesario para lograr el triunfo en su camino hacia la Tierra Prometida.

Es inmortal Sócrates, que después de apurar la cicuta perdura en sus principios de moral, de ciencia y de salud social.

Cristo vive en el "Sermón de la Montaña", en la resurrección de Lázaro, sobre el Calvario y en Pentecostés.

Los benefactores, los hombres de paz, los que se imponen sobre las bajezas y derraman su corazón en provecho de las comunidades, esos nunca mueren. En cuanto a esos, las alas del tiempo son incapaces de destruirlos. Para esos truenan, anunciando un nuevo nacimiento como ejemplo de virtudes, como esencia vital de grandeza, como símbolo de una raza o estandarte de un pueblo.

Así pasó: el 23 de diciembre de 1969, a las 7 y 30 minutos de la mañana, las alas del tiempo tronaron estrepitosamente por toda Honduras. Se conmovió Centroamérica, y desde el Cabo de Hornos hasta el Polo Norte, el segundo eterno marcó la inmortalidad del Doctor y General don Tiburcio Carías Andino.

Sí, aquel hombre libró la mejor de sus batallas cuando, al abrirse paso por la ventana eterna, enmudeció a sus propios oponentes y arrancó fuentes de sentidas lágrimas que calientan todavía los rostros de sus mejores amigos.

Abandonó su envoltura terrenal, pero su obra, traducida en progreso efectivo y bienestar social, continuará creciendo, porque supo arraigarla en los corazones hondureños sin distinción de clases ni colores.

Amó tanto a su patria que jamás quiso abandonarla a su propio destino. Ante la metralla insensata y fratricida fue sereno y no respondió con sangre al reclamo de la sangre.

Asumió con entereza las mayores responsabilidades, pero hizo terminar el hartazgo de los buitres con carne de hondureños en nuestras montañas y en nuestros valles.

Estimuló al humilde labriego, a las lavanderas y a las tortilleras, garantizándoles una vida tranquila y libre de las amenazas y del pillaje que supo controlar. En nuestros campos crecieron y fructificaron las espigas, así como en los templos de Minerva se oficiaron de verdad los eucarísticos panes que rasgan con vigor las tinieblas de la ignorancia.

De norte a sur y de oriente a occidente, toda Honduras está llena de obras que pregonan la vida del Hombrón. Hizo el milagro de rescatar la sabiduría maya en las ruinas de Copán y colocó a Lempira vigilando por nuestra soberanía en la cumbre majestuosa y azul de El Congolón.

Y aquel hombre marcha... marcha siempre como triunfador. No quedará estacionado en el bronce que su pueblo le erigió con gran cariño y que sus mismos ojos vieron derrumbar, sino que, junto a los escogidos, en rayo luminoso, señalará a los buenos su camino de libertad, justicia y probidad.

Tegucigalpa, D. C., enero 23 de 1970.

NUESTRO HOMENAJE PÓSTUMO A CARÍAS ANDINO...

Por FRANCISCO LAGOS H.

Una dolorosa y profunda sensación de pesar se ha manifestado a lo largo y ancho del territorio nacional, con el sensible deceso inesperado del Doctor y General don Tiburcio Carías Andino, acaecido el 23 del corriente, en horas de la mañana en su casa de habitación de la capital; acontecimiento que ha llevado luto a todos los corazones, familiares, amigos y correligionarios, al mismo tiempo que constituye una pérdida irreparable para la patria, a la que sirvió en su carácter de ciudadano, de soldado y de gobernante con lealtad, con sinceridad y con valor.

El General Carías Andino surgió de un hogar modesto, en la capital del país. Nació el 15 de marzo de 1876, según partida existente en el archivo del Concejo del Distrito Central. Sus padres fueron don Calixto Carías y doña Sara Francisca Andino.

Asistió en temprana edad a escuelas privadas. Posteriormente logró una preparación firme y, por su capacidad, las autoridades de aquel entonces lo nombraron Director de la Escuela Número 1, ahora "Francisco Morazán", en su lugar natal. Tuvo a su cargo la asignatura de Matemáticas, tanto en la primaria como en la secundaria. Inició estudios de Derecho en la Universidad Nacional hasta graduarse. Más tarde emprendió la carrera de las armas en defensa de los sagrados intereses de la patria. Su espada estuvo a la altura de sus ideales, de su acrisolado civismo y de su misión hacia todo aquello que significó paz, armonía y unidad entre los diferentes sectores que forman la ciudadanía hondureña.

Su figuración en los campos de la política no se discute. En más de casi medio siglo, sus luchas en defensa de la cruzada azul y blanco, con su estrella solitaria, dejaron muestras de su temperamento recto, de su incuestionable devoción por el orden y la sana convivencia en pro del crédito social de la República.

Su partido lo lanzó en varias ocasiones como candidato a la primera magistratura de la nación, pero fue hasta el año de 1932 que obtuvo mayoría en las urnas. Algunos líderes del Partido Liberal quisieron burlarse de su triunfo, no logrando el injustificado y condenable intento, pues el doctor Vicente Mejía Colindres, en una ceremonia especial, entregó el poder a su legítimo sucesor, al mismo tiempo que hizo votos por su período. El nuevo gobernante pronunció en tal ocasión palabras de agradecimiento por los votos que hiciera su antecesor.

Entre otras cosas dijo el Doctor y General Carías Andino:

"Altamente agradezco vuestro deseo de que mis labores de gobernante que se inician en este día tengan el mejor éxito. Efectivamente, fuisteis muy combatido durante vuestra administración. Pero mañana, que la historia analice vuestros actos de gobernante, sabrá discerniros el lugar que os corresponde como patriota. Hubiera deseado que la transmisión del poder se efectuara en circunstancias diferentes, y que este acto de efectiva democracia hubiera servido entre todos los hondureños de vínculo de unión y de concordia; pero aún es tiempo de que todos trabajemos porque en los surcos del pasado germinen sentimientos de armonía y de fraternidad. Os saludo, Doctor Mejía Colindres, y deseo que vuestra vida se deslice tranquilamente sin las inquietudes que lleva consigo ante el porvenir la responsabilidad del gobernante."

Su hogar lo compartió con su abnegada esposa doña Elena Castillo de Carías Andino, procreando cuatro hijos: Tiburcio, Gonzalo, Marta y Elenita, todos ellos destacados elementos de la sociedad metropolitana. El extinto tuvo tres hermanos: Calixto, Marcos y Miguel Carías Andino, y dos hermanas, Sara y Petrona, ya fallecidas.

Su nombre, como exponente de la milicia, figura en las batallas de Tatumbla, Calabaceras, El Salto, Guaimaca y otras. Estratega de nota y siempre inspirado su ánimo por la reivindicación de las causas honestas, libres y democráticas. Durante la administración del General Dávila, desempeñó con buen suceso el cargo de Gobernador Político del Departamento de Cortés, cuando San Pedro Sula, su cabecera, iniciaba su desarrollo.

Tuvo sus defectos, como todos los humanos, pero éstos se desvanecieron a través de sus actuaciones frente a la primera magistratura de la nación, pues, desde ésta, sostuvo la paz, garantizó la tranquilidad en los dieciocho departamentos de la República, defendió a todo trance el honor de la nación y la elevó —de esto no queda duda— a niveles de superación. Si algún adelanto se registra en Honduras, sus bases las colocó el ilustre desaparecido, juicio que sostienen hasta sus adversarios políticos y enemigos personales.

Que esta colaboración sea a manera de un homenaje que dedicamos a su memoria de hombre extraordinario y que supo prestigiar el nombre del país, en reconocimiento y gratitud al mismo tiempo.

DOCTOR Y GENERAL TIBURCIO CARÍAS ANDINO, FIGURA PROMINENTE Y GLORIOSA DE NUESTRA AMÉRICA

Por *MIGUEL ÁNGEL OSORIO*

La trascendencia del paso del Doctor y General Tiburcio Carías Andino por la presidencia de la República Hondureña llenará miles de páginas resplandecientes en nuestra historia. Ciudadano de trayectoria límpida y fulgurante, se proyectó siempre en acciones generosas, altamente patrióticas, que servirán de vívida enseñanza para las nuevas generaciones, juventudes y personas que lo conocieron y trataron, y para todo el que lea su benemérita historia, llena de gestos sublimes y de actos sistematizantes en el desarrollo de la cultura, orden, trabajo, progreso, armonía y paz de Honduras, a todo lo cual se consagró en vida fervorosamente. Fue el fundador y sostenedor de la paz de Honduras.

Patricio visionario, se preocupó hondamente por el campesinado hondureño y por todas las clases desheredadas, a quienes oyó y atendió con solicitud dentro del campo de todas las posibilidades. Sus labios fueron un continuo venero de consejos enaltecedores que siempre dio al pueblo con acento paternal. Creó en la hondureñidad el respeto y la comprensión de encontrar el bienestar y la redención por medio del trabajo y la laboriosidad dignificantes.

En su vida apacible y armoniosa orientó siempre la vida de los hondureños con su esclarecido ejemplo. Todo su talento y energías constructivas, aunadas con su experiencia, fueron consagradas a obtener la felicidad de la patria y el bienestar de los hondureños.

Durante su gobierno se promulgaron leyes propicias en bien de la grandeza de la patria, las cuales están brindando sus beneficios y en cuya función muchas se proyectan hacia el progreso futuro y continuo de Honduras.

Ante el sensible fallecimiento del gran Caudillo del Nacionalismo Hondureño, General Tiburcio Carías Andino, los hondureños todos estamos de duelo. Damos nuestro sentido pésame a sus familiares y, el que escribe estas breves palabras, siendo humildes, son por su sinceridad, justicieras:

Elevemos un coro armonioso
en memoria al glorioso caudillo
que con gesto y ademán portentoso
dio a la patria estímulo y brillo.

En paz descanse el fundador de la paz de los hondureños.

Tegucigalpa, D. C., 3 de febrero de 1970.

ESTUDIO DOCUMENTADO SOBRE LA POLÍTICA ECONÓMICA DE HONDURAS BAJO EL RÉGIMEN GUBERNAMENTAL DEL GENERAL CARÍAS

Por *PRÁXEDES MARTÍNEZ SILVA*

Antecedentes

Durante los años 1923-24 el gobierno de Honduras todavía estaba enfrascado en el reconocimiento y la forma de redención de la deuda externa que gravitaba sobre el país, a pesar de que desde 1921 el régimen del General Rafael López Gutiérrez había nombrado una Comisión de Crédito Público, creada con la intención de averiguar el verdadero monto sin redención a la fecha.

El país atravesaba por una situación económica y financiera caótica, como consecuencia natural de los disturbios políticos acaecidos durante las revoluciones y contrarrevoluciones de 1894, 1903, 1911 y 1924. En este último año, el 5 de febrero, el General Tiburcio Carías A. fue electo por el Consejo de Jefes del Ejército Presidente Constitucional, ratificando así las elecciones populares realizadas en octubre de 1923.

En el ínterin, se había instalado también una Conferencia de Paz en el puerto de Amapala, con representantes de los gobiernos de los otros países de Centroamérica y de los Estados Unidos de Norteamérica, además de los dos bandos contendientes de la revolución, el 23 de abril de 1924. Esta conferencia nombró Presidente Provisional al General Vicente Tosta, invalidando la elección popular que antes había recaído en el General Carías Andino, aduciendo como argumento la aplicación de los Pactos de Washington, suscritos en febrero de 1923 por los mismos gobiernos representados en dicha conferencia de Amapala.

Pasado este acto de intervencionismo centroamericano e internacional, resultó electo para el período 1925-1929 el Dr. Miguel Paz Baraona, como Presidente de la República, y como diputado nacionalista fue electo Presidente del Congreso Nacional el General Carías Andino.

Bajo la jefatura del General Carías Andino, el Congreso de la República emitió varias leyes de gran importancia para la economía nacional. Emitió el Decreto N.º 66 en marzo de 1926, mediante el cual se aprobó el convenio con el Comité de Tenedores de Bonos de Londres; se reconoció y aprobó el pago de la deuda externa que habían contraído los gobiernos anteriores desde 1867, por el Decreto N.º 38 del 1.º de febrero de 1927. Se reestructuró el Tribunal Superior de Cuentas mediante el Decreto N.º 37 de 1928.

En este mismo período se emitieron las leyes correspondientes para adoptar el sistema monetario hondureño, creándose como unidad monetaria el lempira, porque antes de la emisión de este decreto circulaban en el territorio nacional muchas monedas de distintas nacionalidades, o sea que el país no tenía sistema monetario propio. Esta definición de la moneda hondureña se consagró en el Decreto N.º 102 del 3 de abril de 1926.

Conviene citar que de la legislación del período en estudio surgieron varios fondos especiales que tenían por objeto atender necesidades específicas. Se formó el Fondo de Amortización de la Deuda Interna, consistente en el 10 % de la renta aduanera; el Fondo de Cambio, para el respaldo y consolidación del sistema monetario, formado con las utilidades obtenidas en la acuñación de la moneda metálica y fiduciaria, y con el resultante del 3 % sobre las facturas consulares de mercaderías que se importaran con destino a Honduras.

Período de Reformas en Política Económica y Financiera

El General Tiburcio Carías Andino recibió el gobierno el 1.º de febrero de 1933. En el momento en que se depositaba el mando de la nación hondureña, el ambiente exterior era el de un mundo abatido por la gran crisis mundial, y el interior de la República estaba convulsionado por la guerra fratricida.

La crisis mundial afectaba directamente a Honduras porque era, hasta 1930, el primer exportador mundial de bananos, llegando a significar más de 30 millones de racimos su producción anual; pero al caer la demanda mundial de este producto, las exportaciones en 1935 habían bajado a 12 millones de racimos, o sea, menos de la mitad. Puede deducirse el gran impacto que tal baja había producido en la economía nacional, si se toma en cuenta que casi el 60 % de los ingresos de divisas del país procedían solo de exportaciones.

Así que el primer año de gobierno fue crítico; la situación era grave, según se desprende del discurso del Presidente Carías Andino al tomar posesión de su cargo el 1.° de febrero de 1933:

"Nuestro deber, el deber de todo hondureño, es terminar con esta triste situación, laborando de manera constante y desinteresada en la ardua empresa de la reconstrucción nacional, en sus vitales aspectos: económico, moral y cultural.

He de empeñarme en el desarrollo de las industrias, en el florecimiento de la agricultura y la ganadería, en la difusión de la cultura, en el forjamiento de caracteres fundidos en los crisoles del honor, el deber y el civismo; en la elevación del concepto que priva en otros países respecto al nuestro, mediante una vida interna ordenada y la seriedad y decoro de nuestras relaciones internacionales; en sostener incólume la majestad de nuestras leyes; en seguir dignamente la tradición de nuestros próceres, que nos heredaron una patria para que la amáramos, defendiéramos y engrandeciéramos."

Esta realidad nacional obligó a la administración gubernamental recién instalada a tomar medidas, en algunos casos radicales, para corregir y mejorar el desequilibrio económico y financiero en que estaba la nación.

En el año de 1934, el Congreso de la República, a iniciativa del Poder Ejecutivo, emitió una gran cantidad de leyes que venían a responder a esta situación de anormalidad. La Ley de Presupuesto General de Egresos e Ingresos del año fiscal 1933-34 fue la primera afectada, haciéndosele una disminución de 15.2 millones a 10.7 millones de lempiras. Se disminuyeron los gastos de varios ramos, y todos los sueldos, pensiones, subsidios y jubilaciones fueron gravados con un 20 % de rebaja sin excepciones; mientras que ese año no hubo pagos de la deuda interna, a excepción de los rezagos originados dentro de este mismo período.

Así se inició en Honduras, desde el sector público, una verdadera política de austeridad administrativa —que ha sido clásica en este país— mediante la cual se intentaba que la economía nacional entrara en los años siguientes en un período de reestructuración y capitalización acelerada.

O sea, que la administración del General Carías Andino estaba haciendo una aplicación del principio del saneamiento financiero, para poder devolverle a la nación su crédito interno y externo, sin el cual Honduras jamás sería respetada ante la opinión de la comunidad internacional. Seguía, sin duda, el gobierno hondureño el objetivo de ir cada día haciendo realidad aquel postulado de que no hay soberanía nacional sin independencia económica.

Este mismo año de 1934, a pesar de que el país siguió en estado de sitio hasta el mes de julio, se reorganizó el servicio diplomático y consular; se concedieron subsidios a las municipalidades para la adquisición de tierras ejidales; se reorganizó el ramo de guerra para el mantenimiento del orden público. Asimismo, el régimen comenzó por alentar el establecimiento de nuevas industrias, concediendo franquicias a los promotores y fabricantes de jabón, ropa hecha, comestibles, cerveza, licores nacionales, harina de trigo, fósforos, manteca, telas, etc., y se reglamentó y eximió de impuestos a los barcos que realizaban el comercio de cabotaje.

Entre las leyes más importantes que se emitieron figura el Arancel de Aduanas, en donde por primera vez se introdujeron dos disposiciones para establecer la prohibición de importar y exportar mercaderías y productos cuando no conviniera al bienestar general de la población.

El objetivo de estas medidas significaba el establecimiento de un control de importaciones y exportaciones, no solo para corregir el desequilibrio imperante por la quiebra del comercio internacional, sino también para proteger las necesidades del abastecimiento del país.

En esta misma ley se creó el 10 % de recargo sobre el valor de los derechos arancelarios destinados al Fondo de Cambio para respaldar hasta el 100 % en oro la emisión del lempira. Y se establecieron además los fondos especiales de la renta aduanera para las tesorerías especiales de Caminos y de Justicia.

Siguiendo con el objetivo principal de lograr el equilibrio financiero —sin perjudicar el crecimiento normal de la actividad económica—, el 27 de marzo de 1934, por el Decreto N.º 241, el Congreso Nacional emitió reformas a la Ley Monetaria y creó el sistema de Control de Cambios, como un mecanismo para equilibrar la oferta y la demanda de pagos internacionales y cumplir con las obligaciones contraídas en monedas extranjeras con los Tenedores de Bonos de Londres y otras entidades internacionales.

Además de todas estas medidas de orden económico y financiero, el Ministerio de Hacienda propuso varios proyectos de leyes al

Congreso Nacional, tendientes a lograr una reestructuración del sistema tributario, centralizando una multitud de fondos dispersos, eliminando varias tesorerías menores y derogando algunos impuestos al consumo que ya no tenían razón de ser y resultaban antieconómica su recaudación.

Entre estas leyes propuestas figuraba la reforma de las tarifas telegráficas y la Ley de Comunicaciones Eléctricas.

Este mismo año de 1934, se reformó la Ley de Municipalidades para crear el impuesto sobre la introducción de mercaderías extranjeras, a fin de reforzar la Hacienda de los gobiernos locales.

Otra medida que vale la pena citar fue la creación de un Fondo Acumulativo, en las reformas a la Ley Monetaria, para la organización de un Instituto de Crédito Agrícola Hipotecario, el que más tarde serviría para la creación del Banco Nacional de Fomento, constituido con la recaudación de una prima de cambio con cargo al comercio de importación y con el producto de los beneficios que percibiría el Estado como compensación a los privilegios concedidos a las instituciones bancarias privadas del país.

Congruente con los objetivos de equilibrio financiero y de capitalización, el gobierno impidió por todos los medios la salida de los ahorros nacionales, habiendo emitido el Decreto N.° 117 en 1936, creando un impuesto del 5 % sobre los capitales que salieran del país, y el Decreto N.° 54 de 1937, gravando las primas de seguros sobre las pólizas que emitían principalmente las compañías extranjeras.

Durante el período gubernamental del General Carías Andino, las municipalidades del país, especialmente las de las ciudades de mayor población, tenían la obligación de mantener informados a los consumidores de los precios de los principales productos y artículos que constituían la alimentación diaria de las grandes masas consumidoras, aplicando la Ley de Policía y su propia Ley de Municipalidades.

Este control lo ejercían haciendo publicar en los mercados, en las plazas y en los periódicos de mayor circulación de la ciudad los precios del día de aquellas mercaderías de consumo y uso cotidiano, interviniendo cada vez que aparecía algún intento de acaparamiento o de especulación.

Las relaciones comerciales con algunos países vecinos de Centroamérica estaban limitadas a un tratado comercial con El Salvador, suscrito en 1918, y a otro con Nicaragua. Sin embargo, el

31 de enero de 1934, el Congreso Nacional, por el Decreto N.º 59, rechazó la Convención Adicional al Tratado de Libre Comercio entre Honduras y Nicaragua, considerando que no era conveniente a los intereses de la República, porque dejaba libre de toda clase de impuestos y derechos a todos los productos naturales y manufacturados de ambos países.

Honduras contaba apenas con una pequeña industria naciente, y un convenio como el propuesto hubiera significado la interrupción del intento de industrialización nacional.

Así continuó aquella administración durante los años siguientes hasta 1948, dentro de este patrón de equilibrio y estabilidad económica, para sentar las bases de la recuperación y el desarrollo posterior del país.

Es evidente que la mayor preocupación consistió en devolverle al país la estabilidad social; es decir, tratar de darle fin a la lucha banderiza-ideológica que venía hundiendo a la nación y prepararla para que en el futuro Honduras entrara en el camino de su revolución económica.

El Presidente Carías Andino siempre hizo pública manifestación de que su mayor preocupación y empeño era la pacificación de la familia hondureña, como premisa fundamental para que nuestro país fuera fuerte y respetado dentro de la comunidad de las naciones.

Política Económica Hondureña para la Recuperación Nacional

Dadas las condiciones en que recibió el país el régimen gubernamental del General Carías Andino, con las limitaciones económicas y financieras de aquel tiempo, con una clase empresarial e inversionista muy pesimista y conservadora por la inestabilidad crónica del país, las medidas de política económica y de orden público que dictó podrían calificarse de gran alcance e innovadoras, y lo que es aún mucho más meritorio es que no dependió de la asistencia técnica ni de la ayuda financiera a través de empréstitos internacionales, sino que esta política económica fue diseñada y ejecutada por hombres de talento y de ingenio con que contaba el país.

Tales instrumentos de política económica dejaron a un lado la vieja tradición del liberalismo romántico de "dejar hacer, dejar pasar", con que venía actuando el Estado hondureño bajo los regímenes anteriores. Se había descubierto y comprobado en aquellos años treinta que la ideología política y económica del liberalismo resultaba desusada y arcaica frente a los nuevos fenómenos políticos y sociales del mundo contemporáneo, y que era un sistema imperfecto para sostener el progreso ininterrumpido de las naciones.

Por este motivo, los estadistas hondureños que tuvieron que afrontar la gran situación caótica de 1933-34 tuvieron que actuar con energía y decisión para corregir las tendencias de aquella crisis, administrando una intervención directa dentro del mecanismo dislocado de la economía de libre empresa, para evitar que se deteriorara aún más y peligrosamente el bienestar económico de la población, atajando así las posibilidades de mayor anarquía y caos social.

A esta escuela de intervención directa perteneció el régimen gubernamental del General Carías Andino —como correspondía a su ideología nacionalista—, y su efectividad quedó comprobada con los logros reales que han sido de un amplio reconocimiento por las nuevas generaciones.

El análisis de las medidas de política económica aplicadas por aquel régimen revela que los objetivos que se perseguían estaban claramente determinados: sanear el crédito de la nación, equilibrar la economía nacional y crear condiciones apropiadas para reconquistar el tiempo que el país había perdido en las luchas intestinas desde el siglo pasado.

El desequilibrio financiero se debía corregir aplicando una política basada en el equilibrio presupuestario, mediante una deflación de los gastos (especialmente sueldos y salarios), una reforma tributaria, la constitución de fondos de ahorro forzoso y la aplicación de un control fiscal fundado en la más férrea austeridad.

El desequilibrio financiero del sector externo se corrigió mediante una reforma arancelaria en donde se gravaba con tarifas más altas las importaciones suntuarias y no necesarias. Esta política de reducción de importaciones fue reforzada con el establecimiento del control de cambios y gravando la salida de los capitales "por razones de defensa de la economía nacional", como rezaba en el artículo 8 de la ley respectiva.

Al mismo tiempo, se dieron incentivos a través de concesiones a los promotores e inversionistas en el establecimiento de una gran cantidad de nuevas industrias y a las existentes, creándose el primer núcleo de empresas manufactureras en el centro, norte y sur del país, al amparo de las garantías que daba el gobierno de mantener la ley y el orden, requisito sin el cual jamás se hubiera podido establecer ninguna actividad industrial e iniciar el proceso de sustitución de importaciones.

Quizá el hecho más relevante, por ser el más conocido de los objetivos de la política gubernamental antes citada, fue la amortización y liquidación de la gravosa deuda que, como lastre, se había venido acumulando desde 1870, habiendo llegado Honduras a una situación de Estado insolvente y moroso por el año de 1926.

En el año de 1933 —cuando recibió el gobierno el General Carías Andino—, la deuda pública consolidada había sido reconocida en una suma de 32 millones de lempiras, habiendo quedado reducida al final del año de 1948, cuando terminó su gestión, a la suma de 3.2 millones de lempiras, constituida por 1.5 millones de deuda externa y 1.7 millones de lempiras de deuda interna.

Esta disminución resulta espectacular si se toma en cuenta que la deuda pública original representaba, en 1933, una magnitud de más de tres veces la suma de todas las rentas fiscales del gobierno en un año; y esta pesada deuda se tenía que cancelar en medio de una crisis económica mundial y después de haber estado el país en un período largo de 25 años de luchas fratricidas, interrumpido nada más que por cortos lapsos de paz inestable.

La economía nacional a principios de 1949 se encontraba en completo auge, según el "Estudio sobre la Economía de Honduras", realizado por una misión compuesta por personal del Fondo Monetario Internacional y del Banco Mundial, en junio de 1950.

Las reservas internacionales de 6.4 millones en 1936 habían subido a 32 millones de lempiras. La circulación monetaria en el mismo período subió de 8.3 millones a 42 millones de lempiras. La producción industrial pasó de 5 millones en 1940 a 17 millones en 1948.

Subieron las exportaciones de plata, oro, madera y café, y las de banano, de 8.5 millones de racimos a 15 millones en 1948. La producción de alimentos se había más que duplicado. La existencia de ganado vacuno, porcino, caballar y de otras clases se duplicó de 1936 a 1948.

Las rentas públicas de 10 millones en 1934 subieron a 20 millones de lempiras en 1948; y además, el gobierno tenía al final de 1948 saldos de caja por valor de 8 millones de lempiras, incluyendo los dos fondos para la constitución del capital del Banco Central de Honduras y del Banco Nacional de Fomento.

Consideraciones finales a la Política Económica de 1934 a 1948

El Presidente Tiburcio Carías Andino, mientras duró su gobierno y posteriormente, ha sido el blanco de críticos, escritores, periodistas y particulares, unos lanzándole vituperios y otros reconociéndole méritos.

Desde luego, todo estudio de la actuación de un político y estadista conduce a muchos extremos. Pero la verdad es que a ningún gobernante del presente siglo en Honduras se le han presentado las graves circunstancias que se le presentaron al General Carías Andino, y de ahí que se viera obligado a tomar demasiadas medidas impopulares, en un medio ambiente en donde el desorden, la intolerancia, la ambición por el poder y el frenesí por el sectarismo banderizo habían sentado sus reales bajo la influencia y alimentados por el intervencionismo descarado de los gobiernos centroamericanos y de agentes diplomáticos de potencias extranjeras.

En 1933, Honduras era una nación enferma, raquítica, sin personalidad ante la comunidad internacional, en bancarrota, sin moneda nacional propia, indefensa y rodeada de Estados mejor organizados y más fuertes, con los cuales tenía dos fronteras sin delimitar.

El gobierno de aquel año, frente a los dilemas que se le planteaban, escogió el ideario indispensable para procurar la supervivencia de la nación.

De ahí que el régimen del General Carías tomó como postulado fundamental el mantenimiento de la tranquilidad de la sociedad hondureña, para crear un clima propicio para el desarrollo de la actividad económica, social y cultural.

En aquellos años —más que en ninguna otra época—, la recuperación y desarrollo de la economía nacional dependían mucho de la solución de los demás problemas: reestructurar la imagen y el crédito de la nación en el exterior; propiciar las oportunidades para el genio emprendedor de la iniciativa privada; procurar el mejoramiento de las rentas públicas para cumplir con las grandes obligaciones, y ampliar la inversión pública y el desarrollo de la cultura del país.

Pudo el gobierno haber obtenido préstamos extranjeros para refinanciar sus deudas y acelerar el desarrollo de la economía, pero aquel régimen, más que ningún otro, conocía las graves consecuencias a que conducía el error de hipotecar el país con potencias más poderosas e influyentes que la nuestra.

Este recorrido breve de los hechos más relevantes realizados en materia de política económica por el régimen gubernamental del General Carías Andino nos conduce a creer que gran parte de los instrumentos y disposiciones de esta política los dirigió a reconstruir las bases de la economía nacional, ya que, con su visión de estadista superior, comprendía que sin economía solvente la nación jamás tendría ni defensa nacional fuerte ni política exterior eficiente.

Además, reforzó estos criterios con una práctica de acción nacionalista muy independiente en sus relaciones con otros Estados, de no comprometer la economía nacional con convenios ni tratados, aun cuando tales arreglos le pudieran haber convenido para obtener resultados de beneficio político para su régimen.

Ejemplos de esta actitud son su rechazo a revisar el tratado de libre comercio de 1918, vigente con El Salvador, y la anulación por el Congreso Nacional de la Convención Adicional al Tratado de Libre Comercio entre Honduras y Nicaragua, considerando que no era conveniente a los intereses de Honduras.

En resumen, durante el régimen gubernamental del General Carías Andino se recuperó la economía nacional, superando la mayor parte de los lastres que la frenaban, y el nuevo régimen que se iniciaba en 1949 tenía la oportunidad de aspirar a realizar planes de desarrollo económico y social de mayor alcance, para continuar con el ascenso material y cultural de la población hondureña.

La plataforma de nacionalismo económico que nos hereda el régimen gubernamental del General Carías Andino se puede sintetizar en unos pocos principios como los siguientes:

No comprometer el crédito de la nación fuera de toda proporción.

Las finanzas públicas deben regirse sobre bases de completa austeridad.

Los abastecimientos deben regularse para que la población no esté expuesta al hambre.

No debe permitirse la descapitalización del país.

Las relaciones económicas con otras naciones no deben perjudicar el bienestar de los hondureños ni usarse para obtener ventajas políticas del régimen.

Y por sobre todas las cosas, sin estabilidad y tranquilidad social no es posible el progreso material y cultural de la nación hondureña.

Tegucigalpa, D.C., Abril 3 de 1970.

COMBATE EN QUE TRIUNFÓ LA LEGALIDAD Y UN MENSAJE QUE SALVÓ LA REPÚBLICA

Por CORONEL F. FLORES NÚÑEZ

El día 24 de septiembre de 1924 se realiza el sangriento combate en la ciudad de Comayagua y sus alrededores, donde fueron derrotadas las fuerzas legitimistas nacionalistas que respaldaban al gobierno provisional que jefeba el Gral. Vicente Tosta, por tropas rebeldes al mando del Gral. Gregorio Ferrera, Ministro de la Guerra, que debido a inconformidad e intrigas del adversario se había sublevado contra aquel gobierno.

Las tropas legitimistas nacionalistas estaban comandadas por el General Ulises C. Valenzuela, 2.º Jefe de Operaciones del Centro; por el Comandante de Armas de aquella plaza, Gral. Elías Cáceres Arce; por el Mayor de Plaza, Cnel. Leonidas Fonseca; por el Gral. Camilo R. Reina, Gral. Agapito Ruiz Torres E., Gral. Juan P. Aplicano, Gral. Mariano Sanabria, Gral. Roque Jacinto Pérez, Gral. Juan B. Chávez, Cnel. Guillermo Mazier, Coronel Encarnación Turcios, Gral. Calixto Carías A., y una pléyade de aguerridos y fogueados oficiales; nuestra tropa sería de unos 3,000 hombres.

El Gral. Ferrera traía como jefes de sus batallones de valientes y fogueados soldados a los Generales José María Reina h., Maximiliano Vásquez, Gral. José María Fonseca, al gringo Jeffries, a los Generales cubanos Abelino Darias y Manuel Darias, a los jefes indígenas Gral. Juan Z. Pérez, Pedro G. Domínguez, Cipriano Gómez, al Cnel. Domingo Torres y otros veteranos y valientes oficiales, y una tropa de unos 4,000 hombres.

Esta acción de armas, en el propio corazón de Honduras y digna de mejor causa e ideales, fue bastante reñida y sangrienta en todos los frentes, donde a cada minuto medían su valor de soldados jamás desmentido en los hondureños; unos defendiendo la legalidad y los otros peleando por un simple capricho sectarista e injusto; todo esto con efectos o resultados desastrosos para ambos ejércitos y la propiedad privada: más de 200 muertos por cada lado e igual número de heridos y la notoria destrucción de la economía y propiedad privada; ese fue el resultado negativo de aquella insensata pelea de hermanos.

El resto de las tropas legitimistas se dispersaron por varios rumbos: unos tomaron camino de Zambrano, otros la ciudad de La Paz y Cane, otros para Siguatepeque y Opoteca; todos cansados, desnudos, hambrientos y con pocas municiones.

Encontrándonos en esa penosa situación, el Jefe Supremo del Partido Nacional, Gral. Don Tiburcio Carías, y quien había sido nombrado Mayor General de los Ejércitos, se situó en Zambrano, aldea muy histórica en nuestra vida política, y allí se dedicó a reorganizar nuevas tropas.

Viendo el Presidente Provisional, Gral. Vicente Tosta, el peligro inminente que amenazaba a la capital de la República, fue aconsejado por sus muchos amigos para que saliera personalmente al encuentro del enemigo, lo cual así lo hizo aquel recordado y valiente jefe, el 24 de septiembre de 1924, acompañado por su Estado Mayor, sus ayudantes de órdenes Cnel. Teófilo Sánchez, Capitán Carlos Rivas (mexicano), Oficial Marcelino Trejo y su secretario en campaña Prof. y Cnel. J. Vicente Cáceres, y por un regular número de tropas al mando inmediato del Gral. Pedro F. Triminio y otros oficiales.

El Gral. Ferrera movilizó sus tropas, que estaban muy envalentonadas por su triunfo, hacia San Isidro, pasando por la aldea de San José de Pane, y se encontró en las sabanas de la aldea de San Isidro con las tropas que venían de la costa norte al mando de los Generales Filiberto Díaz Zelaya, Eduardo H. Rosales, J. Lino Zúñiga, José Ángel Valladares, Coroneles Inés R. Dueñas, Juan José Molina, Juan y Blas Mendoza y otros magníficos oficiales con una tropa de 3,000 hombres.

Se creyó, y tal vez con mucha lógica, que Ferrera hizo este movimiento para atacar por la retaguardia a esas tropas costeñas y así evitar que llegaran a proteger Comayagua.

A esto, el Gral. Tosta había llegado a Tenampúa, lugar histórico de nuestros indios antepasados mayas; se movió hacia la aldea de El Sitio, ya cercana a Comayagua, y allí tuvo la primera escaramuza con una columna de observación que allí había colocado el Gral. Ferrera, al mando del Gral. Toribio Ramos; una vez batido allí, se trasladó al cerro El Nance; en ambos lugares fueron completamente batidos por tropas al mando del Gral. Pedro F. Triminio, y sus remanentes se dispersaron hacia el valle de El Espino.

El combate de San Isidro fue muy reñido y sangriento, con muchas variantes. Su resultado: muchas bajas en ambas partes y, francamente, nadie obtuvo el triunfo; el Gral. Ferrera se quedó en el campo y nuestras tropas, que habían peleado varias horas, se replegaron hacia Siguatepeque algo desordenadas, pero de allí siguieron por la carretera hacia el cerro La Cocona, y de allí, ya un tanto reorganizadas, continuaron rumbo a la plaza de Comayagua.

El Gral. Ferrera y sus planes, al no derrotar completamente a nuestras tropas en las sabanas de San Isidro, habían fracasado completamente.

El Gral. Ferrera nos siguió por la carretera y fue a situarse en unas lomitas llamadas Las Pitahayas. En esos días, el Río Humuya estaba muy crecido debido a las fuertes lluvias; ello era un poderoso obstáculo para no poder efectuar un ataque de sorpresa sobre la ciudad de Comayagua. Luego el Gral. Tosta, con su Estado Mayor y tropas al mando del Gral. Pedro F. Triminio, ocuparon la ciudad que el enemigo ya había abandonado; eso mismo habían hecho las tropas al mando del Gral. Juan B. Chávez, Gral. Roque Jacinto Pérez, Cnel. Guillermo Mazier y otros grupos amigos.

El día 3 de octubre, día del aniversario de nuestro héroe y mártir de la unión de Centroamérica, Gral. Francisco Morazán, lo celebramos reorganizándonos bajo la acertada dirección del Presidente Provisional Gral. Vicente Tosta, y que, ya con el contingente de los costeños, éramos unos 5,000 hombres. Ese día el Gral. Tosta nos arengó y, en su elevada condición de Comandante General del Ejército en campaña, entre otras palabras nos dijo:

"Si en la próxima batalla nos derrota el enemigo, nosotros emprenderemos una guerra implacable de guerrillas, pero tengamos presente: derrotados jamás regresaremos a Tegucigalpa."

Todos gritamos llenos de vivo entusiasmo; todos teníamos alta moral y estábamos llenos de fe y de esperanza.

El día 10 de octubre ordenó el Cnel. Alberto Rodríguez, Jefe del Estado Mayor Presidencial, con su unidad de combate, que arrojábamos unos 60 oficiales equipados con 5 ametralladoras Colt cal. 7 mm, al Gral. Agapito Ruiz Torres F. con su tropa de unos 150 hombres y al Gral. Ulises C. Valenzuela con su columna también de unos 150 hombres, que desfiláramos aparentemente rumbo sur, o sea para la capital, pero claro, era un ardid, pues apenas habíamos caminado como 3 kilómetros de la ciudad cambiamos de rumbo por dentro del monte en busca del Río Humuya y el camino que conduce a la ciudad de La Paz, que sabíamos estaba resguardada por tropas rebeldes al mando del Gral. Roque J. Villatoro, y nos daba a comprender que íbamos para allá a liquidarlo.

Esa noche era bastante oscura y, bajo fuerte lluvia, pasamos el río no ya con muchas dificultades, y ya amaneciendo llegamos a una molienda como a un kilómetro del histórico pueblo de Ajuterique.

El Gral. Ferrera, seguramente sin saber ni siquiera imaginar nuestro movimiento, movió también sus tropas por las alturas del valle e iba también rumbo a la plaza de La Paz, a incorporar al grueso de su ejército las tropas que allá tenía el Gral. Roque J. Villatoro, regresar rápidamente por el camino del valle, atacar Comayagua por el frente, vencernos y entonces ¡Dios santo!, el camino hacia la capital estaba libre.

Es así que el día 11 de octubre de 1924, a las 6 a. m., nosotros descansábamos en el pueblecito de Ajuterique cuando, por un camino de ganado, sorpresivamente se produjo aquel incendio traducido en la memorable, sangrienta y definitiva Batalla de Ajuterique.

A los pocos minutos la batalla retumbaba y hacía temblar la tierra de todo aquel valle con avances rápidos y continuos asaltos de cuerpo a cuerpo, pues sabido es que los hondureños, armados de rifles de un cartucho, y ya cuando estamos a 50 varas, nos gusta el revólver y los machetes, y la situación se define pronto; pero el Estado Mayor Presidencial, su 2.º jefe y todos los oficiales que lo formábamos mantuvimos una cortina de balas que los atacantes no pudieron romper; lo mismo hicieron las tropas que comandaban los Grales. Agapito Ruiz Torres y Ulises C. Valenzuela; todos supimos cumplir con el deber que nos exigía nuestra condición de soldados, la legítima defensa, la justicia, el derecho y la legalidad.

Los atacantes ferreristas eran unos 5,000 hombres fogueados y valientes bajo el mando de muy meritorios jefes; ya nos iban reduciendo al perímetro del pueblecito, pero teníamos la decisión de vencer y la firme esperanza de que pronto recibiríamos auxilio, y así fue; ya por la tarde, después de varias horas de reñido combate, supimos que estaba próximo el Gral. Tosta con todo el resto del ejército, con los Generales Filiberto Díaz Zelaya, Eduardo H. Rosales, J. Lino Zúñiga, Roque J. Pérez, Pedro F. Triminio y otros valientes y fogueados oficiales.

Más tarde ya oíamos el combate que se iba aproximando por el camino de Comayagua, y luego llegó el Gral. Tosta acompañado de sus viejos ayudantes Teófilo Sánchez, Carlos Rivas (mexicano), Marcelino Trejo y su secretario en campaña, el siempre recordado Prof. y Cnel. J. Vicente Cáceres, y para entrar al pueblo tuvo que abrirse campo pasando por una cerca de alambre de púas y reforzada con gruesos motalates, donde los rebeldes estaban bien atrincherados; y bajo un huracán de balas se hizo presente en la plaza del pueblo.

Hubo muchos muertos y heridos de ambas partes, pero ello no detuvo nuestra defensa. Fue entrando el Gral. Tosta al pueblo seguido de sus generales y ejército, ordenó nos reagrupáramos a eso de las 5 p. m. y dispuso se tomaran unas alturas a espaldas del pueblo; allí colocamos dos ametralladoras y desde allí batíamos perfectamente las líneas enemigas que pretendían inútilmente tomar el pueblo con movimiento envolvente, del cual fracasaron completamente.

Una vez en estas alturas, el Gral. Tosta reunió mucha tropa y desde allí emprendió un movimiento para atacar el Cuartel General de Ferrera, lo cual se llevó con todo éxito; el Gral. Ferrera ya no pudo resistir, estaba prácticamente vencido bajo el peso justiciero de la legalidad; sus tropas comenzaron a retroceder y luego a la derrota.

Siguieron el camino de La Laguna, luego continuaron para la aldea de Veracruz y siguieron por las montañas que van hacia Santiago de La Paz (Puringla).

Ese memorable día, y bajo una lluvia pertinaz y nublado por el humo de la pólvora, cambió radicalmente el destino y la suerte de nuestro gobierno; se reafirmó la legalidad, y ello vino a cimentar la paz de la República bajo la victoriosa bandera del gran Partido Nacional.

El objeto principal de bosquejar a grandes rasgos este episodio de aquella insensata guerra es narrar fielmente un hecho histórico lleno de hombría y patriotismo, y estoy seguro de que pocos hondureños lo saben, y que un día del mes de octubre de 1949 me contara en Villa Elena el difunto y siempre recordado Jefe Supremo del Partido Nacional, Gral. don Tiburcio Carías. En forma confidencial, el viejo caudillo y respetado jefe me dijo:

"Cuando el Gral. Gregorio Ferrera, aquel día 24 de septiembre de 1924, derrotó nuestras fuerzas en la ciudad de Comayagua, éste seguramente tenía entendimientos, como los tuvo en 1922, con el Gobierno salvadoreño jefado por Alfonso Quiñónez Molina. Ferrera le puso un mensaje urgente diciéndole que había tomado la plaza y ciudad de Comayagua y que toda la República estaba en su poder y que esperaba el auxilio que le habían ofrecido, y con ello marchar libremente hacia la capital. Al saber esto —me decía el gran viejo— y viendo la magnitud de peligro que ello significaba para Honduras, y siempre celoso de la integridad y del honor nacional, puse un mensaje urgente al Gobierno salvadoreño diciéndoles que era cierto que el Gral. Ferrera había tomado la plaza de Comayagua, pero que ello solo obedecía a UN PLAN ESTRATÉGICO, pues el gobierno contaba con bastantes tropas, material de guerra y que aún mantenían muchas plazas en su poder, y que en la próxima batalla verían la realidad".

Los salvadoreños, tal como lo planearon en 1922 con el primer movimiento de este mismo Gral. Ferrera, tenían 5,000 hombres para auxiliar al Gral. Ferrera, pero todos los hondureños debemos saber y no olvidarlo nunca, que esa ayuda no era por el simple hecho de auxiliar al triunfo del Gral. Ferrera y que los liberales llegaran al poder; ellos iban a aprovecharse para tomarse todas las islas del Golfo de Fonseca y algunos pueblos de los departamentos de occidente. Todo ello ha sido y seguirá siendo el sueño ambicioso, planificado por el ejército, apoyado por la oligarquía salvadoreña, y que, no teniendo marionetas disconformes dentro de Honduras, y seguramente desesperados y creyendo que las uvas estaban maduras, nos invadieron aquel desgraciado 14 de julio, por cierto, Día de los Derechos del Hombre.

Nunca, en el pensamiento y en el corazón de los hondureños y especialmente en los nacionalistas que siempre lo seguimos, le obedecimos y peleamos por sus altos ideales y por su bandera que es nuestra herencia, dichosa y afortunadamente para Honduras ganamos la Batalla de Ajuterique, y el país se salvó; pues, de lo contrario, si hubieran fallado mis cálculos, mi buena estrella y la confianza en mis hombres, se hubiera producido una sangrienta guerra internacional de imprevisibles resultados.

Con esto queda bien sentado, en forma indiscutible, la poderosa personalidad y los grandes prestigios del Gral. Tiburcio Carías; su patriotismo jamás desmentido jamás podrá ser olvidado ni desconocido de todos los hondureños. Nadie ignora también, ni debe olvidarlo, que durante la administración del Cnel. Osmín Aguirre Salinas, ciertos elementos descontentos con el gobierno del

Presidente Gral. Carías estuvieron a punto de recibir apoyo del ejército y armas para hacerle la guerra a Honduras. Pero como siempre, los salvadoreños no iban a dar ese apoyo solo para que botaran al Gral. Carías y subieran al poder los liberales, ¡no! Eso nunca.

Los planes salvadoreños seguían en pie, y al producirse la invasión, ellos, con otro ejército ya listo, se iban a tomar todas las islas del Golfo de Fonseca y muchos pueblos de occidente. También —y dichosa y afortunadamente para nuestra querida Honduras— allá en El Salvador se produjo un movimiento sedicioso y tumbaron al referido Cnel. Aguirre Salinas. Hecho eso, los hombres que formaron el gobierno revolucionario, tal vez más sensatos y comedidos, vieron la imprudencia de aquellos planes y echaron fuera del país a los hondureños que estaban en plan de invasores.

Narro lo que me dijo el gran caudillo, Gral. Tiburcio Carías, para que vean y piensen todos los hondureños en las acechanzas en que nos han tenido siempre los salvadoreños; ello es un asunto viejo, y que el 14 de julio próximo pasado se resolvieron atacarnos. Jamás pensaron que en Honduras le decimos machos a los plátanos y nos gusta comerlos con huevos.

Tegucigalpa, D.C., 15 de febrero de 1970

TIBURCIO CARIAS ANDINO

Por ANDRÉS CASCO RIVERA

Con la desaparición física del General Tiburcio Carías Andino, su nombre y sus hechos han pasado a las páginas de la historia de nuestra patria.

Quedaría trunca, incompleta, ininteligible en su desarrollo si en esa historia se omitiera la figura descollante de este hombre fuera de lo común. Poseyó notables virtudes, y su conducta simplemente como hombre debe servir de ejemplo a las jóvenes generaciones de nuestra patria.

Sería un trabajo largo tratar de biografiarlo siquiera en síntesis, ya que su figura llenó más de medio siglo de la historia de nuestra amada Honduras.

En innumerables ocasiones tuve oportunidad de conversar a solas con él, en ciertas noches en que lo visitaba y cuando sus amigos se despedían temprano; me gustaba conversar con él, pues de él oí interesantes anécdotas y pasajes de su vida, como los de otros hondureños ilustres que han desfilado en el acontecer histórico de nuestra patria.

Tuve confianza con él, raro por una parte, dado lo que él era y yo un simple estudiante; por otra parte, era natural, pues conociéndome de pequeño (fue mi padrino) me trataba llanamente, con la naturalidad con que se trata a un muchacho. Podría relatar anécdotas del General Carías que lo retratarían mejor, pero este artículo se haría largo.

Mientras el General Carías vivió jamás escribí ditirambo alguno loándolo. Ante su desaparición física lo considero un deber, y me honro en decir lo que sinceramente creo que es la verdad. Trataremos de valorarlo conforme a nuestras escasas capacidades, aunque sea someramente, bajo dos aspectos: como hombre y como político.

Como hombre fue dueño de virtudes que cuántos hondureños quisiéramos para nosotros. Su vida fue austera, no se le conoció vicio alguno, y no se cansaba de aconsejar a la juventud que se alejara del alcohol. Amó la tierra, la trabajó reciamente, vivía frugalmente.

Su fe indeclinable en el deber, en la disciplina, en el honor, en la responsabilidad, en el valor del hondureño y en especial en el del campesino, y su patriotismo indiscutible fueron los principales atributos que forjaron esa férrea voluntad, esa dura entereza, que creemos fue el principal secreto que lo llevara a ocupar con serena dignidad el sitial que ocupó en la historia de la República.

Por otra parte, hemos de tomar en cuenta sus costumbres sencillas, su lealtad, su creencia en la amistad, su sobriedad, su tenacidad; por cierto, cosas no muy comunes en nuestra raza iberoamericana y menos en los tiempos que corremos.

No gustaba de nuestra justicia, que tan mal ha andado, y prefirió la sencilla vida hogareña del campo, donde se levantaba temprano y se acostaba temprano, satisfecho del cultivo del suelo. Sin quererlo, esta vida sencilla y austera, ese amor a la tierra y esa voluntad de hierro, nos traen a la memoria el recuerdo de los severos patricios romanos de la Roma de los Reyes, y después de la República, quienes en verdad fueron los que con estas virtudes forjaron la grandeza posterior del Imperio Romano, dueño en aquel entonces del mundo conocido.

Cuando estas costumbres se helenizaron y después se resquebrajaron, cuando los conquistadores romanos adoptaron las costumbres voluptuosas y sibaríticas de los pueblos del Oriente Medio, los sencillos y frugales hombres del norte, a quienes llamaron bárbaros, hicieron pedazos el poder romano y terminaron con el esplendor del Imperio Romano de Occidente. Una lección de la historia que se ha repetido en el decurso de los siglos.

Otro de sus atributos que no podemos dejar pasar por alto es que era dueño de una prodigiosa memoria; recordaba con precisión sucesos, nombres y caras, acontecimientos y personas sin esfuerzo alguno, con facilidad asombrosa, no importaba de qué se tratara.

Después de décadas de no ver a una persona —y esto lo digo porque me consta—, al verla de nuevo inmediatamente la reconocía, la llamaba por su nombre, sabía dónde se habían visto la última vez y, con la generosa espontaneidad de un viejo amigo, le preguntaba por sus parientes llamándolos por sus nombres de pila.

Creemos que esto motivó también el que tanto hondureño lo quisiera y lo convirtiera en un verdadero caudillo de multitudes, pues, a pesar de su carácter duro e inflexible cuando así lo requerían las circunstancias, brotaba de su manera de ser, a ojos vistas, la sinceridad de su amistad, su deseo de ayudar al necesitado, ajeno por completo a esa demagogia que tanto mal nos ha causado, y se veía en él, al tratarlo, que su ambición era que Honduras progresara.

Este fue, a grandes rasgos, como hombre, el General Carías.

Como político nunca salió en giras proselitistas, como es costumbre, y cuando salió fue para pedirle al pueblo que lo aclamaba a él, que eligiera presidente de la República al Dr. Paz Barahona. Cosa inusual en América.

Fue hombre de visión indiscutible. A pesar de tantos consejos en contrario, no varió su política conservadora en economía; no quiso contraer deudas, y con un presupuesto insignificante (el que hoy tenemos es veinte veces mayor) Honduras cumplió con sus obligaciones internacionales, y sentó las bases para que el gobierno que le siguió, el del Dr. Gálvez, pudiera fundar el Banco Central de Honduras y el Banco Nacional de Fomento, cuyas políticas económicas, a pesar de tantas adversidades y de nuestra apatía, han coadyuvado a mantener fuerte nuestra moneda y a incrementar el progreso de nuestro país.

No fue partidario de un ejército profesional, pero con rara visión fundó nuestra Fuerza Aérea, que precisamente ahora, con motivo de la brutal agresión salvadoreña, fue la que en gran parte contribuyó a la victoria, manteniendo nuestros cielos limpios del osado y traidor agresor.

Cuando el General Maximiliano Hernández ayudó con armas para que el Dr. Vicente Mejía Colindres pudiera mantenerse en el poder y entregarlo al General Carías, que había vencido a su contrincante en buena lid y cuyo gobierno estaba tambaleante porque el Dr. Mejía Colindres fue traicionado por los mismos suyos, encabezados por el General Justo Umaña, y armas que fueron entregadas al General José León Castro; ya estando en el poder el General Carías, aquél le pidió permiso para que los excedentes de población salvadoreña ocuparan parte de nuestras tierras en la frontera, petición que hacía a guisa de recompensa por el favor hecho.

El General Carías se indignó y dijo:

"¡NO!"

Hubo otra actuación pública del General Carías que al parecer no se le ha tomado en cuenta. Es el caso que el Dr. Miguel Paz Baraona y el Dr. Juan Manuel Gálvez fueron presidentes de la República porque así lo quiso el General Carías. Él los escogió. En esto no hay discusión. Y el Partido Nacional tenía confianza en sus decisiones y las respetaba. Y precisamente estos dos señores han sido de los mejores presidentes con que ha contado la República.

Estos logros, pues, son debidos a la voluntad, a la visión y al conocimiento que de las personas tenía el General Carías. El pueblo nacionalista, por lo menos aquí en la Costa Norte, no sé si en el interior de la República, prefería al Ingeniero Williams Calderón, pero la voluntad del General Carías se impuso y escogió al Dr. Gálvez como su sucesor. Por el conocimiento personal que tengo del Ingeniero Williams, no dudo en manera alguna que habría sido un gran presidente.

El Partido Nacional le debe mucho; es cierto que este partido lo llevó al poder, pero también es cierto que él lo reestructuró y ha sido su único Jefe Supremo. Creo no equivocarme al decir que no tendrá otro Jefe Supremo; y en cuanto a lo que ha hecho el Partido Nacional en el poder, a partir de la administración del Dr. Miguel Paz Baraona hasta la fecha, por Honduras, es bastante, más de lo que se podía esperar, dado el estado lamentable en que se encontraba la República en cuanto a la paz, la anarquía reinante, el desorden, las finanzas, etc. Este es otro mérito que solo los enemigos cuya razón les oscurece el odio o la obcecación impenitente pueden negarlo. No pretendemos discusiones al respecto. La historia dirá la última palabra.

El Partido Nacional es un partido de ideología avanzada, demócrata en su esencia y de hondo contenido social. Es demagogia barata, destinada a los que no conocen la historia de nuestra patria, aquel decir que Francisco Morazán fue el fundador del Partido Liberal de Honduras. Por lo menos no le conocemos los estatutos y, en realidad de verdad, no tuvo partido alguno.

Morazán fue un gran hombre que anhelaba una sola patria; debido al medio en que le tocó actuar fracasó y pagó con su vida aquel ideal por el cual también Lincoln murió, con la diferencia de que éste tuvo la satisfacción de triunfar, y el resultado lo tenemos en esa gran nación del norte.

Si Centroamérica hubiese sido una sola república, la tendríamos ahora, en cuanto a su población, entre la cuarta o quinta república de América Latina, y Centroamérica no hubiese sido objeto de una explotación como lo ha sido, porque habría sido respetada.

Pero la verdadera grandeza del General Carías radica no solo en lo que dejamos dicho, sino en su creencia firme, indomeñable, en que para que Honduras progresara era necesario que dejara de correr sangre de hermanos, que no se siguieran dilapidando los fondos públicos —que es el trabajo del pueblo en general— en luchas estériles que no tenían como meta más que la ambición de dinero y de poder. Por esta creencia, a la cual se aferró y por la que luchó salvando tantos obstáculos, a veces hizo caso omiso de la ley, porque su objetivo final era la paz. Fue su meta, su fin, y porque lo logró es por lo que podemos contarlo entre los grandes presidentes de Honduras. Y ahora, solamente un cuarto de siglo después, estamos viendo que le asistía la razón.

Por esas continuas luchas fratricidas, precisamente, es que Honduras es el país menos desarrollado de Centroamérica; no porque seamos tontos o más haraganes que los hijos de las otras parcelas de Centroamérica, ni que carezcamos de recursos naturales; no, ha sido por las continuas sangrías entre hermanos, por el odio infecundo que las mismas dejan, por derrochar el dinero que debería ahorrarse y trabajarse, y emplearlo haciendo caminos, mejorando la salud de nuestro pueblo y algo muy importante: instruyéndolo, fundando escuelas, colegios, etc., dinero que no es sino el fruto del trabajo, sobre todo del obrero y del campesino.

Sus enemigos políticos acusaron al General Carías de déspota y de tirano, pero en realidad no lo fue; la historia es severa. Déspotas y tiranos fueron el General Ubico, el General Maximiliano Hernández, el Generalísimo Trujillo, el General Marcos Pérez Jiménez, el General Batista, etc.; pues bien, estos señores terminaron asesinados o murieron o sobreviven en el exilio. Tiburcio Carías Andino terminó sus días en su lecho, rodeado de sus parientes y amigos, respetado por su pueblo; respeto que se evidenció en las innumerables personas que, de los distintos puntos cardinales de la República, al saber de su muerte se hicieron presentes para darle el último adiós, en el homenaje que le rindió el Poder Ejecutivo, con el señor Presidente de la República a la cabeza; en el mismo que le rindió el Poder Legislativo, y sobre todo en sus funerales, al que acudieron millares de hondureños, al cual también asistimos y nos consta de muchas gentes humildes que lloraban la desaparición física de Tiburcio Carías Andino.

Y digo Tiburcio Carías Andino simplemente, porque no dudo que cuando hayan pasado varias generaciones se hablará de él sin el tratamiento de "Doctor" y "General", así como cuando hablamos refiriéndonos a José Cecilio del Valle, a Benito Juárez, a Dionisio de Herrera, a Simón Bolívar, a Abraham Lincoln, quienes, aunque lo fueron, no acostumbramos decir "el Lic. José Cecilio del Valle" ni "el Lic. Benito Juárez", etc.; todo desde luego dentro de la relatividad del medio en que le tocó actuar a cada uno de aquellos grandes hombres que dejaron huellas indelebles en su fugaz paso por este mundo.

Vayan estas sencillas palabras que he escrito como un recuerdo de un simple ciudadano hondureño que aprecia en lo que vale lo que TIBURCIO CARIAS ANDINO hizo por nuestra querida Honduras.

Tela, febrero de 1970.

DOCTOR Y GENERAL TIBURCIO CARIAS ANDINO

Por *ARTURO ÁLVAREZ CALDERÓN*

Estamos ante la presencia espiritual del último caudillo, Doctor y General Tiburcio Carías Andino, quien dejó en su vida terrena una estela luminosa de acciones heroicas, pacíficas, constructivas, humanitarias, honestas y patrióticas. Es el hombre público más discutido en el presente siglo, por sus actuaciones dentro y fuera del poder de la nación hondureña, en donde forjó, en dieciséis años de mandato presidencial, una paz duradera, fructífera, progresista, engrandecedora y provechosa para la hondureñidad. Esto lo reconocen todos los ciudadanos bien nacidos, sin sectarismos políticos.

Fue en su magnífica administración pública que la pobre y desacreditada patria recobró su crédito nacional e internacional, ya que, recibiendo en la caja nacional solamente cuarenta centavos de lempira, luchó venciendo miles de escollos económicos para lograr pagar las millonarias deudas internas y externas, logrando de esta manera que nuestro país dejara de ser una república morosa, pasando inmediatamente a la lista de las naciones solventes, ya que los gobiernos anteriores, con sus despilfarros y malas administraciones, aumentaban constantemente los compromisos, pero no los pagaban. De ahí que las casas y fábricas nacionales y extranjeras se negaban a dar créditos para el gobierno y comerciantes de nuestro país.

Abrió nuevas carreteras, construyó puentes, edificios públicos, escuelas, hospitales, casas de salud y viviendas para obreros y campesinos; sin necesidad de recurrir a los comprometedores préstamos extranjeros, los cuales él adversaba por haber sido las causas de las deudas anteriores. Como gobernante progresista, honrado y patriota, jamás quiso comprometer la Hacienda Pública con gastos deshonestos, ni mucho menos consentir empréstitos extranjeros. De ahí que sus obras camineras, sanitarias, educacionales y de viviendas se hicieran con sus propios fondos nacionales, y sin necesidad de recurrir a los compromisos foráneos que comprometían los haberes presupuestarios.

Cuando declaró la guerra a Alemania y ordenó al diplomático alemán que desocupara el territorio nacional en veinticuatro horas, alguien le aconsejó que aprovechara su buena posición con el gobierno de Estados Unidos para conseguir un fuerte empréstito de varios millones de dólares, que permitiera unir por carreteras todos los pueblos del país. A esta propuesta él contestó:

"¿Le parece poco lo que están robando los contratistas de caminos? ¿Debemos comprometer al gobierno con un fuerte empréstito para que roben más?"

Como militar se distinguió en las campañas revolucionarias encabezadas por el expresidente de la República, Doctor y General Policarpo Bonilla, derrotando a sus enemigos en acciones heroicas como Solubre y Aramecina.

Encabezó, en unión de los Generales Vicente Tosta, Gregorio Ferrera y Francisco Martínez Funes, la revolución reivindicadora de 1924, la que derrocó la vergonzosa dictadura del tristemente recordado General Rafael López Gutiérrez.

Como jefe militar le tocó planear y dirigir la célebre Batalla de la Boca de las Vueltas, en donde se logró emboscar los ejércitos del General Justo Umaña, quien hubiera entrado triunfante a la capital si no se le obliga a pelear en esa batalla gloriosa, que dio el triunfo al gobierno, derrotando completamente las fuerzas ferreristas.

Su actuación política es única en Honduras: renunció a la presidencia de la República respetando tratados internacionales, para que subiera al poder de la nación el Doctor Miguel Paz Baraona. Reconoció la elección del Doctor Vicente Mejía Colindres, aconsejando a sus partidarios que respetaran las leyes constitucionales y no fueran a la revuelta intestina.

Su triunfo eleccionario fue coronado por mayoría absoluta en todo el territorio nacional. Como presidente y jefe supremo del Partido Nacional, logró compactar las filas nacionalistas por muchos años, reteniendo el poder público por tres períodos, y lo entregó en completa paz al Doctor Juan Manuel Gálvez.

El gobierno del General Tiburcio Carías Andino fue respetado por todos los presidentes centroamericanos, y se hizo sentir en el ambiente de Centroamérica durante su mandato gubernamental, al grado que ayudó a sostener a los gobiernos vecinos, prestando apoyo efectivo para derrocar al gobierno comunista de Guatemala.

Fue el primer presidente hondureño que organizó la Fuerza Aérea, la que está considerada como la mejor de Centroamérica. Prueba de ello fue su acción heroica en la pasada agresión guanaca, en donde nuestros valerosos aguiluchos se cubrieron de gloria al derrotar en batalla aérea a la aviación pipil.

Está demostrado, y lo prueba el mandato del General Carías Andino, que nuestros pueblos necesitan gobiernos fuertes, responsables y decididos para evitar el robo y la criminalidad.

Su mandato presidencial es recordado por azules y colorados como el mejor en este país subdesarrollado; cimentando la bendita paz interna, evitando las guerras fratricidas y dando plenas garantías ciudadanas y hogareñas, combatiendo fuertemente a los ladrones y criminales.

La valentía y altura moral del General Carías Andino fue probada en varias ocasiones, tanto en el aspecto militar como político. Estando preso en la Penitenciaría Central, en unión de otros importantes reos políticos, les abrieron la puerta de la celda para que se fugaran y matarlos en la huida, pero el General Carías Andino se paró en la puerta con los brazos abiertos y ordenó que nadie saliera.

Cuando se presentó el jefe con la escolta, quien iba a ejecutar la orden, le dijo el General:

"Aquí estamos todos; no hay necesidad de que nos asesinen afuera; pueden empezar conmigo."

Ante tal actitud de un hombre valiente y decidido, el jefe se retiró sin cometer el asesinato preparado por sus superiores.

Siendo Presidente del Congreso Nacional, varios diputados le presentaron los documentos legales para declarar con lugar a formación de causa al entonces Presidente de la República, Doctor Miguel Paz Baraona, para que de esta manera asumiera el poder de la Nación el vicepresidente, partidario y amigo personal del General Carías Andino; pero este hombre íntegro y patriota se negó y les dijo: "Dejen que el Doctor Paz termine su período presidencial."

Y de esta manera se evitó que cayera del mandato supremo un gobernante útil a la patria, a quien, por su brillante gestión administrativa, se le llama con verdadera justicia EL PADRE DE LA DEMOCRACIA HONDUREÑA.

Cuando entregó en completa paz la Presidencia de la República al Doctor Juan Manuel Gálvez, se negó a recibir el sueldo de mil lempiras, que el soberano Congreso Nacional había acordado para todos los expresidentes de la República. Gesto único de él, ya que todos los demás expresidentes han aceptado tal mensualidad.

Poco tiempo después de haber recibido la Presidencia el Doctor Gálvez, varios militares descontentos se presentaron para pedirle autorización para un golpe militar que botara el régimen galvista, contestando inmediatamente con energía y firmeza:

"QUE LA PAZ DE HONDURAS COSTABA MUCHA SANGRE Y NO IBA A PERMITIR SE SIGUIERA DERRAMANDO."

Pocos meses antes de pasar al oriente eterno, y con motivo de la traidora y vergonzosa agresión guanaca, viendo la necesidad de armas y municiones para la defensa de nuestra integridad territorial, espontáneamente entregó al Señor Presidente de la República, General Oswaldo López Arellano, una cantidad de elementos bélicos diciendo:

"ESTE ES MI PEQUEÑO APORTE PARA LA DEFENSA DE LA PATRIA."

Hombres como el General Tiburcio Carías Andino son únicos en la historia del continente americano.

Tela, marzo de 1970.

EL DOCTOR Y GENERAL TIBURCIO CARÍAS ANDINO

Por J. LEÓN URTECHO

Carías Andino es el hombre más grande del siglo XX. La vida de este ciudadano hondureño fue ejemplar en todos sus pasos, procederes y actuaciones, dejando ver su inmenso amor a la tierra que lo vio nacer.

Tiburcio Carías Andino no ha muerto. Los hombres de esta contextura moral, intelectual y patriótica no mueren nunca, jamás, imposible; al contrario, cada siglo que pase será recordado con mayor veneración y admiración genuinas, y todo esto es justo, pues no sería posible que se echaran a la arena del olvido los méritos de un hombre que, como Tiburcio Carías Andino, puso al servicio de la patria su talento extraordinario, su brillante inteligencia, su maravilloso patriotismo y su granítica contextura de dinamismo puesta al servicio de la patria, de esta patria que él amó y defendió con el mayor tesón.

Tiburcio Carías Andino, como ciudadano, como amigo, como esposo, como padre de familia, como abogado, como catedrático, como militar, como político y como Presidente de la República, supo colocarse en el escalafón de un ser humano ejemplar, dentro de las constelaciones de nuestros grandes hombres.

El Doctor y General Carías Andino, en sus distintas actuaciones, puso muy en alto el estandarte que guía a los hombres y a los pueblos por el camino del triunfo y de la civilización, que son como dos paralelas por donde marcha trepidante el carro del progreso.

Yo, de corazón, me inclino ante las glorias y triunfos de tan sobresaliente patricio, hijo predilecto e inmortal de Honduras.

También se inclinan ante las glorias y triunfos de tan perínclito varón las fuentes cantarinas y los esmeraldinos pinares de las elevadas montañas hondureñas, las que entonan y entonarán por siempre un himno armonioso al inmortal Tiburcio Carías Andino.

Tiburcio Carías Andino, el pueblo hondureño llora inconsolablemente tu partida y espera que el Creador del Universo te haya recibido con los brazos abiertos, colocándote en un sitial de preferencia.

Que sobre la tumba fría del Doctor y General Tiburcio Carías Andino nazcan y crezcan las siemprevivas del permanente recuerdo.

LA PAZ NACIONAL: IN MEMORIAM DEL DR. Y GRAL. TIBURCIO CARIAS ANDINO

Por *RANULFO ROSALES URBINA (RENÁN DEL RÍO)*

La paz nacional solo es comparable a la libertad, y el valor de esta, como el de aquella, solo se aprecia cuando se ha perdido. No se puede ponderar la paz, como no se puede ponderar la libertad, desde un plano distante y utópico. Para darle una necesaria apreciación, necesario es haber vivido la guerra y soportado lo que en verdad es una dura opresión.

Quien haya pasado los angustiosos momentos que dieron las escandalosas saturnalias de ayer, cuando nadie tenía seguros ni su persona ni sus bienes; cuando era común quedar huérfano, tuerto, manco, cojo, etc.; cuando el honor de los hogares estaba a voluntad de los guerrilleros; cuando hasta los templos eran profanados; cuando la tienda, la hacienda y todo eran pasto de los revoltosos; cuando, sin ser conocida la doctrina comunista aquí, ya había prácticas de la misma. Quien haya pasado esos momentos y vivido esas experiencias, tendrá que bendecir siempre el cambio operado en los destinos de Honduras.

Y al dar gracias a Dios por ese viraje, tendrá que reconocerse, si se es sincero, que fue el espíritu predestinado del Dr. y Gral. Tiburcio Carías Andino el que trajo al ambiente hondureño la paz de que disfrutamos, cuando en buena hora llegó el querido e inolvidable caudillo a regir los destinos de la nación.

Por eso el Congreso Legislativo creó el "Día de la Paz y de Dar Gracias a Dios", en la fecha natal del coloso imperturbable, a quien aún fuera del poder la ciudadanía reconoció siempre como un hombre necesario, dadas sus excelentes dotes de estadista y político, preocupado constantemente por la bienandanza de los sagrados destinos de la patria.

Es deber del Partido Nacional, del que el Dr. y Gral. Tiburcio Carías Andino fue Jefe Supremo y líder excepcional, hacer que se repare el imperdonable error que cometió el fanatismo partidarista adverso al nacionalismo, al suprimir del calendario cívico el Día de la Paz y de Dar Gracias a Dios, restituyendo tan patriótica como grandiosa festividad en la fecha del 15 de marzo, que fulge diamantina en el corazón de los buenos hondureños.

Olanchito, Honduras, C.A.

TIBURCIO CARÍAS ANDINO

Por DANIEL M. ROJAS

Físicamente ha desaparecido del escenario político hondureño una de las figuras de mayor relieve y de indiscutible arraigo popular: un hombre extraordinario, paradigma elocuente de energía y entereza y de acrisolada honradez ciudadana, cuyo solo nombre preclaro, Tiburcio Carías Andino, fue en el pasado resonante clarinada de grandiosas gestas reivindicatorias.

Férreo iniciador de una etapa histórica de saludables rectificaciones, su acción fecunda, tesonera y constructiva hizo posible la transformación moral y material del país hasta situarlo en planos de positiva prosperidad y grandeza.

"Tierra, barro y cantera", producto legítimo del proletariado, la más alta expresión del pensar y el sentir campesino, Tiburcio Carías Andino fue el hombre que, interpretando a cabalidad los anhelos y las frustraciones de ese pueblo, supo en cada instante, desde la más alta magistratura de la nación, prodigarse con amplitud ilimitada a favorecer a las clases desheredadas, brindándoles su apoyo y franca protección en un gesto de patriarcal unción.

Hombre de grandes decisiones, enérgico y sereno, liquidó en Honduras el fantasma horrendo y destructor de las guerras intestinas, que año tras año empurpuraban de sangre fraterna nuestros cerros y campiñas; levantó al país de la tremenda postración e implantó, con la adopción de medidas severísimas, una era bienhechora de tranquilidad, orden y trabajo.

Enmarcando su brillante gestión administrativa en un ambiente de austeridad y de firmeza, elevó gradualmente las rentas precarias del Estado e hizo que este resurgiera vigoroso y progresista, teniendo como norma el respeto indeclinable a la ley y a sus más altos postulados.

Recio estructurador de la paz, cimentó el respeto a la propiedad y a las personas, dando en tierra con una época oprobiosa de libertinaje, cuando el puñal y el revólver homicidas se enseñoreaban trágicos por todos los rincones del país.

123

Cual auténtico Mecenas, del apotegma de Sarmiento "Gobernar es educar", hizo su más grande devoción; y así lo vemos encauzando a la nación por los senderos esplendentes de la cultura y el civismo, ora estableciendo centros correccionales para menores, creando la Escuela Agrícola del Zamorano, la Textil Hondureña, la Escuela de Artes y Oficios, etc., etc.; rescata de la destrucción y el olvido nuestras maravillosas Ruinas de Copán, crea el Museo Maya y organiza con el mejor de los éxitos el Primer Congreso Arqueológico de América, dándose cita así en tan regio cónclave las personalidades más conspicuas del mundo científico de esta tierra morena que adora a Jesucristo y reza en español.

Construye el bellísimo Parque de La Concordia y transforma los agrestes cerros de Juana Laínez y El Picacho en verdaderos centros de belleza, recreación y arte.

Gigantesca, avasalladora y pétrea, la obra material impulsada por Tiburcio Carías Andino se proyecta de uno a otro extremo del país, y así vemos surgir en la capital de la República, imponentes y magníficas, las moles enhiestas del Estadio Nacional, la soberbia arquitectura del Palacio de Comunicaciones Eléctricas, del Palacio de los Ministerios, del Palacio Distrital, Escuela Nacional de Artes y Oficios, etc., etc.; obra inmensa y de un valor incuestionable, avalada por el mérito superlativo de haberse realizado con presupuestos raquíticos y sin recurrir a los préstamos internacionales, a los cuales fue alérgico en toda la extensión del vocablo.

La historia se escribe con hechos, y esa historia tiene fulgores de gloria y de consagración en la conciencia del pueblo, cuando esos hechos se traducen en obras de engrandecimiento y positivo provecho para la nación.

Honduras registra una historia gloriosa y unos hechos consagratorios, cuales son los impulsados por ese hombre que ha traspasado ya los umbrales de la inmortalidad, porque a estas alturas, serenadas las pasiones y justipreciada en toda su dimensión la personalidad relevante de Tiburcio Carías Andino, este hombre extraordinario se incorpora al haber de nuestra nacionalidad como una figura luminosa y un verdadero Hombre-Símbolo.

San Pedro Sula, febrero de 1970.

CARÍAS ANDINO, UN HOMBRE EXCEPCIONAL.

Por AMÍLCAR CRUZ GARÍN

Los muertos no pueden resucitar, pero el destino histórico sí puede llevar la desintegración corporal a un plano en el cual los hechos y las actitudes del hombre lo embalsamen, liberando su figura del olvido. El General Tiburcio Carías Andino conoció en vida una popularidad y una gloria que rebasó ampliamente las fronteras de su país; y después de su muerte, la influencia de su obra no ha cesado de aumentar en la misma proporción de la serenidad que, despojada de prejuicios, determina los elementos de juicio para su testimonio.

El General Carías se sabía hombre y como tal actuó a todo lo largo de su existencia, sembrando la simiente en su heredad de Zambrano y empuñando las bridas de la república; cosechando mieses en el surco y sinsabores en los gabinetes donde se elaboran las fórmulas panteísticas del poder. Él y su alma están dentro de la patria, porque sus mejores alientos los destinó a la forja de un país ennoblecido por el espíritu, la idealidad, el esfuerzo y la cultura; y si mucho de lo que él deseaba para Honduras no lo pudo lograr, culpa no fue suya, sino del tiempo en el que le tocó actuar.

Su ubicación en la presidencia en 1933 fue precedida por un proceso de zancadillas y desviaciones cuya gravedad redujo con el desprendimiento propio de un hombre superior. Con mayoría en las elecciones generales de noviembre del año 23, se produjo la ruptura del orden constitucional al no lograrse la mayoría parlamentaria para la declaratoria, lo que precipitó al país en una revolución intestina, triunfando el nacionalismo, lo que ensanchó el camino hacia el poder, cuyo triunfo en una nueva elección era seguro y al cual renunció por lealtad a la palabra empeñada. No podía ser candidato porque había jefeado el movimiento revolucionario, y como la masa partidaria persistía en su nominación, hubo de recorrer el país como agente electoral del Dr. Miguel Paz Baraona, porque el tratado avalado por Washington interfería su postulación.

Acreditado nuevamente en 1928 como candidato, perdió con escaso margen por la deserción del General Vicente Tosta, que arrastró veinte mil votos nacionalistas en una coalición con el Partido Liberal, que obtuvo el triunfo con el Dr. Vicente Mejía Colindres, el presidente que en 1932 confió las armas al nacionalismo para frenar a los Mayores de Plaza propuestos a sostener su partido en el poder contra el voto popular que favoreció al General Carías.

Lo que los Mayores de Plaza liberales hicieron fue propuesto en 1928 al General Carías por los Comandantes de Armas, respondiendo terminantemente:

"Eso provocará una nueva revuelta, esta vez sin causa; y para mí vale más la vida de un hondureño que todas las presidencias habidas y por haber."

Se retiró a Zambrano a seguir cultivando legumbres y flores, y hasta allá fueron sus amigos en 1932 para lograr por fin su empeñoso afán de situarlo en la gobernación del Estado, caracterizando a su dilatada actuación la austeridad en los gastos y la honradez en el manejo de los dineros del pueblo.

Con presupuestos a la medida de la capacidad económica del pueblo, su obra fue modesta, pero fecunda en bienes morales. Durante su administración hubo sosiego y tranquilidad, desenvolviendo la ciudadanía sus actividades en un clima de cabal respeto a la propiedad y a la vida humana; y aunque muy bien pudo acelerar el progreso material acudiendo a las ayudas externas, prefirió la soberanía a los dólares que atan a la república al extranjero, subastando a la vez la libre determinación de sus nacionales.

Una campaña bien orquestada contra el régimen se inició a escasas horas de haberse juramentado como presidente, fracasando los conatos revolucionarios, imponiéndose, por razón de circunstancias, un compás de espera, hasta que, cuando parecía que todo estaba maduro, ocurrió en Tegucigalpa, en San Pedro Sula, en La Ceiba y otras ciudades importantes, una serie de manifestaciones demandando la entrega del poder.

Aquel 4 de julio del año 44 caía Ubico en Guatemala y caía Hernández Martínez en El Salvador, y frente a Palacio, en Honduras, se plantó la muchedumbre colgándose de los barrotes; retirándose al enrarecerse el aire con los gases lacrimógenos difundidos por la policía.

La conspiración creyó impresionar con el volumen masivo y, si en Guatemala y en El Salvador el recurso surtió efecto, en

Tegucigalpa fracasó porque el hombre contra el cual iba dirigido el ataque tenía los nervios bien puestos.

Calmados los ánimos, el General Carías definió aquel suceso ante un periodista extranjero que le entrevistó:

"Mis enemigos me acusan de múltiples culpas, pero yo solamente les reprocho dos cosas imperdonables: su irresponsabilidad y su torpeza. Su irresponsabilidad porque parecen ignorar lo que para Honduras acarrearía una nueva era de revueltas e inquietudes; y porque no quieren ver los beneficios que se derivan de la conservación de la paz afianzada después de tanto sacrificio y tanto trabajo; y su torpeza porque se embarcaron en una aventura infantil sin hacer cálculos. Yo les di una oportunidad espléndida para medirlos, para calibrar el empuje que pudieran desarrollar, pero me convencí de que nada significan. Fueron dueños de la capital porque yo así lo quise, y ni con esa concesión pudieron librarse del fracaso."

Los muertos no pueden resucitar, pero los hechos y las actitudes, cuando son de altura, sí pueden crear admiración y respeto a la memoria de quien fue su autor, y en la vida pública del General Carías Andino hay suficientes méritos y virtudes que hacen de su existencia un símbolo.

Por consiguiente, y pese a los errores cometidos —que errar es de humanos—, del General Carías se puede decir que fue un hombre excepcional.

La Ceiba, 17 de enero de 1970

POEMAS AL GENERAL

CANCIÓN PATRIÓTICA

Por HÉCTOR LICONA DAVADI

Cuando a Carías los suyos llaman
ir a los campos a combatir,
los caríistas todos lo aclaman
y con él juntos juran morir.

La dictadura ruge impotente
en son de guerra viendo marchar
al caríismo noble y valiente
que al despotismo va a derrocar.

Con "La Buchona", su jefe al frente,
los caríistas van a pelear,
porque en Honduras, de presidente,
solo Carías debe mandar.

Los generales Tosta y Ferrera,
Martínez Fúnes, con gran valor,
luchan y vencen con ansia fiera
las huestes rojas del dictador.

¡Que viva Honduras!, ¡viva el derecho!
¡Viva la patria, la libertad!
¡Vivan sus hijos que con su pecho
la han defendido con fe y lealtad!

Muy pronto Honduras, agradecida,
de entre sus hijos elegirá
a don Tiburcio, no hay quien lo impida,
la presidencia le entregará.

HOMENAJE

Por RANULFO ROSALES URBINA (RENÁN DEL RÍO)

Canta la patria su hora presente con himnos de gloria,
fulge en la idea la antorcha de la redención;
capítulos de oro tiene escritos la historia,
la total ventura de los hondureños ve su anunciación.

Alas que se hicieron de nítido armiño
cubren dando abrigo a la gran familia,
y una voz que entraña paternal cariño
de todos hace uno y a todos concilia.

Cómo repercute el eco sincero
del golpe que asesta el trabajador;
ese eco no encierra ayes lastimeros
y en cambio percibe revuelos de honor.

Cómo, confundidos, del niño los gritos
con la sabia frase del noble mentor,
van en espirales hacia el infinito
en señal de gracias al gran Hacedor.

En todo hay belleza, en todo hay ternura,
un nimbo de paz rodea a las cosas,
y en el panorama extenso de Honduras
solo son visibles las obras hermosas.

Ya el fantasma atroz de la infame guerra
se alejó por siempre de nuestro camino,
ya la nave augusta de esta hermosa tierra
viró su timón hacia otro destino.

Un hábil piloto, sereno y fornido,
logró que el ayer incierto velero
fuera transformado en grande y lucido
navío que atraca a puertos primeros.

Y así, al compás del ritmo del mundo,
marcha nuestra patria camino a la altura;
minuto a minuto, segundo a segundo,
avanza y progresa la viril Honduras.

Loor a vos, señor, patricio de fama,
prototipo enorme de fe e hidalguía,
el pueblo sensato os hará mañana
honores de héroe, Tiburcio Carías.

Olanchito, Honduras, C.A.

AL DR. Y GENERAL TIBURCIO CARÍAS A.

Por ENRIQUE RIBERA B.

Hombre público de renombre,
probo, recto y ponderado,
estadista y gran soldado,
baluarte de la libertad;
es tu nombre singular
prestigio de la nación,
hoy lo escribe fiel la historia
con justicia: ¡Gran Varón!

Enseñaste a tu pueblo
a vivir en sana paz,
levantaste los cimientos
del progreso nacional;
y la angustia y la miseria
todo cambió por igual,
como nadie pudo hacerlo,
solamente el "General".

Tegucigalpa, D.C., 13 de marzo de 1970

¡HUBIÉRAMOS QUERIDO QUE FUERA INMORTAL!

Por AGUSTINA MOLINA DE VEGA

Trágico veintitrés de diciembre
cuando se alejó una preciosa vida.
Un verdadero hombre se fue para siempre,
todos los hondureños sentimos su partida.

Llega este quince de marzo
lleno de tristeza y antes de alegría,
que reunidos en un solo abrazo
celebrábamos este dichoso día.

General Tiburcio Carías Andino,
toda la vida estará en la memoria,
de lo que hizo, grandezas por su camino,
en letras de oro se grabará su historia.

En la guerra, en la paz, este caudillo
se enfrentó en todo campo con hidalguía.
Exaltó a Honduras, dándole un mejor brillo,
terminó desastres, guerras y tiranía.

Sus obras, ¿quién las podrá seguir?
¿Quién podrá imitar su talento?
Todos debemos sus enseñanzas adquirir,
practicando para seguir su ejemplo.

Su figura estará presente
en las luchas para alcanzar la victoria,
nos ayudará su espíritu tan valiente
desde su residencia especial en la gloria.

Cuántas conjeturas, lágrimas y llanto
causó la inesperada muerte del general.
Miles y miles siguen comentando:
¡Hubiéramos querido que fuera inmortal!

ACUERDOS

ACUERDO N.5 DEL COMITE CENTRAL DEL PARTIDO NACIONAL DE HONDURAS,

ACUERDO

CONSIDERANDO: Que el día de hoy ha fallecido en esta ciudad el Dr. y Gral. don Tiburcio Carías Andino, insigne patriota, expresidente constitucional de la República, fundador de la paz de Honduras, jefe del Partido Nacional y hombre de limpia y dilatada trayectoria ciudadana;

CONSIDERANDO: Que la vida pública del ilustre varón fallecido llena más de la mitad de la historia del período independiente del país;

CONSIDERANDO: Que el Dr. y Gral. don Tiburcio Carías Andino, con su vasta obra de genuino estadista, se identificó siempre con las elevadas aspiraciones del pueblo hondureño;

CONSIDERANDO: Que las virtudes cívicas del Dr. y Gral. don Tiburcio Carías Andino constituyen ejemplo para las presentes y futuras generaciones;

CONSIDERANDO: Que el Dr. y Gral. don Tiburcio Carías Andino es uno de los más altos valores hondureños y que, como hombre público, encarnó los principios éticos que deben inspirar la administración del Estado; y

CONSIDERANDO: Que la conducta pública y privada del Dr. y Gral. don Tiburcio Carías Andino constituye un positivo ejemplo para la Honduras actual y del futuro;

POR TANTO: En uso de sus facultades,

ACUERDA:

1°.- Expresar el dolor que embarga al Partido Nacional de Honduras por la sentida muerte de su jefe, el Dr. y Gral. don Tiburcio Carías Andino;

2°.- Declarar duelo general en las filas nacionalistas durante nueve días contados a partir de esta fecha, debiendo izarse a media asta la bandera del Partido en todos los Comités y Subcomités de la República;

3°.- Asistir en cuerpo a todas sus exequias;

4°.- Designar al señor presidente del Comité Central, Lic. don Martín Agüero, h., para que, en nombre del Partido y en particular de este organismo directivo, pronuncie una oración fúnebre al ser inhumados los restos del patricio desaparecido;

5°.- Enviar una ofrenda floral a la casa mortuoria e invitar para sus funerales; y

6°.- Dar publicidad al presente acuerdo y entregar copia caligrafiada del mismo a los familiares del extinto.

Dado en el salón de sesiones del Comité Central, en Tegucigalpa, Distrito Central, a los veintitrés días del mes de diciembre de mil novecientos sesenta y nueve.

Martín Agüero, h.
Presidente

Herlinda Cruz v. de Gómez – Prosecretaria
Tito Livio Tábora Rápalo – Fiscal
Nicolás Cruz Torres – Vocal
Arístides Díaz Arrivillaga – Vocal
Lucas Zelaya Lozano – Vocal
René Sagastume Castillo – Vocal
Félix Cerna – Vocal
Óscar Acosta – Vocal
Victoria B. de Castellón – Vocal
María Cristina de Interiano – Vocal
Julio Zelaya Valdez – Vocal
Luis Elvir Girón – Vocal
Abel Villacorta Cisneros – Secretario

DECRETO NÚMERO UNO EL COMITÉ DEPARTAMENTAL DEL PARTIDO NACIONAL DE COPÁN

El Comité Departamental del Partido Nacional de Copán, reunido en la ciudad de Santa Rosa de Copán, el día martes veintitrés de diciembre de mil novecientos sesenta y nueve, a las siete p.m.;

CONSIDERANDO: Que el día de hoy, a las siete y treinta y cinco minutos de la mañana, falleció en la ciudad de Tegucigalpa, capital de la República, el Doctor y General don Tiburcio Carías Andino;

CONSIDERANDO: Que el Dr. y Gral. don Tiburcio Carías Andino, hasta el momento de su muerte, era el Jefe Supremo del Partido Nacional de Honduras;

CONSIDERANDO: Que el Gral. Carías Andino fue electo presidente constitucional de la República como candidato del Partido Nacional en el mes de octubre del año de mil novecientos treinta y dos, y que dirigió los destinos de la República como su legítimo gobernante hasta el treinta y uno de diciembre de mil novecientos cuarenta y ocho, por un período de dieciséis años;

CONSIDERANDO: Que el Gral. Carías Andino, como presidente constitucional de la República de Honduras, como jefe supremo del Partido Nacional y como ciudadano, fundó la paz de la patria, que ha permanecido inalterable desde la iniciación de su mando presidencial hasta el día de su muerte, dejándola cimentada para orgullo de todos los hondureños;

CONSIDERANDO: Que el Gral. Carías Andino toda su vida la dedicó al servicio de la patria y parte de ella a los intereses del Partido Nacional de Honduras;

POR TANTO:

El Comité Departamental del Partido Nacional de Copán:

ACUERDA:

Artículo 1°.- Decretar tres días de duelo en los veintitrés Comités Locales y Subcomités de todo el departamento.

Artículo 2°.- Izar en los mismos centros políticos, a media asta, la bandera del Partido Nacional con su correspondiente crespón negro.

Artículo 3°.- Guardar por igual tiempo luto riguroso todos los afiliados al Partido Nacional.

Artículo 4°.- Celebrar sesión pública y guardar un minuto de silencio en memoria del ilustre desaparecido en todos los Comités y Subcomités nacionalistas organizados en el departamento.

Artículo 5°.- La Secretaría del Comité Departamental deberá comunicar a la mayor brevedad posible lo antes decretado.

Artículo 6°.- Entregar copia certificada del presente decreto a los hijos del Dr. y Gral. don Tiburcio Carías Andino, jefe del Partido Nacional de Honduras, y a la prensa nacional.

Artículo 7°.- Dado en el salón de sesiones, en la casa del Partido del Comité Departamental del Partido Nacional de Copán, el martes veintitrés de diciembre de mil novecientos sesenta y nueve.

C. Alberto Madrid V. – Presidente
Ricardo Reyes Ruiz – Vicepresidente
H. Barnica Milla – Secretario

Extendida esta copia y tomada del libro respectivo, en la ciudad de Santa Rosa de Copán, a los veinte días del mes de enero de mil novecientos setenta.

H. Barnica Milla – Secretario
V°B° C. Alberto Madrid V. – Presidente

ACUERDO N.° 2 DEL DEPARTAMENTO DE LA PAZ

El Comité Departamental Nacionalista de La Paz,

CONSIDERANDO: Que en las primeras horas del día de hoy, 23 de diciembre del presente año, falleció en la ciudad capital quien en vida fuera el Dr. y Gral. Tiburcio Carías Andino;

CONSIDERANDO: Que el Gral. Carías Andino, desde principios del siglo, comenzó a prestar sus servicios a la patria;

CONSIDERANDO: Que el ilustre fallecido rigió los destinos de nuestra querida Honduras en una forma acertada, patriótica y desinteresada;

CONSIDERANDO: Que el Dr. y Gral. Tiburcio Carías Andino fue el creador y sostenedor de la paz en Honduras;

CONSIDERANDO: Que, en el momento de su deceso, desempeñaba el cargo de Jefe Supremo del Partido Nacional;

POR TANTO, ACUERDA:
1°.- Patentizar a los familiares del desaparecido nuestro más profundo y sentido pésame.

2°.- Mandar a oficiar una misa en la parroquia de esta ciudad, el día 30 del presente mes, a las 7 p.m., por el descanso de su alma.

3°.- El Comité en pleno y todos aquellos amigos que lo estimen conveniente se harán presentes en los funerales del inolvidable caudillo, portando una ofrenda floral.

4°.- Enviar el presente acuerdo a los familiares del extinto, al Comité Central del Partido Nacional y a los Comités Locales del departamento.

5°.- Dado en la ciudad de La Paz, en la oficina del Comité Departamental Nacionalista, a los veintitrés días del mes de diciembre de mil novecientos sesenta y nueve.

Trinidad C. de Suazo – Presidenta, Comité Departamental Nacionalista

Gustavo Suazo Matute – Presidente, Comité Local Nacionalista

Manuel Octavio Suazo U. – Vicepresidente

Amílcar Izaguirre C. – Vocal

Marina de Villalobos – Vocal

María Suazo y Suazo – Vocal

Genaro Ávila Castillo – Vocal

Elías Antonio Rivera Ch. – Prosecretario, Comité Departamental Nacionalista

ACUERDO N.° 1 DEL COMITÉ NACIONALISTA DE OLANCHITO

El Comité Nacionalista "La Democracia", de este municipio,

CONSIDERANDO: Que el día de hoy falleció el perínclito ciudadano Dr. y Gral. Tiburcio Carías Andino, expresidente de la República y jefe supremo del Gran Partido Nacional de Honduras;

CONSIDERANDO: Que el desaparecimiento físico del fundador de la paz y benemérito de la patria, Gral. Carías Andino, constituye una pérdida irreparable para Honduras y para el partido que tan sabiamente él supo dirigir y hacer triunfar;

CONSIDERANDO: Que la memoria del último caudillo de América es un símbolo en la conciencia de la hondureñidad;

CONSIDERANDO: Que es deber ciudadano rendir tributo de reconocimiento y gratitud a los hombres ilustres que, como el Dr. y Gral. Tiburcio Carías Andino, se han esforzado tesoneramente por el bienestar general del pueblo, hasta constituirse, como él, en el forjador de una patria nueva; y

CONSIDERANDO: Que este Comité Nacionalista, como célula formativa del Gran Partido Nacional, experimenta la más honda congoja ante tan infausto suceso;

POR TANTO, ACUERDA:

PRIMERO: Deplorar profundamente el fallecimiento del Dr. y Gral. Tiburcio Carías Andino.

SEGUNDO: Declarar tres días de duelo entre sus afiliados.

TERCERO: Enviar mensajes de condolencia a los familiares del eminente desaparecido y al Comité Central del Gran Partido Nacional.

CUARTO: Nombrar a los correligionarios Licenciados Lucas Zelaya Lozano, Orlando Lozano Martínez y Florencio Puerto, para que integren la comisión que, en representación de este organismo, asistirá a los funerales del Dr. y Gral. Carías Andino y entregará una ofrenda floral en la casa mortuoria.

QUINTO: Mandar a oficiar una MISA DE REQUIEM en la IGLESIA "SAN JORGE" de esta ciudad, por el descanso eterno del alma del EMINENTE ESTADISTA Y POLITICO HONDUREÑO; y

SEXTO: Transcribir el presente ACUERDO a los hijos del extinto DR. Y GRAL. TIBURCIO CARIAS ANDINO y a las AUTORIDADES CENTRALES DEL GRAN PARTIDO NACIONAL DE HONDURAS.

Dado en la "CIUDAD CIVICA" de OLANCHITO, a los veintitrés días del mes de diciembre de mil novecientos sesenta y nueve.

JOAQUIN REYES FIGUEROA, Presidente
RANULFO ROSALES URBINA, Vice Presidente
MAURICIO RAMIREZ, Fiscal
CARLOS CASTRO GOMEZ, Tesorero
FRANCISCO MURILLO SOTO, Vocal
FRANCISCO HERRERA CANO, Vocal
RAFAEL RAMOS RIVERA, Vocal

ELVIA HERNANDEZ AGURCIA, Vocal
CECILIO ZELAYA PONCE, Vocal
RODRIGO R. NUÑEZ, Vocal
MIGUEL A. QUESADA R., Secretario

ACUERDO N.1 DEL COMITÉ DEL PARTIDO NACIONAL DE GUANAJA

El Comité Local Nacionalista del Municipio de Guanaja, Departamento de Islas de la Bahía, al tener conocimiento del sensible fallecimiento del expresidente de la República Doctor y General Tiburcio Carías Andino, fundador de la paz y jefe supremo del Partido Nacional de Honduras; en uso de las facultades conferidas por los demás miembros de este Comité:

ACUERDA:
1°.- Deplorar sinceramente el fallecimiento del Doctor y General Tiburcio Carías Andino, por sus grandes méritos y virtudes como hombre extraordinario, tanto en la vida pública como privada.
2°.- Decretar tres días de duelo con suspensión de labores por el fallecimiento de nuestro exmandatario y jefe supremo del Partido Nacional de Honduras, Doctor y General Tiburcio Carías Andino.
3°.- Enviar copia del presente acuerdo a sus familiares residentes en la ciudad de Tegucigalpa, al Comité Central del Partido Nacional, Comité Departamental, prensa y radio de la República.

Dado en Guanaja, Islas de la Bahía, a los veintitrés días del mes de diciembre de mil novecientos sesenta y nueve.

Fernando Lazo García – Secretario, Comité Local Nacionalista
B. N. Haylock – Presidente, Comité Local Nacionalista

ACUERDO N.º 5
El Comité Local del Partido Nacional del Puerto de Tela, Depto. de Atlántida,

CONSIDERANDO: Que el presente día, martes veintitrés de diciembre del año en curso, a las 7:18 a.m., en la ciudad capital, dejó de existir el eximio varón y jefe supremo del Gran Partido Nacional, Dr. y Gral. don Tiburcio Carías Andino;

CONSIDERANDO: Que la asamblea reunida en el seno del Comité Local del Partido Nacional teleño, a raíz de este infausto acontecimiento, que ha enlutado al pueblo hondureño y en especial al nacionalismo en general;

CONSIDERANDO: Que es un deber ineludible de todo nacionalista hacer patéticas las muestras de condolencia y dolor que lo embarga, a la familia del extinto;

POR TANTO, el Comité Local del Partido Nacional, en uso de las facultades que le confieren los estatutos,

ACUERDA:

1°.- Nombrar una comisión especial compuesta por los coroneles don Juan A. Mendoza y don Rafael M. Chávez, h., el P.M. don Abrahám Garay y su esposa doña Consuelo de Garay, para que en su representación se hagan presentes en la casa del ilustre desaparecido, con el objeto de presentar las muestras de su más sentida condolencia a los familiares del extinto, con especialidad al Dr. don Tiburcio Carías Castillo.

2°.- Enviar copia del presente acuerdo a sus apesadumbrados familiares, al Comité Central y al Comité Departamental del Partido Nacional.

Dado en el salón de sesiones del Comité Local del Partido Nacional, a las 10:30 p.m. del día veintitrés de diciembre de mil novecientos sesenta y nueve.

Orlando Sarmiento
Secretario del Comité Local del Partido Nacional

Jerónimo Torres Castro
Presidente del Comité Local del Partido Nacional

ACUERDO DE LA DIRECCIÓN DE LA ESCUELA NORMAL DE VARONES "PEDRO NUFIO"

CONSIDERANDO: Que en las primeras horas del día de hoy, la conciencia nacional recibió la infausta noticia del repentino fallecimiento del gran estadista y fundador de la paz de Honduras, Doctor y General don Tiburcio Carías Andino;

CONSIDERANDO: Que la Escuela Normal de Varones "Pedro Nufio", como primer centro formador de maestros y conductores de la niñez y de la juventud hondureñas, mantiene un elevado reconocimiento hacia aquellos valores públicos que, en sus grandes gestas históricas, han propiciado el engrandecimiento, el respeto y la prosperidad física y moral de la nación;

CONSIDERANDO: Que el Doctor y General don Tiburcio Carías Andino se consagró con denodado civismo a servir las causas justas del pueblo hondureño, dándole al país durante varios lustros sus invalorables servicios públicos en un clima de orden, de trabajo y de progreso;

CONSIDERANDO: Que en el presente momento histórico que vive el país, se hace más sensible la pérdida de aquellos valores cívicos que han dado lustre y prestigio a Honduras; y

CONSIDERANDO: Que la Escuela Normal de Varones "Pedro Nufio", consciente de tan irreparable pérdida para la nación entera, está en el deber de tributar honor a quien honor merece;

POR TANTO, ACUERDA:

PRIMERO.- Lamentar profundamente el sentido deceso de la egregia y discutida figura del estadista y político, Doctor y General don Tiburcio Carías Andino, hecho acaecido en su morada familiar de esta capital.

SEGUNDO.- Patentizar a sus apesadumbrados hijos y demás familiares residentes en el interior y en el exterior de la República las expresivas muestras de sentida condolencia por tan irreparable pérdida.

TERCERO.- Enviar una ofrenda floral portando riguroso crespón negro en señal de duelo de esta institución.

CUARTO.- Remitir copia del presente acuerdo a sus apesadumbrados deudos, por intermedio del excelentísimo señor canciller de la República, Doctor don Tiburcio Carías Castillo, hijo del ilustre extinto, a la Dirección General de Educación Media y al Ministerio de Educación Pública.

Dado en Tegucigalpa, D.C., a los veintitrés días del mes de diciembre de mil novecientos sesenta y nueve.

Comuníquese.

Carlos R. Cortés – Director
Marco Rolando San Martín C. – Secretario

ACUERDO DEL INSTITUTO CENTRAL "VICENTE CÁCERES"

El personal docente y administrativo del Instituto Central, conmovido profundamente por el infausto suceso del fallecimiento, acaecido el 23 del corriente, del Doctor y Gral. don Tiburcio Carías Andino, expresidente de la República y jefe supremo del Partido Nacional de Honduras;

CONSIDERANDO: Que su muerte constituye una pérdida irreparable en pro de los sagrados intereses de Honduras, de cuya nación fue uno de sus auténticos transformadores, tanto en el orden espiritual como en el material;

CONSIDERANDO: Que el extinto se preocupó vivamente por la unidad en todos los sectores del pueblo hondureño y que dio muestras elocuentes de mantener el orden y la tranquilidad en el país durante su gestión administrativa;

CONSIDERANDO: Que el desaparecido se preocupó por el impulso de la educación en los diferentes niveles, al par que garantizó los derechos y demás privilegios del magisterio nacional, sin distingos de ideologías, tendencias o razas;

ACUERDA:

1).- Guardar tres días de duelo a partir de esta fecha.

2).- Enviar por medio de una comisión especial una ofrenda floral en testimonio de reconocimiento, aprecio y simpatía al ilustre desaparecido, Doctor y Gral. don Tiburcio Carías Andino.

3).- Hacer entrega de una copia del presente acuerdo a los hijos del extinto.

Dado en el salón "Morazánico" del Instituto Central, a los veintitrés días del mes de diciembre de mil novecientos sesenta y nueve.

f) Manuel de J. Bueso, Director

f) Antonio Osorio O., Subdirector

f) Francisco Lagos, h., Presidente del Consejo de Profesores-Guías

CERTIFICACIÓN COMITÉ NACIONALISTA DE OCOTEPEQUE

El suscrito, Secretario del Comité Departamental Nacionalista de Ocotepeque, certifica: Que entre las páginas 3, 4, 5, 6 y 7 del libro de actas que lleva este Centro Político, se encuentra la que dice:

"SESIÓN EXTRAORDINARIA celebrada por el Comité Departamental Nacionalista de Ocotepeque, hoy martes veintitrés de diciembre de mil novecientos sesenta y nueve, a las nueve a.m. Presidió el señor presidente del Comité Departamental Nacionalista don Carlos Manuel Mejía Collart, con asistencia del señor fiscal doctor Jorge Alberto Pineda, del vicepresidente prof. Eusebio Ventura Quezada, del prosecretario prof. Héctor Octavio Caballero, del tesorero S. M. Salvador Umaña G.; de los vocales: don Julio Chinchilla, profesora Lilian Refugio de Santos, agr. Daniel R. Penman, don Carlos Carías O., don José Lino Murillo, José Jesús Díaz, prof. Héctor M. Acosta, profesora Angélica de Chinchilla, prof. Arnulfo Acosta M., Manuel Humberto Rodríguez, br. Armando Villela A., don Jorge Bocanegra, P. M. Federico García R., srta. María Paz Ramírez, don Samuel Molina H., don Víctor Manuel Aguilar, don Vicente Chacón López, don Domingo Maldonado Hércules, don Adán Aguilar Chinchilla, don Gilberto Maldonado, don Francisco Guerra, don Benito López, prof. José Ramón Peña L., general Carlos Villela Vidal, dr. Rafael Chinchilla C., don Marcos Aurelio Pinto, don Alberto Bocanegra, don José Tomás Lanza, don Francisco Vargas H., don Juan Méndez, don Modesto Acosta Pinto, don Ángel María López, don Gilberto Peña L., don José María Hernández, doña Olivia Mayorga de López, don Natividad Aquino, don José Simón Peña L., don Pablo González Matías, don Alejandro Matías, y el secretario que autoriza**, procediéndose de la manera que sigue:

1°.- El señor presidente de este Comité, don Carlos Mejía Collart, declaró abierta la sesión.

2°.- La Secretaría dio cuenta con la correspondencia telegráfica recibida y de haberse contestado en su oportunidad.

3°.- El señor presidente Mejía Collart expone a los demás miembros de este organismo político nacionalista y amigos concurrentes, que los ha convocado a esta sesión extraordinaria para manifestarles que, por la Radio HRN, "La Voz de Honduras", hoy por la mañana, se difundió la triste noticia del inesperado deceso del que en vida fuera el señor doctor y general don Tiburcio Carías Andino, a la sazón jefe supremo del Partido Nacional de Honduras; cuya noticia ha conmovido el alma nacional, ya que el general Carías Andino fue un gobernante ejemplar, dinámico y un político emprendedor, cuya constante preocupación fue la disciplina, la armonía y la cohesión de sus correligionarios, de donde se dedujo claramente la razón por la cual se conservó por tres lustros en la primera magistratura de la nación con el beneplácito general de la inmensa mayoría del pueblo hondureño; que por tal motivo estima conveniente se decreten los días correspondientes de duelo en las oficinas de este organismo político, y que se coloquen en el frente exterior de este edificio crespones negros significativos del dolor que embarga al nacionalismo de este departamento, que telegráficamente ha patentizado sus sentimientos de pena por el inesperado fallecimiento de su único caudillo, y que se comunique esta disposición inmediatamente a los presidentes y secretarios de los Comités y Subcomités Nacionalistas de este departamento para su fiel cumplimiento; y el Comité Departamental Nacionalista, hondamente conmovido por tan fatal acontecimiento en las filas del Partido Nacional de Honduras, haciendo suya la exposición del señor presidente Mejía Collart, por unanimidad

ACUERDA: Declarar tres días de duelo en las oficinas de este Comité y cada una de las de los Comités Locales Nacionalistas de este departamento, y colocar los crespones negros a que alude, previa comunicación por el órgano correspondiente a los Comités y Subcomités Nacionalistas de este mismo. Manda, asimismo, que se eleve al digno conocimiento de la familia Carías Castillo y a la

Secretaría del Comité Central del Partido Nacional de Honduras la certificación del presente acuerdo para los fines consiguientes.

4°.- No habiendo más de qué tratar, se levanta la sesión, no sin antes lamentar no serle posible a este organismo hacerse presente en dichos funerales por circunstancias ajenas a su voluntad, acordando comisionar a los distinguidos correligionarios Dr. Carlos Arturo Arita y Br. Servio Tulio Mejía, para que en dichos actos lleven su representación; y, al efecto, comunicarles hoy mismo y telegráficamente tal designación.

**C. M. Mejía C. – Eusebio Ventura Q. – J. A. Pineda – Gregorio Antonio Chávez – Héctor O. Caballero – Angélica v. de Chinchilla – José L. Díaz – María Paz Ramírez de Solís – S. Umaña – Daniel R. Penman – Jorge Bocanegra – Carlos Carías O. – J. Gilberto Peña L. – Julio Chinchilla P. – Ángel M. López – A. Méndez – Samuel Molina H. – José J. García – Modesto Acosta P. – José Lino Murillo – J. Arnulfo M. Acosta – Luis A. Mejía – C. Villela Vidal – Antonio Santos H. – Federico L. Aguilar – Domingo Vicente – R. Erazo h. – Adán Aguilar Ch. – Alba E. de Erazo – M. Ángel Cruz – Betty de Cruz – Herminia Villeda – Clementina v. de Cruz – José Orlando Rosa – Baudilio Villeda – María Ercilia de Villeda – Jesús Emilio Pacheco – Eberto Erazo U. – Arcadio Villeda S. – Graciela B. de Rosa – Carlos Erazo U. – Gregoria Erazo – Olimpia Erazo E. – Gladys Haydée Erazo – Reyna Erazo – Luis René Chinchilla – Jesús Pacheco E. – Enma Paz de Pacheco – Berta L. Umaña – María Inés Umaña – Benjamín A. Umaña – Rafael Enrique Umaña – J. Humberto Fuentes – Juan Ramón García – Manuel González Pinto – Zoila de Magaña – José Vidal Robles – P. Efraín Espinoza – Francisco Flores V. – Vicente Chacón López – Benito López – Manuel H. Rodríguez – L. Refugio de Santos – Rosalinda de Flores – Francisco Flores Guerra – Rafael Antonio Santos – Rafael Bocanegra – Otilia de Bocanegra – Alberto Bocanegra – Elsa Bocanegra – Elsa M. Bocanegra – Dolores A. de Bocanegra – Olivia M. de López – Ofelia Hércules – Domingo Hércules – Federico García – L. A. Aldana."

ES CONFORME A SU ORIGINAL.

Extendida en las oficinas del Comité Departamental Nacionalista de Ocotepeque, a los veintitrés días del mes de diciembre de mil novecientos sesenta y nueve.

Carlos M. Mejía C. – Presidente Comité Departamental Nacionalista

Gregorio Antonio Chávez – Secretario Comité Departamental Nacionalista

CERTIFICACIÓN DEL COMITÉ NACIONALISTA DE COLÓN

El infrascrito, Secretario del Comité Departamental Nacionalista de Colón, CERTIFICA:

ACTA N.º 3. En la ciudad de Trujillo, Departamento de Colón, a los veintitrés días del mes de diciembre de mil novecientos sesenta y nueve. Reunidos en el local del Comité Departamental Nacionalista de Colón, sito en el centro de esta ciudad, los suscritos: presidente del Comité, don Justo Padilla Zelaya; vicepresidente, P. M. don Adán Enrique Murillo; tesorero, don Jorge Leonidas García; fiscal, dr. don Manuel Álvarez Santos; prosecretaria, P. M. doña María Isabel Stephen de Castillo; vocal 1.º, don Enrique S. Guerrero; vocal 2.º, secretaria comercial, doña Alma Imperio Ordóñez Padilla; vocal 3.ª, doña Josefa de Chirinos; vocal 4.º, don Timoteo Núñez C.; vocal 5.ª, doña Victoriana Marín; vocal 6.ª, doña Celea Valle de Juárez; vocal 7.ª, doña Catalina Gil; vocal 8.ª, doña Cristina de González; vocal 9.º, don Arnoldo Castillo; asesores: abogado don Andrés R. Chirinos, profesor don Alcides Ordóñez Padilla y profesor don Edilberto Cuevas Bustillo; por ante el infrascrito secretario del Comité, se procedió a celebrar la presente sesión extraordinaria, en la forma siguiente:

1°.- El presidente, don Justo Padilla Z., declaró abierta la sesión; se omitió la lectura de la anterior por haberse encontrado aprobada.

2°.- El mismo presidente del Comité, señor Padilla Zelaya, expuso que convocó a esta sesión extraordinaria para, con mucho pesar, hacer del conocimiento de los demás miembros el sensible fallecimiento, en la capital de la República, en horas de la mañana de hoy, del Doctor y General don Tiburcio Carías Andino, gran expresidente de nuestra patria y jefe supremo del Gran Partido

Nacional de Honduras, y que, siendo un deber rendir homenaje póstumo a los valores nacionales, considera oportuno participar tan infausto suceso en esta forma, lo cual pone a consideración de los demás miembros de este Comité para lo que creyeran conveniente resolver.

3°.- El Comité, contristado profundamente por la dolorosa noticia, por unanimidad de votos,

RESUELVE:

1°.- Deplorar en forma inconsolable el deceso del ilustre benefactor de la patria Doctor y General don Tiburcio Carías Andino.

2°.- Guardar de pie un minuto de silencio en honor a la memoria del luchador infatigable por la paz, el progreso y la prosperidad de la República, así como por sus méritos de haber sabido conducir con acierto de sabio las masas integrantes del glorioso Partido Nacional de Honduras.

3°.- Izar por tres días la bandera del Partido a media asta, para patentizar nuestro profundo dolor, comunicándolo a todos los Comités Locales del departamento, quienes deben hacer igual.

4°.- Expresar al Doctor don Tiburcio Carías Castillo y demás familiares los sentimientos del más profundo pesar por la irreparable pérdida sufrida con la partida hacia la eternidad de su eximio padre, Doctor y General don Tiburcio Carías Andino.

5°.- Hacer envío, por la Secretaría de este organismo, de copia certificada de esta acta a los familiares del connotado extinto, en señal de gratitud a los virtuosos méritos de tan ilustre y digno patricio. Remitiéndose, asimismo, copia de dicha acta al Comité Central del Partido Nacional de Honduras.

6°.- No habiendo más que tratar, se levantó la sesión y se firmó para constancia, siendo las cinco y media de la tarde.

Sello

Justo Padilla Z. – Adán E. Murillo – J. Leonidas García – Manuel Álvarez Santos – María Isabel S. de Castillo – Enrique S. Guerrero – A. I. Ordóñez P. – Josefa de Chirinos – Timoteo Núñez C. – Victoriana Marín – Celea Valle de Juárez – Catalina Gil – Cristina de González – Arnoldo Castillo – Andrés R. Chirinos – Alcides Ordóñez P. – Edilberto Cuevas Bustillo.

Sello, Antonio Meza M., Secretario.

Extendida la presente en la ciudad de Trujillo, Departamento de Colón, a los veinticuatro días del mes de diciembre de mil novecientos sesenta y nueve.

Antonio Meza M. – Secretario Comité Departamental Nacionalista
Justo Padilla Z. – Presidente Comité Departamental Nacionalista de Colón

CERTIFICACIÓN

El infrascrito, Secretario del Comité Local Nacionalista de este municipio,

CERTIFICA el acuerdo que literalmente dice:

"ACTA N.° 38. En el municipio de San Antonio de Cortés, a los veinticuatro días del mes de diciembre de mil novecientos sesenta y nueve. Reunido en el local de costumbre el Comité Local Nacionalista "Sotero Barahona" de este pueblo, a iniciativa del presidente de dicho organismo, siendo las siete de la mañana, se procedió en el orden siguiente:

1°.- Se abrió la sesión, y se aprobó y firmó el acta de la anterior.

2°.- Habiéndose recibido la infausta noticia de la inesperada muerte del ilustre ciudadano Dr. y General Tiburcio Carías Andino, líder máximo del Partido Nacional, acaecida el día de ayer en la capital de la República; y,

CONSIDERANDO: Que durante su vida ejemplar, el gran caudillo rectoró con mucho acierto las huestes del pujante Partido Nacional, conduciéndolo hacia metas de superación, y como gobernante honesto y capaz colocó a nuestra patria en el más alto nivel de progreso y desarrollo;
CONSIDERANDO: Que con su desaparición física el Partido Nacional pierde uno de sus mejores baluartes, ya que consagró su vida a mantener muy en alto la bandera azul de la Estrella Solitaria; este Comité,

ACUERDA:

1º.- Deplorar su sensible fallecimiento.

2º.- Declarar tres (3) días de duelo en toda la jurisdicción, en homenaje póstumo a la gran figura del jefe supremo del Partido Nacional.

3º.- Enviar copia de este acuerdo a los Comités Departamental y Central del Partido Nacional y a los familiares del extinto.

E. L. "alto".– Vale.– Sello.– Balbino Arriaga, Antonio Castellanos, Alejandro Díaz C., Ismael Díaz H., Florencio Murillo B., Policarpo Hernández P., Emilio Barahona, Lucio Chavarría, Loreto Quiróz, Marco Antonio Quiróz, Luis B. Ulloa.

Luis B. Ulloa – Secretario Comité Local Nacionalista
B. Arriaga – Presidente

CERTIFICACIÓN LOCAL NACIONALISTA DE SAN FRANCISCO DE YOJOA

El infrascrito, Secretario del Comité Local Nacionalista de San Francisco de Yojoa, certifica el punto N.º 3 del acta que dice literalmente:

"Sesión extraordinaria celebrada por el Comité Local del Partido Nacional de San Francisco de Yojoa, el día veinticuatro de diciembre de mil novecientos sesenta y nueve.

Presidió el señor Félix Paz Pineda, con la asistencia de los vocales que firman al pie y con la asistencia del secretario que da fe.

1º.- El señor presidente dio por abierta la sesión.

2º.- Fue leída la correspondencia recibida.

3º.- Vistas las instrucciones giradas por las autoridades departamentales del Partido Nacional, el Comité Local Nacionalista de San Francisco de Yojoa

ACUERDA:

PRIMERO.- Declarar tres días de duelo por la pérdida del indiscutible líder y jefe supremo del Partido Nacional de Honduras, Dr. y General de División Tiburcio Carías Andino, a quien debemos la paz de que goza nuestra patria y a quien también se debe la grandeza inexpugnable y corriente arrolladora del Gran Partido Nacional, cuya bandera de lucha enarboló con valor incomparable.

SEGUNDO.- Manifestar nuestras muestras de consternación a los familiares de tan ilustre desaparecido.

TERCERO.- Enviar copia íntegra de este acuerdo al Comité Central del Partido Nacional, así como a las autoridades inmediatas del Partido y a los familiares dolientes.

CUARTO.- Ordenar a la Secretaría del Comité Local Nacionalista de este pueblo se publique este acuerdo por medio de todas las formas de difusión habidas en el país.

QUINTO.- El presente acuerdo entra en vigencia desde esta misma fecha.

Dado en el salón de sesiones del Comité Local Nacionalista de San Francisco de Yojoa, a los veinticuatro días del mes de diciembre de mil novecientos sesenta y nueve.

Félix Paz Pineda (Presidente) – Marcos Fernández, Agustín Paz, Constantino Rivera, Cristóbal Maradiaga, Felipe Maradiaga, Héctor Maradiaga, Marcos Sabillón F., Danilo Ramírez Mejía, Octavio Madrid, Santiago Murillo, Israel Martínez, Felipe Murillo S., Pánfilo García T., Jorge Carranza, Ildefonso Pineda (Secretario).

Fiel a su original, extiéndese la presente en San Francisco de Yojoa, a los veintiséis días del mes de diciembre de mil novecientos sesenta y nueve.

Félix Paz Pineda – Presidente
Ildefonso Pineda M. – Secretario

CERTIFICACIÓN

El infrascrito, Secretario Municipal de esta ciudad, certifica el preámbulo, punto 3° y parte final del Acta N.° 52, que literalmente dice:

"ACTA N.° 52. Sesión extraordinaria celebrada por la Honorable Corporación Municipal de Tela, Atlántida, Honduras, C.A., a los veintitrés días del mes de diciembre de mil novecientos sesenta y nueve, presidida por el señor alcalde municipal P. M. Luis Felipe Guerra, con la asistencia de los señores: regidor 1.° don Jerónimo Torres Castro, regidor 2.° don Rafael Mejía Chávez h., regidor 3.° don Roberto Terencio Jiménez B., regidor 4.ª doña Consuelo de Garay, regidor 5.° don Luis Thiebaud Cruz, regidor 6.° don Sedonie Crombie Staine, regidor 7.° don Humberto Castro A.; síndico municipal don Marco Tulio Munguía Soto y asesor legal abogado don Andrés Casco Rivera, todo ante el infrascrito secretario municipal que da fe.

1°.- El señor alcalde municipal declaró abierta la sesión.

2°.- Se leyó, aprobó y firmó el acta de la sesión anterior.

3°.- El señor alcalde manifestó que el objeto de la presente era poner en conocimiento de la honorable corporación el fallecimiento del Doctor y General Tiburcio Carías Andino, y que ponía a consideración de la municipalidad se diera un acuerdo deplorando la infausta desaparición de uno de los hijos más preclaros de la República, por muchos conceptos que son del conocimiento de todos.

4°.- La honorable corporación, por unanimidad de votos, dispuso emitir el siguiente acuerdo:

LA HONORABLE CORPORACIÓN MUNICIPAL DE TELA

En vista del fallecimiento de quien en vida fuera el ilustre Doctor y General don Tiburcio Carías Andino, benemérito de la patria y uno de sus más caros hijos, quien dejó a su paso, como conductor de pueblo, indeleble huella en la historia de nuestra patria, como es la cimentación definitiva de la paz en la República, evitándose de esta manera el inútil derramamiento de sangre entre hermanos y el derroche de los fondos públicos en revueltas estériles, pudiendo así la República avanzar con paso certero y seguro, como lo está haciendo, hacia niveles de superación y progreso para bien de todos y cada uno de los habitantes de la República, pobres y ricos;

POR TANTO: Esta corporación municipal

ACUERDA:

PRIMERO.- Deplorar sinceramente el fallecimiento del Doctor y General Tiburcio Carías Andino, expresidente de la República.

SEGUNDO.- Mantener izada la bandera de la República a media asta, en señal de duelo por tan sensible desaparición, por el término de tres días a contar de la fecha.

TERCERO.- Enviar a la ciudad capital de la República una comisión del seno de esta honorable corporación municipal, integrada por los señores regidor 1.° don Jerónimo Torres Castro, regidor 2.° don Rafael Mejía Chávez h., regidor 4.ª doña Consuelo de Garay y asesor legal abogado Andrés Casco Rivera, para que asistan, en nombre y representación de esta corporación, al sepelio del ilustre ciudadano desaparecido, último caudillo de los hondureños.

CUARTO.- Expresar a sus deudos, de manera especial a sus hijos Dr. Tiburcio Carías Castillo, Dr. Gonzalo Carías Castillo, y a sus hijas doña Martha y doña Elena, en nombre de esta corporación, sus más sinceros y expresivos sentimientos por la desaparición de quien en vida fuera su muy ilustre padre, y poner en manos de los mismos copia de este acuerdo y mandarle dar la publicidad del caso.

Dado en el salón de sesiones del Palacio Municipal de Tela, Atlántida, a los veintitrés días del mes de diciembre de mil novecientos sesenta y nueve.

Sello y f.) Luis Felipe Guerra – Alcalde Municipal

f.) J. Torres Castro – f.) Rafael M. Chávez h. – f.) R. Terencio Jiménez B. – f.) Consuelo de Garay – f.) Luis Thiebaud Cruz – f.) Sedonie Crombie Staine – f.) Humberto Castro Aceituno – f.) M. T. Munguía Soto – Sello y f.) Noé González Rojas – Secretario Municipal.

ES CONFORME CON SU ORIGINAL.

Extendida en Tela, Departamento de Atlántida, a los veintitrés días del mes de diciembre de mil novecientos sesenta y nueve.

Noé González Rojas – Secretario Municipal

Luis Felipe Guerra – Alcalde Municipal

ENTREVISTA AL GENERAL CARÍAS: "YA ESTOY VIEJO PARA METERME EN POLÍTICA"

Por MATÍAS OVIEDO

«El General Carías tiene un alma de Patricio» — Matías Oviedo

En el mes de mayo de 1929, el periodista don Matías Oviedo, quien en 1923, 1924 y más tarde en la campaña política de 1928 combatió rudamente al General Carías, en una visita que le hizo en su heredad de Zambrano, recogió sus impresiones y las dio a la publicidad en la forma más fiel y leal con que una vez en su vida ha procedido el conocido escritor liberal.

La entrevista referida dice:

«Muchos años hacía que yo no cruzaba una palabra con el General Tiburcio Carías. Bajo el gobierno del General López Gutiérrez platiqué únicamente una vez en Zambrano y recuerdo que nuestra plática, en la que intervinieron, entre otros, los abogados Federico C. Canales y Antonio Castillo Vega, fue muy poco cordial, alrededor de la personalidad del doctor Policarpo Bonilla, de quien en aquel tiempo el General Carías era admirador entusiasta.

Hacía, pues, ocho años, poco más o menos, que yo no veía al caudillo del Partido Nacional, y uno de mis propósitos al ir a Tegucigalpa fue verlo y hablarle, poniendo por encima de los perjuicios de que fui objeto de parte de algunos de sus conmilitones al triunfo de la revolución de 1924, y en la seguridad de que él se pondría por encima, asimismo, de los ataques que yo dirigiera dentro del país y en el exterior contra él y contra su partido. A mi compañero de viaje, el inmejorable amigo Eduardo Berlioz, le comuniqué mis intenciones de lleno, diciéndome: "Ya vas a ver qué clase de hombre es Tiburcio Carías".

Al llegar a Zambrano al mediodía, pedí ver al excandidato a la presidencia, y Elena, su noble e inteligentísima compañera, se prestó deferente a obsequiar mi deseo. Minutos después estaba frente al hombre a quien yo había atacado apasionadamente durante la campaña electoral de 1923-1924 y después de la revolución, en El

Salvador, en Guatemala y en México; sentí una indecible emoción cuando los robustos y viriles brazos del caudillo me apretaron fuerte contra su pecho. Y me dijo, antes que yo pronunciara una sola palabra:

—«Oviedo, no se imagina cuánto gusto me da verlo de nuevo en su patria. Los hondureños debemos vivir en Honduras, Oviedo, hacer a un lado rencores y tratarnos como hermanos».

Yo no pude menos que conmoverme y contestarle:

—«Gracias, General. Es verdad, los hondureños debemos vivir en Honduras, pero a veces es imposible. Sin embargo, con lo que usted ha hecho ahora, con los cimientos que le ha puesto a la paz y a la ley, es posible que pierdan su razón de ser las emigraciones».

Y efectivamente, el General Tiburcio Carías es uno de los pioneers —que decía Walt Whitman—, de los pocos egregios pioneers de la paz y de la ley en esta evolución intelectual y moral que estamos presenciando y que tanto honra y acredita a Honduras. Hay un montón de individuos que no lo conocen; hay otro montón que lo niega y hay otro que se solaza en echarle lodo, en arrojarle infamia, en calificar su conducta de eximio patriota con los peores y más insolentes epítetos.

Yo he sido enemigo franco y resuelto del General Tiburcio Carías y de su partido, pero desde el momento en que llegó a mí la noticia de que el General Carías acataba la voluntad nacional expresada en los comicios y negaba rotundamente su contribución a los violentos que le exhortaban en todos los tonos a una nueva saturnalia de ferocidad y crimen, yo he sido uno de sus más vehementes defensores; yo me he convertido en su simpatizador sincero; yo he levantado mi voz para encomiar su conducta cívica cuando correligionarios suyos de ayer le deturpan hoy, simplemente porque, siendo hombre honrado y patriota como es, se ha negado de manera sistemática a encender nuevas hogueras de pillaje y de odio en la República y ofrecer oportunidad para que continúen los ultrajes a nuestra soberanía.

Estas son las palabras suyas:

«Usted comprende, Oviedo, que yo he podido lanzarme a la revuelta con la misma justificación que se han lanzado otros en iguales condiciones que las mías. He sido excitado reiteradamente, antes y después de las elecciones, ofreciéndome toda clase de facilidades para una acción rápida y de seguro éxito, pero yo siempre contesté negativamente, porque para mí vale más la sangre de un hondureño y la soberanía del país que todas las presidencias habidas y por haber. Sé que soy objeto de las más duras apreciaciones, aun de parte de individuos que no tienen derecho para lanzar un solo denuesto; pero nada ni nadie me hará variar de determinación. Quiero la paz para mi país porque tengo el convencimiento profundo de que únicamente por medio de la paz podremos levantarnos los hondureños de esta postración que no es sino la consecuencia obligada de nuestras sucesivas revueltas. Por otra parte, tenemos problemas muy serios que resolver, que no podemos eludir de ningún modo, y sólo en la paz es posible hacerles frente».

—«De manera, General, ¿que usted está decidido a mantenerse en actitud pacífica a todo trance?»

—«Mis declaraciones sobre mi actitud pacífica tienen el sello de la sinceridad que acostumbro en todos los actos de mi vida, privada y pública. Yo no soy hombre de términos medios ni de subterfugios. Usted me conoce más o menos, Oviedo. Usted va a ver al doctor Mejía Colindres y, si le habla de esta plática que hemos tenido, lo faculto para que le diga en mi nombre que, por lo que hace a mí, esté tranquilo, porque vivo dedicado al trabajo y así continuaré viviendo, alejado de la política, que sólo sinsabores y desengaños me ha producido. Dígale, Oviedo, que por convicción espontánea soy pacifista y que la mayor aspiración de mi vida, por ahora, se cifra en el deseo de que mi actitud de hombre de trabajo y de orden influya en mis amigos para la conservación de la paz. Naturalmente, Oviedo, el gobierno tiene que poner de su parte lo necesario para que la paz se consolide, pues usted sabe que en la mayoría de los casos son los gobiernos los que provocan el desorden. Bertrand supo entender nuestra actitud pacifista cuando nos abstuvimos de adversar su candidatura a la Presidencia de la República; usted recuerda que no nos abstuvimos por miedo, sino por el deseo de no echar fuego al fuego, es decir, de no encandilar los ánimos, porque una vez encandilados, cualquiera puede prever las consecuencias. Nosotros respetamos el gobierno de Bertrand; el gobierno de Bertrand nos respetó a nosotros, y de este mutuo respeto es de donde surgió la paz. Así es de desearse que suceda ahora, y yo creo que así tiene que suceder en todo el curso del presente período, porque tengo el concepto de que el doctor Mejía Colindres es un hombre sincero y de que, llegado el caso, sabrá imponer sus ideas a sus subalternos que pretendieran frustrarlas mediante el ejercicio de la arbitrariedad».

—«General, ¿y volverá usted a actuar en la política del país?»

—«No puedo responderle de una manera definitiva. Prever el porvenir, ya sabe usted, es bastante difícil. Por de pronto, mi propósito es no mezclarme más en la política, no porque haya quebrantado mi ánimo la derrota, sino porque ya estoy viejo y a los viejos nos compete la obligación de sobrevivirnos, si tenemos un poco de inteligencia. A mí me causan lástima los valetudinarios estorbando el paso de la juventud, y yo no quiero inspirar este mismo sentimiento en los demás hacia mí. Me siento todavía entero, pero quién sabe cómo me sentiré después de cuatro años».

—«¿Son varios, General, los adversarios políticos de usted que, como yo, han venido a visitarlo?»

—«Sí, han venido algunos, y créame que siento una profunda satisfacción cuando uno de ustedes se comunica conmigo, por dos motivos: primero, porque al tratarme creo que cambian su opinión acerca de mí; esto es, dejan de creer que soy una especie de Atila, según me han pintado en periódicos de dentro y fuera del país; y segundo, porque reanudo amistades antiguas y apreciables que la política ha enfriado o roto, debido a que nuestro estado social todavía es algo áspero y, por consiguiente, hace, por desgracia, de adversarios políticos, enemigos personales muchas veces irreconciliables. La creencia general es que yo soy hombre rencoroso y que vivo deseando tener a mi alcance a mis adversarios para convertirlos en polvo, probablemente; y ya ve usted. Usted podrá decir enseguida a quienes se interesen en ello si yo he recordado con ustedes nuestras antiguas diferencias políticas. No estoy en posibilidad de causarle daño a persona alguna de las que ayer me adversaron; pero si fuera el ogro que creen algunos, siquiera tuviera el recurso de no recibir en mi casa a los que fueron mis adversarios. Yo entiendo la política de modo distinto de como la entienden muchos de mis paisanos; yo creo que la política es el medio de promover el progreso social, el bienestar, en esta época en que tanta impresión le ha hecho a usted, Oviedo, produjera en breve, entre otros resultados, el de convertir nuestra política personalista en política eficaz de reconstrucción nacional».

«Toda una tarde estuve con el General Tiburcio Carías en Zambrano. Durante toda la tarde platicamos sin una interrupción de cordialidad.

¿Sus ideales? En lo anterior queda un esbozo, nada más que un esbozo; pero por él se dará cuenta cualquiera de que el General Carías tiene un alma de patricio, un corazón henchido de amor a Honduras y una inteligencia abierta a las corrientes de la cultura contemporánea. Se lo dije a él:

—«General, en mi vida esta es una de las tardes más fecundas y gratas. Del adversario de ayer, hoy amigo, he recibido esta tarde lecciones inolvidables; y recordé la Ilíada: "La mente de los sensatos es flexible"».

«En mi visita al doctor Mejía Colindres no olvidé la recomendación del General Carías. El doctor Mejía Colindres dijo:

—"Nunca he esperado otra conducta del General Carías, porque siempre lo he tenido en el concepto de un gran patriota. Haga usted el favor, señor Oviedo, de transmitir mis sentimientos de simpatía al General Carías y de manifestarle que tiene razón de creer que yo gobernaré en todo momento con la ley".

«De regreso a la Costa Norte estuve pocos minutos con el caudillo del Partido Nacional. Hablamos de varios asuntos, y entre ellos, del intento de encausar al vicepresidente de la República, Ingeniero Díaz Chávez. El General Carías comentó:

—"Es lo que he dicho, Oviedo: la falta de cumplimiento a la ley. Si la ley se hubiera cumplido severamente, no habría quien pensara en el escándalo de procesar a Díaz Chávez".

«Me despedí del General Carías con un abrazo, tan cordial como el primero, más cordial tal vez, porque en seguida de haber escrutado su espíritu y de haber oído largamente su palabra enérgica y leal, he quedado prendado de su civismo, de su carácter, de su mentalidad atenta a los distintos problemas de la República. Si Honduras ha entrado en la evolución en que se halla, el cincuenta por ciento de este hecho significativo debe referirse al desinterés eminentemente patriótico del General Tiburcio Carías. Un solo movimiento de cabeza suyo en los días de incertidumbre que precedieron y siguieron a la declaratoria de elección del Congreso habría encendido en el país la guerra civil, y a estas horas todavía anduviéramos asolando los campos de la patria y echando a perder, para siempre, su vitalidad; pero el General Carías no hizo ese movimiento: rígido, inflexible, con la rigidez y la inflexibilidad de los que, como dice Ortega y Gasset, en esfuerzo heroico de voluntad, "vuelven de la periferia a su centro espiritual", pronunció la palabra salvadora:

Honduras necesita paz: la paz de Honduras sobre todas las cosas. Y salvó a la República.

BIOGRAFÍA DEL GENERAL TIBURCIO CARÍAS ANDINO

CAPÍTULO I: NACE UN VARÓN EN 1876

El 15 de marzo de 1876, en la ciudad de Tegucigalpa, arribó al hogar del honorable ciudadano General don Calixto Carías y de su digna compañera doña Sara Andino, un varón al que dieron por nombre Tiburcio[1].

El hogar donde vino al mundo el niño Tiburcio «estaba edificado sobre cimientos de austera virtud. La casa solariega ocupaba lugar en la calle inmediata al mercado de Los Dolores, al este y propiamente a la que limita la plaza por el sur. Había ya dos varones más bajo el ala del cariño hogareño y del amor conyugal: Calixto, el mayorazgo, y Marcos, el segundogénito».

Dos días después de nacido, el 17 de marzo, el niño Tiburcio recibía del cura párroco don Januario Girón las aguas bautismales en la iglesia Catedral de Tegucigalpa.

«Alfabeto, escarceos de adolescencia, temporadas en el campo», pues la familia posee, a poca distancia de la capital, en el camino que conduce a la ciudad de Comayagua, una hermosa propiedad: Zambrano, a donde los Carías Andino van frecuentemente a recibir el sol y el aire puro.

«Transcurren los años de la infancia en la escuela de Mr. White. Después los del bachillerato en el Colegio del Padre Fiallos y en el Espíritu del Siglo. Tiburcio es un muchacho alto, espigado, moreno».

Crece el jovenzuelo heredando de sus progenitores las virtudes enaltecidas por sus propios méritos y por una esmerada educación que lo conduce a las más altas posiciones políticas.

Nacido en el seno de un hogar humilde y austero, donde la virtud y el trabajo eran normas de conducta, Tiburcio Carías Andino aprendió las primeras letras en las escuelas primarias de la capital, ingresando enseguida a los colegios de segunda enseñanza para hacer el obligado bachillerato. Entra a la Universidad Central, «aula luminosa que creó la clarividente bondad del Padre José Trinidad Reyes», y donde el estudiante recibe el título de Abogado el 30 de enero de 1898, desarrollando en el examen general la tesis siguiente:

---

[1] Biografía del general Tiburcio Carías Andino fue publicado en 1938, en plena dictadura. Su autor es Lucas Paredes. Insertamos algunos párrafos de esa obra.

"Ley que debe aplicarse en el cumplimiento de las obligaciones contraídas en el extranjero."

Tanto en el Colegio El Espíritu del Siglo como en la Universidad Central, el nombre del estudiante Carías Andino quedó bien acreditado por su dedicación al estudio, su clara inteligencia y su irreprochable conducta. En los libros de tales centros de enseñanza se conservan las constancias de estas afirmaciones.

Según Emil Ludwig, el secreto de la moderna biografía está en la presentación de la vida pública y privada, de la vida activa e inactiva de un hombre destacado, sin tomar ninguno de sus actos por más importante que el otro. Si fuera posible conocer las menudencias más divertidas de un grande hombre, sería más sencillo hacer su biografía, porque las cosas pequeñas tienen siempre más trascendencia que las grandes. De ahí, pues, que para conocer la vida de un hombre público haya necesidad de conocer primero su infancia.

De esta preciosa edad de la niñez cuentan del niño la anécdota siguiente:

«Una vez, en el corredor de su casa de Tegucigalpa, situada en la calle inmediata al mercado de Los Dolores, se entretenía el chiquillo jugando con sus pelotas; desatóse de pronto uno de esos aguaceros tropicales en que el viento azota con tanta furia como los goterones, y el niño, más atraído por su diversión, no atendió la suave voz de la madre que lo llamaba para evitar que la brisa fuera a hacerle daño. Fue entonces el padre quien, con energía, le indicó que fuera al lado de su madre; el niño no quería dejar sus juguetes, y no comprendiendo las razones por las cuales se le hablaba en voz fuerte, respondió nada más con una mirada de extrañeza.

El padre sabía que era preciso evitar esa rebeldía, y tomándolo del brazo, le dio con la palma de la mano sobre los muslos.

Al soltarlo, el chiquillo aquel que se llamaba Tiburcio Carías Andino, en su infantil expresión, sólo dijo:

—«Pues que me moje».

Y fue a colocarse precisamente bajo la lluvia».

¿No era ese ya un indicio del carácter que, si se alzaba contra lo que el niño creía una injusticia, iba a alzarse más tarde contra el oprobio? ¿No estaba ya en el temple de esa almita de niño el impulso formidable que había de llevarlo a la gesta patriótica? ¿No estaba ya en él la protesta que más tarde había de darle ánimos para enfrentarse a la tiranía?

«En la escuela de míster White, que era la que seguía más de cerca los principios de la pedagogía de aquel entonces, aprendió a deletrear y se inició en las ciencias; era el alumno de talento despejado, que más tarde, al cursar su bachillerato en el colegio del padre Fiallos y en El Espíritu del Siglo, había de ganarlo en dos años, mediante exámenes de suficiencia».

De tal manera que, para conocer la vida de Tiburcio Carías Andino, véase primero cómo se desarrollaron los días de su infancia, tal como se refiere en un Álbum Contentivo, donde se encuentra que «creció bajo el amparo de un hogar blasonado con el prestigio y las virtudes ciudadanas, y que en su casa nada había de esplendor, sino el esplendor de la más alta honradez; nada de fasto, sino el de una reputación intachable, limpia y diáfana a través de varias generaciones de hombres fuertes que supieron hacer de la bondad un crédito, del trabajo una devoción y de la hidalguía una visa heráldica».

«La casa paterna recibió la niñez de Tiburcio Carías con la sana y reconfortable alegría de tener en él un continuador de las poderosas características espirituales que fundamentaron el crédito y renombre familiares.

Y con ese presentimiento, el amor paternal fue moldeándole en el yunque de aceradas normas, infundiéndole el ansia de las aspiraciones edificantes, exigiéndole un rendimiento moral que templó su voluntad y dio a sus energías mentales esa solidez definitiva que ahora, en las agitaciones de la existencia pública, constituye uno de los detalles más llamativos de su personalidad».

Creció fuerte, austero y magnánimo, ya que de niño fue sostenido por aquellas manos fortalecidas en el trabajo, que le imprimieron esa disciplina ejemplar que caracteriza las actividades de su vida pública y privada. Y como de niño se modeló así, su espíritu se alimentó y se fortaleció su alma en las fuentes de la bondad, del trabajo y de las costumbres sanas y de los hábitos sencillos, creciendo noble en sus pasiones y firme en sus determinaciones.

«Sus oídos se colmaron de nobles expresiones: respeto al imperativo social, afán altruista, amor a todo lo que construye y a todo lo que es grande y bueno; valentía y responsabilidad, temor de Dios.

Se afinaba su psicología recogiendo los preceptos y cánones, las doctrinas de gallarda lozanía que integran el programa educativo naturalmente lógico de los hogares honorables».

El niño se desarrollaba en su infancia ascendiendo por los caminos más rectos y formándose una conciencia noble y humana en el bien.

Y así, como es de todos aceptado que «la edad adulta registra las impresiones más nítidas y medulares que se ejercitan sobre la niñez en el proceso de su crecimiento», llegaríamos a un estudio de valor trascendente analizando «la correspondencia de tono y de poder entre las intuiciones morales y filosóficas de ayer y el actuar de hoy; entre la disposición del criterio determinado en rumbo por la autoridad paterna y el ideario que respalda los hechos de la vida pública o privada, ya en pleno florecimiento del espíritu».

Y véase «cómo en el inquebrantable carácter del político, del militar, del hombre de Estado, se esconde la esencia de aquellos preceptos magníficos brotados de labios de quienes tenían del mundo ideas más nobles, más humanas de las que hoy —tiempos de una época frágil y convencionalista— es usual hallar en la mente ciudadana».

Y se verá entonces cómo su odio implacable a las transgresiones de la ley «refleja la rectitud del código hogareño, grabado con caracteres indelebles y profundos en el alma de los hijos, y cómo se reaniman y sobreviven las viejas enseñanzas, las incitaciones paternales a la dignificación por el trabajo, en la índole de un ciudadano ilustre que, no obstante haberse entregado por entero a la política y encontrarse sumido en los graves asuntos de su alto cargo, aún no ha perdido el amor por la tierra y todavía suele, en sus horas de recreo, empuñar la herramienta con esa decisión viril que tantas edificaciones notables ha levantado en la República».

De esta manera crece el niño afirmando su psicología, acerando su carácter y templando su espíritu para desenvolver en el futuro su recia personalidad. Se han esmerado sus progenitores en orientar su vida y hacer que crezca amando las virtudes, para que, al dejar de ser un niño y empezar a sentirse un pequeño hombre, sepa afrontar las preocupaciones del estudio.

CAPÍTULO II: ADOLESCENCIA Y 1891

Sígase el curso a la narración hecha sobre la adolescencia del joven.

«En la fatal superposición de los años, el advenimiento de la adolescencia agita a las criaturas con el ímpetu de lo que está por hallar su orientación definitiva. Tiburcio Carías, hijo de padres humildes, portador de un nombre dignísimo, se presenta a la vida en son de batalla. Sus armas son escasas, pero consistentes. No posee bienes de ninguna especie. No lo empuja ninguna influencia. Nada más cuenta con la grandeza de su corazón, aprendida en el hogar, y con su voluntad firme, inconmovible. Sabe a dónde va y sabe cómo deben tomarse las posiciones. Es joven robusto, sano. Pertenece a un linaje de luchadores y su energía es de estirpe. Por eso está sereno, a la espera de los obstáculos que solivantan su sangre moza y ardiente».

«Unido al destino común de tantos jóvenes que buscan la superación integral en los campos del estudio, ingresa al colegio con miras de dar cima a una carrera profesional. Y el hijo modelo no puede menos que ser un estudiante modelo. Pronto se adueña de la estimación de sus profesores y del respeto de sus compañeros de aula, que con fina discreción ponen suavidades en la natural violencia de la primera juventud cuando se trata de alternar con él. Es que el líder empieza a perfilarse. Infunde cariños entrañables y conoce la manera de abrir sitio a las intimidades del afecto; sin embargo, algo implacable, una como atmósfera de superioridad se interpone siempre entre su persona y los muchachos de la misma edad. Atrae, aunque su efusión no sea mucha. Más bien diríamos que fue huraño, y su apariencia circunspecta, un tanto impregnada de melancolía, se recuerda con grato interés por aquellos que en los bancos del colegio ocuparon un sitio a su lado.

Ya desde entonces, pues, se acusaba en su temperamento esa extraña característica que los años irían vigorizando a medida que aumentara el radio de su influencia como director de masas y eje de los sucesos políticos del país: una sinceridad diáfana, un natural desprecio por el fingimiento, una inflexible entereza de alma que fuerza a amigos y enemigos a descubrir su juego si quieren lidiar con él o mantener vínculos cordiales.

Cuando los individuos o las muchedumbres lo han exaltado, ni simuló amabilidades ni compró loores con el inveterado proceder de la tolerancia, porque está en su sangre ser franco y gusta de ser querido por sí mismo, fuera de la mediación de todo interés circunstancial.

«Y es fama entre sus compañeros de entonces que aquel joven de piel atezada, cuerpo vigoroso y ojos en que pugnan chispas de intensa bondad y de fiera energía, estuvo en todas las épocas de su carrera estudiantil al margen de las locuras y desarreglos propios de la edad, defendido de las incitaciones de sus camaradas por una abstinencia decorosa y por una pureza de costumbres que fue causa principal del ascendiente que en todo caso ejerció sobre los que a él se acercaban y que, en el curso de su actuación profesional y política, constituyó un infranqueable valladar para quienes se dejaron estrujar la voluntad por cualquier género de vicios».

«Su afán más intenso radicaba en la satisfacción de los deberes escolares o universitarios, según la época en que se trate, pues en todas mantuvo el aplicado estudiante la ecuanimidad de su conducta. Demostraba el futuro bachiller aptitud no frecuente para el plan general de las disciplinas educacionales, pero en ninguna materia descolló tanto como en las matemáticas, de las que después llegaría a ser eficaz catedrático de diversos planteles de enseñanza en y fuera del país».

«Correcto, triunfando de las privaciones a golpes de corazón, hidalgo de mínima hacienda pero rico en bravura y en potencialidad espiritual, se convirtió pronto en ejemplo de la juventud estudiosa. Trabajó con ahínco, obstinado, desprovisto de teatralidades y de los alardes que con mucha inconsecuencia —pero explicablemente— enarbolan los hombres cuando los ofusca la ufanía de la relevante posición social que otorga el saber. Y conquistó las palmas de bachillerato y los galardones universitarios con la misma serena confianza con que después habría de regir su vida de profesional y de político, con el mismo silencioso orgullo con que más tarde recibió las aclamaciones delirantes de las masas y la honrosa investidura de jefe supremo de la nación».

Siendo todavía un adolescente, en 1891 se inició en la campaña liberal dirigida por el Dr. Policarpo Bonilla contra el régimen del Gral. don Luis Bográn.

Los ideales de la Revolución Francesa irradiaban y se filtraban con rapidez y entusiasmo en la sangre moza, y el fervor despertado por las nuevas doctrinas alineó un considerable grupo de jóvenes de aquella época en sorprendente entusiasmo cívico pocas veces visto hasta hoy, acuerpando el movimiento que juzgaron en condición de redimir a la patria.

Los hermanos Carías Andino, Calixto, Marcos y Tiburcio, «dejaron constancia de su vibrante partidarismo en los clubes y en los periódicos de aquella época».

«Los que hoy se precian de un liberalismo de risible escarapela —ha escrito alguien— no son dignos de codearse con los muchachos de aquella cruzada, que tronaban en las plazas propalando la buena nueva de una doctrina que ellos creían pura y justa. De una doctrina que para aquella juventud era como un Sermón de la Montaña: un decálogo de los postulados libertarios que habrían de forjar la grandeza de una patria abatida».

El giro que tomaron los asuntos políticos de 1891 impuso la lucha armada, y el pueblo fue a los cerros. En la jornada heroica del 5 de julio de 1892 figura ya el nombre de los Carías Andino, y Tiburcio Carías, apenas un adolescente, fue con los demás miembros de su familia y tomó parte en las acciones de armas de aquellos años inolvidables; «soportó las crueldades del ostracismo y las privaciones de varias campañas desafortunadas, hasta que triunfó y ascendió a la primera magistratura el Dr. Policarpo Bonilla».

Después que hubo terminado la guerra civil, y la paz se afianzaba, el joven Carías Andino vino a la capital, dedicando su tiempo a enseñar a leer y a escribir en las escuelas públicas, diurnas y nocturnas, sin que por su trabajo devengara algún sueldo. Los niños pobres de los barrios de Tegucigalpa que conocieron de las bondades del adolescente mentor han de recordar esto con algo de gratitud y de nobleza, pues no es posible que una generación deje de agradecer el empeño y el esfuerzo de un maestro humilde y pobre que se desvela y olvida sus preocupaciones ante el interés de hacer que brille la luz y germine la semilla fecunda en la clase proletaria que, por necesidades económicas, unos se ven obligados a concurrir de noche a las aulas, y otros se quedan lamentando tristemente la pérdida de sus días juveniles, sin haber aprendido tan siquiera "el quita calzón".

Alguien que refiere estos pasajes de los primeros años de lucha activa dice lo siguiente:

«Esta gloria de Tiburcio Carías no la puede discutir nadie, porque el mérito de las virtudes crece frente a la abnegación de los estultos o protervos; muchos tegucigalpenses que hoy son hombres y en aquel entonces eran muchachos, no podrán borrar de sus corazones, aunque las circunstancias sean diferentes, la gratitud hacia quien puso el entusiasmo de su juventud dándoles un poco de la luz que todos necesitamos. También en el Instituto Nacional, la cátedra de matemáticas que desempeñó durante algún tiempo cobró merecida fama».

Siguió siendo un joven modelo, austero, forjado en la disciplina de un hogar lleno de virtudes. Jamás se inclinó hacia los antros de corrupción, ni rindió culto a la mentira, ni se mancilló con el servilismo. «Lejos de los cenáculos palaciegos donde la intriga ha sido maestra de muchos de nuestros preclaros hombres públicos de hoy, iba moldeando su personalidad con rasgos firmes, macizos, inconfundibles».

Criado con humildad, sin dejar de imprimir en su vida la dignidad y el decoro, no fue amigo del lujo. Esta es una de las características que más le distinguen en su condición de Jefe del Estado.

Refiere el propio Gral. Carías que se calzó cuando ya pudo atender a los gastos que este lujo le imponía, pues nunca pudo acostumbrarse a llevar un calzado roto o remendado.

Con harta frecuencia —siendo Presidente de la República— se le oye rememorar sus días de juventud, enalteciendo las virtudes que distinguían aquellas pléyades de las presentes.

—«En mis tiempos —suele repetir— hacíamos vida sin estrecheces de ningún género con treinta pesos. Los jóvenes de hoy ya no pueden vivir ni con doscientos al mes».

Cuando cumplió sesenta y dos años, al felicitarle le dijimos:

—«General, no se notan en usted los años. Siempre vigoroso, fuerte y de buena salud. Hay esperanzas de verlo muchos años todavía».

Y con esa sonrisa de complacencia y jovialidad contestó:

—«La falta de estimulantes, la vida ordenada, acostarse temprano y levantarse a buena mañana».

Teniendo todavía cincuenta y tres años, y encontrándose en Zambrano después de haber perdido las elecciones presidenciales de 1928, a una pregunta que le hiciera el periodista Matías Oviedo de si volvería o no a actuar en la política del país, el caudillo dijo:

—«No puedo responderle de una manera definitiva. Prever el porvenir, ya sabe usted que es bastante difícil. Por de pronto mi propósito es no mezclarme más en la política, no porque haya quebrantado mi ánimo la derrota, sino porque ya estoy viejo, y a los viejos nos compete la obligación de sobrevivirnos, si tenemos un poco de inteligencia... Me siento todavía entero, pero quién sabe cómo me sentiré después de cuatro años».

No podía prever en su juventud, como tampoco pudo prever después de la derrota cívica de 1928, las caprichosas alternativas que ofrece el porvenir, o quizás porque ya estaba anunciado el "punto cenital" a donde habría de llegar su estrella en la órbita trazada por las determinaciones del destino.

CAPÍTULO III: MILITAR Y PATRIOTA

El hombre entra en el período vigoroso. Fortalecido física y espiritualmente, se pone frente a su porvenir. Es sano y es robusto. Es inteligente y disciplinado. Ama el trabajo y no tiene bienes. Es valiente. La vida es difícil y se empeña con entusiasmo a librar las batallas del futuro, alimentando ambiciones generosas.

De niño, aprende a ser honesto y fuerte, bondadoso e hidalgo. De joven, reconoce las virtudes ciudadanas, pues templó en férreas disciplinas su carácter y modeló su espíritu de aceradas normas. Va a seguir un camino en la vida, llevando por escudo una voluntad firme y por bandera un corazón lleno de gran nobleza.

Resignado y sereno, prudente y constante, muestra los perfiles de su personalidad de manera ya decisiva. Aprende a ser tolerante sin dejar de ser austero; conquista amistades sinceras, pasa por las aulas abriendo brecha y cumpliendo sus deberes de estudiante para entrar en el torbellino de sensacionales luchas. He aquí, pues, aquella juventud decidida emprendiendo su marcha progresiva y abarcando en ella el ramo militar. Deja las aulas y la estrella de su destino lo pone en los campos donde ha de defender la justicia, el derecho y la libertad.

Ya se dijo que, siendo todavía un adolescente, se alistó en 1891 en el movimiento liberal que dirigía el Dr. Policarpo Bonilla y, más tarde, el 5 de julio de 1892, en las filas revolucionarias

En 1893 participa en la primera batalla que se libra en Tatumbla, en la cual el revolucionario y estudiante Tiburcio Carías recibe su bautismo de fuego, «revelándose como un valiente soldado. Aquella acción de armas es memorable en nuestra historia, tanto por haber durado varias semanas como por haberse decidido en ella la suerte de la revolución encabezada por el Dr. Bonilla contra el gobierno del Gral. Domingo Vásquez».

Después, en 1894, tomó parte en casi todos los encuentros que se libraron entre las fuerzas del gobierno del Gral. Vásquez y las revolucionarias del Dr. Bonilla. En ese año (1894) entró triunfante a Tegucigalpa.

«Entonces reanudó sus estudios, terminando en dos años la enseñanza secundaria y en tres la universitaria, mediante exámenes por suficiencia que el joven Carías Andino hacía con lucidez admirable».

«En 1903 fue a la guerra de reivindicación que encabezara el Gral. Manuel Bonilla, habiendo conquistado entonces el grado de coronel».

Nunca se le ha visto al lado de una causa innoble. En la guerra civil del 94 estuvo al lado de los oprimidos, como estuvo al lado del derecho, de la justicia y de la libertad en 1903, cuando el Partido Liberal deshonró su enseña; «cuando —como dice un escritor político— sangre de inocentes y lágrimas de madre mancharon para siempre aquel gonfalón otrora prestigiado». Tiburcio Carías estuvo con las víctimas de la arbitrariedad, con los perseguidos por la furia de los ambiciosos, con los que defendían unas instituciones que acababan de nacer y ya eran pisoteadas por los mismos que se titulaban liberales.

«Con ardor y energía incansable sirvió a la causa nacionalista, cuya bandera azul era símbolo de santa rebeldía; en más de una ocasión estuvo a punto de ser la víctima inmolada por los esbirros, porque jamás temió presentar el pecho al lado de los luchadores que desafiaban en las calles y en los campos la cólera de los sicarios».

Triunfante en la guerra de reivindicación que encabezó en 1903 el Gral. Bonilla, y a consecuencia del golpe de Estado que en 1904 dio aquel gobernante, el Coronel Carías Andino se fue a la emigración y regresó incorporado a la revolución en 1907, habiendo tomado participación activa y decisiva en la batalla de Lizapa, librada en las cercanías del pueblo de Maraita, el 13 de marzo de ese mismo año (1907). Y tanto allí, donde por su brillante actuación fue ascendido al grado de General de Brigada, como en los campos de batalla de Choluteca, del Oriente y de Tegucigalpa, quedó bien acreditado su coraje y bien sentado su nombre, distinguiéndose por su respeto a la vida y a la propiedad, sin permitir que los instintos sanguinarios, muy en usanza en nuestras guerras civiles, deshonraran sus galones.

Reseñando las actividades militares del Lic. don Tiburcio Carías Andino, un biógrafo suyo las analiza de la siguiente manera:

«Advinieron para la República épocas de inestabilidad política, en que las guerras civiles solicitaron la contribución personal al ciudadano, criado en el amor de la paz y del trabajo; del ciudadano que, desde niño, sujetó su vida a las aspiraciones del orden y armonía sociales como familiares. ¿Cómo respondió entonces este ciudadano al llamado pleno de urgencias?

Eran tan inflexibles sus convicciones tradicionales como para impedirle que se lanzara a las campañas bélicas, "a poblar de relámpagos la noche de nuestras serranías y de estruendo huracanado a los montes". ¿O bien flaqueó su fe en los métodos superiores de la razón y por ello resolvió empuñar el rifle?»

Ni en uno ni en otro extremo busquemos el motivo y la causa fundamental que obligaron al patricio a cambiar el traje de civil por el uniforme de campaña y los libros por la espada. Calzó las botas de soldado cuando su clara inteligencia y su fuerte corazón le dijeron, con altas voces, que la indiferencia era un crimen. Sacrificó sus hábitos hogareños y su predilección por las acciones civilizadas porque veía con penetrantes ojos que una tranquilidad ficticia acarrearía daños más nefastos al país que el lapso caótico pero temporal de una guerra civil, inevitable de todas maneras y provechosa para las instituciones republicanas, si del lado de la justicia se situaban los varones probos, los bien intencionados, los enemigos de la iniquidad».

«El joven militar estuvo en la guerra considerando tan importante resolución como un imperativo de honor. Eso, como es natural, venía a herir en la médula su ideario de trabajador y de letrado y su naturaleza de factor consultivo en la marcha del progreso. Sacrificio por sacrificio, aceptó el más terrible, pero el que mejor se acomodaba a sus conceptos filosóficos: darse todo entero a la gesta mortal de la contienda interna y no permitir el estrangulamiento de la patria en garras de los intentos autocráticos».

En 1903 era soldado reivindicador con Manuel Bonilla, pero habiendo estado en desacuerdo con el golpe de Estado que dio el General Bonilla en 1904, va a la emigración para regresar en 1907, nuevamente soldado reivindicador contra Manuel Bonilla.

Y como dice en el Álbum Contentivo, de 1911 a 1924, la vida del caudillo se registra entre el exilio, donde ejerce su profesión de abogado y oficia en la cátedra, y el retiro en su propiedad agrícola de Zambrano, donde cultiva la tierra perseverante y confiado, hasta que

171

en 1919 vuelve a participar en la vida pública. Y no fue sino hasta en 1924 que vuelve a los campos de batalla para reivindicar la justicia y el derecho».

Es así, pues, como lo perfila el mismo biógrafo cuando, al hablar de su carrera militar, dice:

«Bravo entre los bravos, el Gral. Carías hizo rápidamente su carrera militar. Y ya en los grados supremos del escalafón, contemplamos al líder, al caudillo, en toda su incomparable magnitud. Los que combatieron bajo sus órdenes no olvidarán nunca la férrea disciplina establecida en las secciones de ejército encomendadas a su mando: prohibición absoluta de las bebidas alcohólicas, respeto a la propiedad, un Código Penal severo y a veces terrible para los infractores, imperiosa obligación de cumplir cada uno con sus deberes. Y coraje, mucho coraje en las acciones.

Cuando las circunstancias apuradas imponían la necesidad de incautar vituallas o dinero, el pundonoroso soldado, como jefe expedicionario o encargado de una plaza, extendía pliegos de compromiso que luego, con el nuevo gobierno, era él quien primero se interesaba en realizar. Es que él comprendía la guerra como otra cualquiera actividad humana: a base de honor».

En los agriados días de la campaña política de 1932, la prensa partidarista que adversaba al Gral. Carías, en su afán de menoscabar los prestigios del Caudillo y hacer mofa de su arrojo y coraje militar, dio gran revuelo a unas intencionadas declaraciones del Dr. y Gral. don Dionisio Gutiérrez.

Don Dionisio manifestó lo siguiente:

«Carías no es un hombre resuelto. En Lizapa ascendí al generalato a J. María Valladares y a F. Moncada, en premio de su coraje, y, forzado, tuve que ascender también a Carías por súplicas insistentes de aquellos bravos liberales, que eran sus íntimos amigos y sentían lástima de verlo adolorido por lo que él consideraba una injusticia y que no era sino la sanción debida a su falta de arrojo».

El atrevido e injusto juicio vertido por el viejo militar mereció inmediatamente una reparación en honor a la verdad histórica y en honor a aquellos heroicos sucesos registrados en Los Calpules, Lizapa, Calabaceras, Maraita y El Coyote.

La aludida reparación, que nunca pudo ser desvirtuada por contundente y veraz, dice:

«En Los Calpules, el Gral. Carías, en momentos de peligro, pudo salvar al Gral. Gutiérrez de que fuerzas manuelistas lo capturasen, así como salvó al Coronel don Pedro Rivas, quien se hallaba luchando entre la vida y la muerte, después de haber recibido un balazo que felizmente se incrustó en algo duro que, de casualidad, llevaba en un lugar del pecho el Coronel Rivas. Carías lo recogió e hizo que un soldado lo llevara en hombros hasta el campamento.

El generalato no fue el Gral. Carías quien lo solicitó, sino que sus oficiales y soldados, y los propios generales Valladares y Moncada, a quienes, como al Gral. Gutiérrez, salvó de la derrota en Calabaceras, derrota que quizá hubiera terminado con el movimiento reivindicador».

El Dr. Paulino Valladares refería que, en cierta ocasión, el Gral. Carías, por indicación suya, había bajado a Güinope, cuando fue avisado que el Gral. Gutiérrez estaba a punto de fracasar, como estuvieron los demás jefes que operaban en el frente de Calabaceras. Alistó su gente el Gral. Carías y, a marcha forzada, con el arrojo y valentía que le han distinguido en los campos de batalla, atacó al enemigo con furia tal que pronto fue suyo el triunfo en aquel sector, evitando con su presencia la derrota del Gral. Gutiérrez y demás oficiales.

«En el ataque definitivo a las posiciones del cerro de Los Coyotes, el Gral. Carías y su columna ocuparon uno de los lugares más comprometidos, siendo precisamente por ese frente por donde rompieron línea las huestes que comandaba el Gral. Sotero Barahona y donde se libró la acción más sangrienta».

«En esa jornada libertaria lucharon al lado del Gral. Carías, como subalternos suyos, entre otros: Ángel Zúñiga Huete, Rafael Díaz Chávez, Rafael Medina Raudales, Víctor Carías Lindo, Ángel Acosta Aguilar, Justo Gómez Osorio, Rosendo Contreras, Felipe Cálix, Carlos Sánchez, Martín Velásquez, Marcos Carías Andino, Alejandro Gómez Carías, Cosme Damián Cruz y trescientos tegucigalpenses más; y muchos de estos mencionados, todavía vivos, pueden afirmar de las acciones del Gral. Carías».

En la reparación aludida se hace mención de cuando el Gral. Carías fue al sur de la República a combatir al Gral. Pedro Díaz, y por cuya actitud, siempre enérgica y valerosa, fue objeto de merecidos elogios que el Gral. Gutiérrez le prodigó en mensajes telegráficos que la prensa de entonces publicó, cuando se hizo mérito de las proezas liberales en aquellas jornadas sangrientas.

Entre los militares contemporáneos, el Gral. Carías es un verdadero carácter, al mismo tiempo que va siendo algo exótico. Su vida militar ofrece muchos aspectos interesantes y dignos de un detenido y esmerado estudio. Tiempo llegará cuando se escriba la biografía completa de este hombre raro, callado, humilde y abnegado.

Su carrera militar, iniciada cuando apenas era un niño, en los campos épicos y gloriosos de Las Anonas, El Salto, Guaimaca, Tegucigalpa, como en Los Calpules, Calabaceras, Lizapa, Maraita, Los Coyotes y otros tantos no menos célebres y gloriosos que siguieron después de las guerras del 94, 903 y 907, donde tan brillante y heroicamente se distinguió en Los Calpules primero, y en las líneas de Lavaderos y de Galeras después, y en donde, «como un huracán, cayó sobre las huestes de los generales Ferrari, Dubón, Merino y Sánchez, sembrando el desconcierto en una fuerza ya victoriosa que había puesto en serias dificultades a las de la revolución. Fue en esta ocasión cuando salvó de la derrota a los generales Gutiérrez, Valladares y Moncada».

Otro ha dicho: «Si el Gral. Pedro Díaz, una de las espadas más aguerridas que sirvieron a Terencio Sierra, resucitara, podría decir si aquel joven militar que lo batió en las líneas de Aramecina, desbaratando la contrarrevolución iniciada por elementos descontentos contra la Junta de Gobierno surgida, era un hombre sin arrestos o falto de resolución».

Habiendo participado activamente en la revolución reivindicadora de 1907 y en la que el 13 de marzo conquista sus galones de General de Brigada en la batalla decisiva de Lizapa, en las cercanías del pueblo de Maraita, asume el poder el Dr. y Gral. don Miguel R. Dávila, uno de los hondureños más distinguidos por su probidad, su carácter y su inteligencia. El Gral. Carías estuvo entonces al servicio del gobierno del Gral. Dávila, ejerciendo la Gobernación Política y la Comandancia de Armas de los departamentos de Copán y Cortés, y como Jefe Militar de la Zona Norte.

«En 1911, por la mediación amistosa de los Estados Unidos, se celebraron las conferencias del Tacoma, buque de guerra norteamericano, entre representantes del gobierno del Gral. Dávila y del jefe revolucionario Gral. Manuel Bonilla, de las cuales resultó designado para ejercer interinamente la Presidencia el Dr. Francisco Bertrand, para sustituir al Gral. Dávila, quien renunció a la presidencia de la República. Como consecuencia de aquel cambio político, muchos de los sostenedores del régimen de Dávila tuvieron que abandonar el país, entre ellos el Gral. Carías Andino, quien se refugió en El Salvador. Desde entonces permaneció allá ejerciendo su profesión de abogado en San Salvador, Sonsonate y otras ciudades salvadoreñas, hasta 1915, año en que regresó a Honduras con motivo de la grave enfermedad que llevó al sepulcro a su señor padre».

«Poco después de su regreso al país, se estableció en Zambrano, dedicado a las faenas agrícolas. Alejado de la política, a pesar de que muchos de sus amigos, reconociendo en él las dotes indudables de dirigente y de caudillo, le excitaban a volver a la arena, ya que su presencia en la lucha se consideraba decisiva para conquistar el poder. En efecto, a pesar de su juventud, era el más destacado entre los jefes militares y entre los hombres públicos del régimen caído en 1911, habiéndose distinguido por la rectitud de su carácter, su honradez, su magnanimidad, su energía, su valor intrépido, su talento organizador y su orientación en los asuntos de Estado».

Vuélvase a 1911, cuando, por la mediación ofrecida por el gobierno de los Estados Unidos de Norteamérica, representantes del gobierno que preside el Gral. Dávila y del jefe revolucionario Gral. Bonilla, hacen surgir de a bordo del buque de guerra Tacoma un presidente provisional: el Dr. Bertrand. El Gral. Carías abandona el país, pobre, y se refugia en tierra salvadoreña, donde ejerce su profesión de abogado y de maestro.

Refiere el Coronel don José Antonio Milla que, el 7 de febrero de 1908, el gobierno del Gral. Dávila confió al General Carías Andino la Gobernación Política y Comandancia de Armas del departamento de Cortés. El Lic. Carías contaba entonces apenas unos treinta y dos años, y desde el momento en que asumió el puesto, confiado y condolido del estado en que se encontraba la laboriosa ciudad norteña y el resto del rico departamento, emprendió su gestión progresista que hoy se admira y en donde se recuerda al dinámico y activo funcionario que hizo factible tanto adelanto entre 1908 y 1911.

—«Si yo hubiera permanecido más tiempo en Cortés —exclama un día ya en la Presidencia de la República—, les habría llevado la carretera de San Pedro a Santa Rosa de Copán» (obra que se ha propuesto construir en su condición de gobernante).

Dice el señor Milla, a quien le tocó en suerte laborar con el Gral. Carías, en su condición de Administrador de Rentas del Departamento, desde el 1° de agosto de 1909 hasta el 31 de enero de 1911, que, llamándolo a su despacho un día, le dijo:

—«Don Antonio: quiero que me haga el favor de tener usted mis sueldos, para ver si así me alcanzan, pues me pagan puntualmente y luego, al principiar el mes, no cuento con un centavo; tenemos a mi hermano Miguel estudiando en México y no puedo ayudar a mis padres como deseo, porque nunca dispongo de nada».

Se hizo cargo el señor Milla de la misión encomendada, y el General pudo hacer con regularidad los giros a su hermano Miguel, mientras el resto de sus ahorros lo regalaba a los amigos que constantemente le solicitaban ayuda para trasladarse de un lugar a otro del país.

El Gral. Carías —dice don Antonio— nunca tuvo una plaza supuesta y disponía únicamente de su sueldo. Cuando abandonó el cargo, apenas tenía una economía de quinientos treinta y siete pesos con cincuenta centavos, dinero que ocupó para pagar sus tropas en Pimienta, habiendo llegado a Comayagua sin un real para pagar un haz de zacate para su bestia de silla.

Cuando abandonó el territorio nacional, iba materialmente sin un centavo. Y hubo de pasar días de estrechez, dentro de la mayor dignidad.

Este claro y corto concepto define bien al hombre íntegro: «En medio de las fatigas y peligros, viene un período doloroso: 1911. Hombre entero, sabe caer como caen los hombres enteros».

«Emigración a El Salvador. Muere aquella anciana de aquilino perfil que era su madre. El viejo roble se encorva también y el Gral. Carías va a cerrar para siempre los ojos de su padre».

«Retorno a la casa solariega. Su altivez nativa, rasgo determinante en esa familia por cuyas venas corre sangre de rebeldes y de apóstoles, le impide la menor genuflexión ante quienes mandan. Está pobre. La vida se abre ante él, preñada de tristes augurios. Pero hay madera para vencerla. Y para el caído, para el irreductible, se ofrece un panorama árido y huraño: Zambrano».

«Cuántos años ha, en compañía de su padre y de sus hermanos, recorrió esas sabanas verdes, esos montes hoscos, esos cerros prietos. ¡Qué lejos todo eso! ¡Y qué duro el presente! ¡Qué solo! Pero hay que luchar. Su compañera abnegada está con él. Y principia aquella existencia de dieciséis años, en medio de la naturaleza bravía, domeñando el guamil espeso, requiriendo de la tierra la ayuda suprema».

En los azarosos episodios de nuestras guerras civiles, el nombre de Tiburcio Carías Andino tendrá las resonancias de fanfarria. La Historia no podrá pasar en alto el nombre de este varón múltiple, porque sería variar su curso y faltar a la misión única que aquella desempeña en el progresivo desenvolvimiento de la civilización.

CAPITULO IV: EL PROFESIONAL (1898)

Transcurren los primeros años de la infancia del niño Tiburcio en la escuela de un señor Mr. White; más tarde cursa el bachillerato en el colegio del Padre Fiallos y en El Espíritu del Siglo. «Es alto, espigado, moreno».

«Alfabeto, escarceos de adolescencia, temporadas en el campo. La familia posee, a trece leguas de la capital, a mitad del camino hacia Comayagua, una propiedad. Allá van los niños con el padre a endurecer los músculos en largas caminatas y a quemar la piel con los soles del trópico».

En aquellos años de estudio, la propaganda política se intensifica; los bandos se vuelven personalistas y la violencia arrolla a todo el mundo en el arremolinamiento de las pasiones. Es en 1890. Los Carías participan en aquellas luchas en las filas del Partido Liberal, que sostiene la candidatura presidencial del licenciado don Policarpo Bonilla, y Calixto y Marcos, los mayores, figuran ya como oradores y escritores políticos.

El 30 de enero de 1898, en la Universidad Central, rinde examen para optar al título de Abogado, y versa su tesis sobre "Ley que debe aplicarse en el cumplimiento de las obligaciones contraídas en el extranjero".

En el Álbum Contentivo se lee:

«De las profesiones liberales, quizá la que menos convenía a la índole, temperamento y modo de pensar del Dr. Tiburcio Carías Andino, graduado de nuestra Facultad de Derecho, era la de las leyes. Esto, considerando las cosas desde un punto de vista ético, pues intelectualmente habría sido indistinto el ramo universitario cultivado por el joven bachiller, ya que, según lo demostró en las aulas, sus disposiciones científicas eran múltiples.

Mas debemos observar con detenimiento que el nuevo togado salía a los campos del ejercicio profesional sintiendo arder en su pecho la llama de un inmenso anhelo justiciero. La ingenuidad que supone toda constitución interior, esculpida en materias de respeto al prójimo y de afán equitativo, le vedaba, por así decirlo, la visión precisa de las gangrenas extendidas sobre los organismos sociales y del Estado, ofreciéndole, por efecto de esa curiosa regresión de las sensaciones que se produce en la mente de las grandes figuras, un panorama conceptual de las personas y sus obras mucho más hermosas y armónicas del que un levantado optimismo autorizaría a concebir. El Dr. Tiburcio Carías, producto de un hogar honrado por las más claras virtudes, tenía fe en los hombres».

«¿Quién ignora, por ventura, la serie de claudicaciones impuestas por el foro en el litigio de los intereses encontrados? La ley se ofrece en sí misma como la concreción de un ideal justo. Cada norma es la justicia misma. Sería atroz suponer un canon estatal enemistado con la equidad. Todo código lleva intrínsecamente la validez inquebrantable de una ordenanza dictada por cierta voluntad absoluta afecta al bien. Los preceptos jurídicos, necesariamente universales, deben ser buenos. Aplicarlos en su recta significación es la justicia; querer ser equitativo llamaráse al que no tergiverse su fin.

Y luego de aceptados estos principios, vemos más con un sentimiento pesaroso que irónico, que la habilidad de la profesión abogadil estriba en torcer los propósitos de la ley, en imprimir a sus mandatos un curso sinuoso que vaya acomodándose, en cada curva, a las conveniencias particulares, al interés egoísta y personal de quienes echan mano de los artículos del código como de los peldaños de una escala que conduce a los triunfos rápidos y dudosos».

«¿Cómo imaginar que aquel ciudadano templado en fuego patricio, aquel líder a quien las masas amaron por bueno y por digno, aquella figura espléndida cuyos decálogos están grabados en bronce indestructible, aquel hondureño austero y recto, podía acomodarse a las falsas interpretaciones de los cánones sagrados de la República y desbaratar sistemáticamente el tradicional pundonor de su estirpe, defender la delincuencia, favorecer con sus conocimientos el latrocinio, autorizar la prevaricación, situándose en las luchas judiciales de parte de aquellos que, por su propio desmerecimiento moral, eran ya sus enemigos irreconciliables?»

«¡No! El altruismo combativo de quien luego conduciría falanges de sufragistas y soldados reivindicadores de la dignidad pública no se había formado para hacer alto frente a las artimañas legalizadas del leguleyo, ni para dejarse maniatar por las interpretaciones obscenas —técnicamente aceptables— de los que utilizan el precepto jurídico como un arma de dos filos. Considerando que la buena intención yace inerme bajo la espada de las perfidias judiciales, el abogado Tiburcio Carías, profesional de carteles distinguidos en las jornadas universitarias, pero más impenetrable que el bronce si de mantener el respeto a las dignidades humanas se trataba, juventud ilustre y noble en la integridad de sus méritos espirituales, prefirió sumirse en un retraimiento huraño, negándose a deponer su clásica y gallarda altivez a cambio de un crédito profesionista, sólo buscado por quienes comprenden su carencia de facultades para moverse en otros círculos que no sean los de su estrecha actividad parcelaria».

«Luchar por el imperio del orden y la justicia, sí. Pero con empuje, con fuerza, con decisión. Sin tramas de ninguna especie. Franca, honradamente. Como él sabe hacerlo, como lo hacía en los tiempos en que desentrañaba el secreto de las fórmulas numéricas, como lo hizo en sus largas campañas militares y políticas, como lo ha hecho y hará al frente del poder ejecutivo de la República».

«Hombre íntegro y de claras exaltaciones cordiales, batallador audaz y generoso, no pudo menos que execrar las furtivas asechanzas del litigio y negarles de plano el favor de su atención».

«En la fuerza del ambiente —dicen unos apuntes biográficos publicados por el licenciado don Julián R. Cáceres—, el gabinete profesional se había cambiado por la trinchera de guerra; el abogado se había vuelto militar. Themis y Marte se dan la mano en él; y el código y la espada se ayuntan en los planos de su espíritu para aparecer, en seguida, entre las predilecciones del querer de su pueblo, como caudillo de prestigios arrolladores, conductor aclamado de las multitudes, estadista insigne, dinámico, austero y comprensivo.

Así, después de exilios obligados, de privaciones siempre altivas, de rebeldías indomeñables con la adversidad, y como de paréntesis de olvido en que se envuelven los que cultivan la tierra por la tierra misma —gestas indeclinables que impone el porvenir—, surge, con gesto superior de caudillo, a la cabeza del Partido Nacional de Honduras».

Siendo demasiado joven, actuó brillantemente como profesor de matemáticas, granjeándose el respeto y la estimación del estudiantado. En la Universidad Central sirvió la cátedra como profesor de Derecho Penal y otras asignaturas en las que Carías dejó bien sentado su nombre por su ilustración y acertado criterio.

Y ya que se conoce al hombre en su infancia, en la época de estudiante; las luchas de su juventud, su ascenso en la carrera militar desde simple soldado hasta distinguido brigadier; de profesional y como reconocido mentor de juventudes, analícese en seguida, con todo cuidado, sus pasos de hombre hecho y derecho en los intrincados campos de la política militante, toda turbulenta, agitada y llena de pasiones. Y se comprenderá que, al escribirse la historia política, no será posible omitir su nombre, pues sería suprimir muchos capítulos de ella.

Naturalmente, el Dr. y Gral. don Tiburcio Carías tiene que ser muy discutido; unos lo harán con la serenidad y el desapasionamiento que demanda la naturaleza del que juzgue nuestras luchas, del que estudie nuestra idiosincrasia y analice el progreso conquistado por Honduras durante la administración de este mandatario; pero otros, los que se dejan inspirar por la pasión política, serán severos e implacables. De todos modos, las leyendas se tejerán con los más exquisitos sabores que ofrecer pueda la imaginación caprichosa del escritor. Pero cuando se le juzgue con la imparcialidad que determinan la serenidad y el espíritu justiciero, la apreciación resultará, a la postre, bondadosa. No importarán las verdades que haya de escribirse.

De cualquier modo que se escriba esa historia, el Gral. Carías ofrecerá un material inagotable, riquísimo, en todos los aspectos de su vida múltiple: como niño, estudiante, militar, profesional, profesor, político, funcionario, gobernante y caudillo. Sin embargo, a pesar de todo lo malo y de todo lo bueno que, en honor de la verdad, se escriba, y por borrascosa que aparezca su vida en los terrenos de la política hondureña, resplandecerán siempre sus virtudes, rayando a veces en un puritanismo exagerado.

Napoleón seguirá siendo un hombre discutido y un tema rico y abundante. Y como Napoleón, todos los grandes hombres que llenan las páginas de la historia.

CAPÍTULO V: EL POLÍTICO (1918)

A pesar de su juventud (tenía 42 años), «era el más destacado entre los jefes militares y entre los hombres públicos del régimen caído en 1911, habiéndose distinguido por la rectitud de su carácter, su honradez, su magnanimidad, su energía, su valor intrépido, su talento organizador y su orientación en los asuntos de Estado».

Con el Dr. Policarpo Bonilla, el Gral. Tiburcio Carías Andino fue hasta echar por tierra las viejas prácticas de gobierno que principiaron con el Gral. Luis Bográn en 1890, siguiendo con el Gral. Ponciano Leiva, desde que este recibió el poder de manos de Bográn el 30 de noviembre de 1891 hasta el 9 de febrero de 1893, fecha en que Leiva hizo entrega del mando supremo de la nación en su ministro de la Guerra, licenciado don Rosendo Agüero, siguiendo tal sistema el Gral. Domingo Vásquez, quien, recibiendo el poder supremo del licenciado Agüero, se hizo elegir presidente constitucional mediante una hábil maniobra.

El Gral. Bográn —dicen— ejercía gran influencia en el presidente Gral. Leiva, gracias a que el último debía la presidencia al primero; y aunque Leiva no deseaba seguir al frente del gobierno establecido por su antecesor, el Gral. Bográn, porque amaba más la tranquilidad de su hogar que las intrigadas maniobras de la politiquería de palacio, abundaba en deseos de dejar en su lugar a un hombre fuerte, dinámico, valiente y preparado además.

Con tal fin, hizo venir a Tegucigalpa al Gral. Domingo Vásquez, encargándole la Comandancia de Armas y la Gobernación Política del Departamento. Y Vásquez, que era hombre audaz e inteligente, no tardó en ganarse las simpatías del mandatario, mientras el licenciado don Carlos F. Alvarado, a la sazón ministro de la Guerra, luchaba tesoneramente por suceder al Gral. Leiva.

El mismo Gral. Bográn así lo quería, pero fuerzas mayores, y con las que no contó nunca el licenciado Alvarado, hicieron que se viera obligado a solicitar una licencia. Y una vez el licenciado Alvarado en Juticalpa, el Gral. Vásquez vio más expedito el camino para llevar a cabo su plan, pues no había venido a Tegucigalpa para ser sencillamente un simple comandante de armas y gobernador político.

Leiva nombró al licenciado Agüero ministro de la Guerra, y el 9 de febrero de 1893 le depositó el poder, y Agüero, a su vez, nombró al Gral. Vásquez su ministro de Gobernación. Dos meses más tarde, el encargado del poder ejecutivo se sentía con su salud quebrantada y, con fecha 18 de abril, hacía depósito del poder supremo de la nación en el secretario de Estado en el despacho de Gobernación, Gral. Domingo Vásquez.

Desde 1893, Vásquez hace sentir su autoridad. Primero promete la conciliación, hace saber que los adversarios de su gobierno nada deben temer y suspende, el 31 de julio del mismo año, el estado de sitio decretado por Agüero, mientras el día 11 del mismo mes y año convoca para que el Congreso se reúna el día 31.

Se reúne el Congreso y el 6 de agosto admite la renuncia de Leiva. Inmediatamente después, en consejo de ministros, dio un decreto convocando al pueblo a elecciones para el último domingo y los dos días subsiguientes, en las que debía de salir electo, por una gran mayoría, presidente constitucional de la República. El día 15 de septiembre presta la promesa de ley y, poco después, dedica sus actividades a conjurar el movimiento revolucionario que encabezaba el Dr. Bonilla.

Con don Polo, va el Gral. Carías en 1893-1894 a combatir un gobierno despótico; en 1903 va otra vez a la guerra de reivindicación que encabeza el Gral. Manuel Bonilla y, habiendo triunfado en aquella cruzada libertadora, a consecuencia del golpe de Estado que en 1904 dio el presidente Gral. Manuel Bonilla, el Gral. Carías se fue a la emigración, para volver en 1907 incorporado a la revolución que derrocó a don Manuel, dando, de esta manera, pruebas inequívocas de la rectitud de su carácter.

¿Su honradez? Basta con recordar el juicio de un apasionado adversario político suyo, cuando al determinar su personalidad política dijo: «En cuanto al respeto del haber ajeno, es el general Carías el hombre a quien se le puede depositar una inmensa fortuna sin comprobantes de ninguna clase, en la seguridad de que al primer requerimiento se apresuraría a devolverla».

¿Su magnanimidad? Contaba el Dr. Rafael Muñoz Cabañas que, cuando el Gral. Carías acampaba en las cercanías de Santa Cruz de Yojoa con un ejército de unos 1,500 soldados, ocurrió un hecho en el que demostró su magnanimidad y su espíritu ecuánime y justiciero.

Un soldado de origen nicaragüense ultimó a un corneta a consecuencia de una discusión que se suscitó entre ambos por cuestiones de juego; el delincuente fue inmediatamente capturado, disponiéndose entre oficiales y demás soldados colgarlo y fusilarlo. Pero el Gral. Carías, que oyó los gritos de la víctima, mandó a dos de sus ayudantes a averiguar qué era lo que sucedía, e informado, se presentó al acto, enérgico e irritado, prohibiendo que se consumara un hecho tan brutal. Rescató a aquel infeliz de las iras de la soldadesca e hizo que se remitiera a las autoridades de San Pedro Sula, para que se castigara su crimen.

¿Su valor? En el proceso de las jornadas militares, donde en más de una ocasión expuso su vida, está demostrado su heroísmo y su serenidad frente al peligro.

¿Su talento organizador y orientación en asuntos de Estado? Dondequiera que sirvió, dejó huellas imborrables de su espíritu organizador; y una vez en la Presidencia de la República, demuestra su capacidad frente a los graves problemas de Estado.

En 1918 —relata el bosquejo biográfico contenido en el Álbum Contentivo del Gral. Zúñiga—, cuando se comenzaban los trabajos preeleccionarios para elegir al sustituto del presidente Dr. Francisco Bertrand, mientras se barajaban los nombres del Dr. Francisco J. Mejía, el Gral. Rafael López Gutiérrez y el Dr. Alberto Membreño, se había formado un grupo de personas de valía, entre otros los doctores Presentación Quezada, Marcos Carías Andino, Felipe Cálix y Paulino Valladares, avizorando la posible candidatura presidencial del General Carías Andino.

Entonces, el Dr. Valladares escribió a un amigo suyo este mensaje:

«No contraiga compromiso, porque nosotros tenemos un gallo para las próximas elecciones, y estamos seguros de que al presentarlo se desmoronarán los trabajos de los que se han apresurado a surgir». El gallo de que hablaba el Dr. Valladares era el General Carías Andino.

«El General Carías no apareció entonces como candidato a la Presidencia porque, suponemos, no consideró suficientemente preparado el terreno para librar la batalla con probabilidades de éxito; pero en 1919, al intensificarse los trabajos eleccionarios, solicitado por los diferentes grupos políticos que postulaban candidaturas, el Gral. Carías decidió apoyar con sus prestigios al grupo del Dr. Alberto Membreño, considerando que este ciudadano era el más idóneo para regir los destinos de Honduras en aquel tiempo. Desde el primer momento, el Gral. Carías fue el jefe popular y el hombre fuerte del partido membreñista».

«Por este motivo, uno de los primeros blancos de la policía del gobierno fue el Gral. Carías, quien era estrictamente vigilado, y el 17 de junio de 1919 varios agentes de policía lo capturaron en la Plaza Morazán. Poco después fue trasladado a la Penitenciaría Central, donde permaneció hasta el 8 de septiembre del mismo año».

Hombres de la talla de los doctores Presentación Quezada, Paulino Valladares, Marcos Carías Andino, Felipe Cálix, Silverio Laínez y otros se reunían de tarde en tarde a principios del año de 1918, con el objeto de discutir los trascendentales problemas políticos del país. Una persona que asistía a dichas reuniones refiere que daba gusto oír cómo aquellos hombres se rebatían dentro de la mayor cordialidad, buscando una fórmula que conciliara las opiniones políticas encontradas.

Todos ellos, afiliados al Partido Liberal, estaban convencidos de que esta agrupación se había gastado mediante el sostenimiento de sus principios reaccionarios. Hombres visionarios, bien intencionados, comprendían la necesidad inaplazable de orientar los destinos de Honduras en la forma demandada por los imperativos del momento, y sabían que, enlistados en las filas de agrupaciones políticas gastadas y desacreditadas dentro y fuera, no era posible lograr los fines perseguidos.

De ahí que convinieran en sentar las bases sobre las cuales debían levantar el edificio donde tremolara, altiva y triunfadora, una nueva bandera de redención y unificación nacional. Surgió así, más tarde, unificado y compacto, al mismo tiempo que respetable, un partido capaz de la evolución política, social y económica.

El Gral. Carías, dedicado a sus faenas agrícolas en Zambrano después de que regresó de su emigración de El Salvador en 1911, visitaba la capital muy pocas veces. Pero siendo él el elemento más joven de los hombres públicos del régimen caído de 1911, el que más se había distinguido, el que reunía las condiciones de un verdadero conductor y el más apropiado para una lucha en la que aquellos hombres se proponían conquistar el poder para implantar en Honduras la reforma en que se empeñaban, le hicieron venir urgentemente a la capital para ofrecerle la dirección de los trabajos que se proponían desarrollar.

Así se explica el significado que contenía aquel billete escrito por el Dr. Valladares y enviado a un amigo suyo.

Pero el Gral. Carías no apareció entonces como candidato a la Presidencia porque, hombre inteligente y sagaz, consideró que el terreno no estaba suficientemente preparado para librar una batalla con probabilidades de éxito.

Fue entonces cuando aquel grupo de distinguidos hondureños excitó, en junio de 1918, al Dr. don Alberto Membreño para que aceptara su candidatura a la primera magistratura de la Nación.

El Dr. Francisco Bertrand tuvo conocimiento de aquellos trabajos en favor del Dr. Membreño, y aunque aparentó no conocerlos y mostró cierta sorpresa cuando públicamente se le dio la noticia, declaró «que veía con agrado dichos trabajos y que le gustaría que un ciudadano de la talla del Dr. Membreño le sucediera en el poder». Sin embargo, la aparente simpatía demostrada por el gobernante hubo de disiparse más tarde, manifestándose hasta cierto punto hostil.

En el gobierno del Dr. Bertrand desempeñaba la cartera de Gobernación y Justicia el Dr. Francisco J. Mejía, quien había compactado a su alrededor un gran número de los admiradores y amigos del extinto Gral. Manuel Bonilla. Con rapidez asombrosa tomaba cuerpo la candidatura del Dr. Mejía, hombre simpático y popular que, además de ser hábil político, constituía un poderoso obstáculo en los prodigiosos planes que alentaba el Dr. Bertrand para la sucesión en el poder.

La muerte sorprendió en forma repentina al Dr. Mejía, y sus partidarios y amigos, comprendiendo su situación, optaron por fusionarse al membreñismo que se organizaba bajo la bandera del Partido Nacional Democrático.

En junio de 1918 se quiso lanzar la candidatura del Dr. Mariano Vásquez; y el 5 de julio del mismo año, se convino en la fórmula Membreño-Mejía. En vida del Dr. Mejía se discutió la conveniencia de que el partido que aquel político formaba tuviera un jefe militar que reuniera las condiciones y cualidades de verdadero líder político y militar; se pensó en el Dr. y Gral. don Tiburcio Carías Andino, y hasta se llegó a hacerle la proposición, que este rechazó con la dignidad que le caracteriza.

Muerto el Dr. Mejía, sus amigos se quedaron sin capitán, y fue entonces cuando el Lic. Zúñiga Huete, que ya principiaba a figurar gracias al famoso caso de los hermanos Mazier, tuvo la audaz y temeraria intención de ponerse al frente del grupo mejiísta que quedaba huérfano.

El proyecto era atrevido, pero faltó en el hombre el valor suficiente. Un amigo con quien el Lic. Zúñiga Huete tuvo esta confidencia le contestó:

—«¿Son sinceras sus intenciones? Pues si lo son, debe estar usted decidido no solo a enfrentar la lucha iniciada por el extinto, sino dispuesto a derrocar al gobierno constitucional del Dr. Bertrand».

El aspirante a líder tuvo un arranque. Dicen que tomó dirección a Zambrano para conferenciar con el Gral. Carías, pero que en el camino cambió de parecer y regresó a Tegucigalpa sin cumplir el objeto de su intención.

Más tarde se vio al señor Zúñiga Huete, acompañado de los denominados elementos «conservadores», entrar y salir en la residencia presidencial del Toncontín. Se dice que tales viajes obedecían a un propósito: pedir al Dr. Bertrand que apoyara la candidatura presidencial del Dr. Mariano Vásquez.

El 17 de junio de 1919, cuando la imposición oficial en favor del Dr. Nazario Soriano tomó fuerza decisiva, el Gral. Carías fue reducido a prisión. Hacía tiempo que se le vigilaba de cerca, cuando al abrirse formalmente el debate electoral, decidió participar en favor de la candidatura del Dr. Membreño.

El 18 de junio de ese mismo año se había dado a la publicidad el programa de gobierno que se proponía cristalizar la agrupación política que postulaba al Dr. Membreño.

El 30 de noviembre del año en referencia, se reunían en la residencia del Dr. Francisco López Padilla, que había sido presidente del comité mejiísta, los miembros de la directiva del partido que postulaba al Dr. Membreño, para sostener una conferencia con los elementos que apoyaron la candidatura del Dr. Francisco J. Mejía. De aquella reunión surgió la fusión con el objeto de procurar garantías y el debido respeto para enfrentarse a la lucha electoral que se avecinaba.

El manuelismo, mejiísmo y membreñismo se unieron formando el Partido Nacional Democrático, teniendo como candidato al Dr. Alberto Membreño; el liberalismo panterista, sotista, leivista, bonillista, arista, sierrista y lopezgutierrista se unió en el Partido Constitucional Democrático, con el Gral. López Gutiérrez como candidato; el elemento oficial y un sinnúmero que se había separado de los históricos grupos personalistas se fusionaron con el candidato oficial del presidente Bertrand, formando el Partido Nacional.

Los señores doctores y generales Dionisio Gutiérrez, José María Reina P., Ernesto Argueta, Coronado García y otros formaron un grupo con el nombre de Partido Liberal Constitucional, que pronto hubo de disolverse.

El membreñismo fue tomando cuerpo en la conciencia hondureña, como tomaba también cuerpo el lopezgutierrismo.

Como el gobierno del Dr. Bertrand quiso a toda costa imponer la candidatura de su concuño el Dr. Soriano, para lograr esto puso en juego todos los medios y en nada reparó frente al fin propuesto. Naturalmente, los procedimientos que se emplearon fueron minando el prestigio del gobierno del Dr. Bertrand. Y entonces se principió a hablar de que era inevitable la guerra civil.

Se dice que en aquellos días de lucha electoral, en la propia casa del candidato liberal en Tegucigalpa, se quitaba a los soldados del Cuartel de San Francisco el correspondiente equipo y se les daba una propina para que se marchasen a sus casas. Es decir, pues, que desde a mediados de junio se preparaba activamente la revolución, que —es verdad— auspició con su política de última hora el propio Dr. Bertrand.

No se ha esclarecido todavía si aquellos movimientos revolucionarios eran ignorados por el gobernante; pero entonces se hablaba mucho de que las armas de los cuarteles militares desaparecían misteriosamente. También puede ser cierto que el Dr. Bertrand confió demasiado en la vejez valetudinaria del excomandante de armas y gobernador político del departamento de Tegucigalpa.

Cabe el caso relatar que, cuando se hizo saber al Dr. Bertrand de los persistentes rumores que circulaban, en tono vanidoso dijo:

—Mientras yo sea presidente constitucional, el gobierno americano me sostendrá, y no hay revolución que pueda derribarme.

En esos mismos días, el periodista que sostuvo con el Dr. Bertrand la plática que motivó la respuesta anterior, sostuvo otra conversación con el entonces ministro de la Guerra Ing. Andrés Soriano, hermano del candidato oficial.

El periodista observó al ministro de la Guerra acerca de las actividades subversivas que los agentes lopezgutierristas realizaban.

El ministro aludido subrayó:

—Les doy tres cuarteles para que prueben fortuna —y agregando—: ¡ah, amigo, usted tiene miedo!

El periodista, conocedor de su terreno, sonrió y dijo al ministro jactancioso:

—Es que usted no conoce la política de su país y cree que es lo mismo actuar en El Salvador que en Honduras. Por lo menos debiera ordenarle a su fiscal de guerra que siga una investigación para establecer la prueba de los preparativos que se hacen contra la paz.

Más tarde, el periodista refirió que, habiendo notado que el Ing. ministro de la Guerra se sonreía en forma compasiva, optó por retirarse.

El Dr. Bertrand pudo haber evitado la vergüenza de la revuelta, pero fue demasiado confiado y arrogante. Salían las armas de los cuarteles, imponía su candidato y se negó a oír el consejo de sus amigos.

Todavía no se ha podido comprobar la verdad del apoyo que se dijo brindó al lopezgutierrismo el presidente de Guatemala, don Manuel Estrada Cabrera. Pero prevalece la leyenda de que los planes revolucionarios contra el presidente Bertrand se hacían en la Legación de los Estados Unidos de América, entonces a cargo del señor Sambola Jones, diplomático que, después de la revolución de 1919 que motivó la caída del gobierno de Bertrand, fue retirado por su gobierno del servicio diplomático, por haber intervenido de su propia cuenta contra el gobierno constitucional de Honduras.

Bertrand confió en un gobierno cuyo representante le obligó a abandonar el país.

La campaña política tomó un rumbo que jamás concibió en sus planes el Dr. Bertrand. Cuando vino a darse cuenta, tenía encima la guerra civil, que no pudo contener.

Desde el 17 de junio se encontraba en la Penitenciaría Central el Gral. Carías. La guerra civil había estallado y el Dr. Bertrand se bamboleaba en el poder. «Los reos políticos de aquel entonces, más de doscientos entre membreñistas y liberales, saben que a la serenidad y a la entereza del general Carías debieron la salvación de sus vidas en la noche del 7 de septiembre, cuando la sublevación y fuga de más de seiscientos presos criminales que cumplían condena en el mismo penal. El día 8, a las tres de la tarde, los presos políticos fueron puestos en libertad, en tanto que a esa misma hora abandonaba la capital el Dr. Bertrand, después de haber entregado la Presidencia de la República».

El movimiento revolucionario contra Bertrand fue rápido. Se ha sostenido que el lopezgutierrismo, además del apoyo recibido del gobierno de Estrada Cabrera, estaba igualmente apoyado por el conservador de Nicaragua. Pero el gobierno de Bertrand no lo derrumbó la revolución, sino el diplomático Sambola Jones. Este señor, arrogándose privilegios que jamás diplomático alguno se ha atribuido, dirigió mensajes circulares a los jefes de las fuerzas legitimistas para que depusieran las armas, al mismo tiempo que exigía al presidente Bertrand abandonar el territorio nacional. Así salió el presidente constitucional, bajo el amparo de la bandera de las barras y las estrellas.

Pero la Historia, que sabe hacer mérito, refiere que el Partido Constitucional Democrático, junto con el Partido Nacional Democrático, derrocaron el 8 de septiembre de 1919 el gobierno de Bertrand.

En esta época, el Gral. Carías pudo haber llegado a la Presidencia aceptando el amplio y decidido apoyo que ofreciera el gobierno conservador de Nicaragua. Pero el caudillo, que al salir de la penitenciaría se dirigió a la frontera, en vez de ponerse al frente de las fuerzas organizadas en Choluteca al mando del Gral. Martínez Funes, decidió regresar de Las Manos a Tegucigalpa.

Caído Bertrand, asumió la Presidencia el tercer designado, Dr. don Francisco Bográn, bajo cuyo gobierno se practicaron las elecciones de autoridades supremas. El Partido Nacional Democrático se enfrentó al lopezgutierrismo, que controlaba el poder, y perdió aquellas elecciones.

Estaban en vigencia los Pactos de Washington de 1907, y temeroso el Gral. López Gutiérrez de que, por haber sido factor decisivo en la lucha armada cuando cayó Bertrand, se estropearan sus aspiraciones, envió un delegado ante el poderoso Estrada Cabrera. Y López Gutiérrez fue electo estando en vigencia aquellos pactos y con las armas en la mano, pues no se puede decir que fueron aquellas unas elecciones libres.

De esta manera fue derrotado el Dr. Alberto Membreño, a cuyas filas se había agregado entusiastamente el grupo que antes se había afiliado al Dr. Francisco J. Mejía y al Dr. Nazario Soriano.

El Gral. Carías volvió a su hacienda de Zambrano y reanudó sus labores agrícolas.

Después de una interrumpida lucha cívica, llegó al poder el Gral. don Rafael López Gutiérrez. El Partido Nacional, que contaba con la mayoría de la voluntad popular, perdió la partida en las inesperadas contingencias de la guerra. Algunos de sus miembros protestaron contra el lopezgutierrismo en estériles conatos revolucionarios; pero la generalidad, conociendo su misión pacifista, esperó pacientemente la época eleccionaria para disputar el poder en los comicios, en la forma en que lo exigen el patriotismo y la ciudadanía libre.

Llegado el año de 1923, el Partido Nacional se congregó nuevamente para tomar parte activa en la contienda cívica.

En los apasionamientos que producen nuestras ardientes luchas electorales —escribía en diciembre de 1924 el Dr. Paulino Valladares— y en la confusión áspera que provocan nuestras guerras civiles, se olvida fácilmente el origen de los partidos, su organización y sus propósitos cardinales.

Es verdad. Poco conocemos nuestra propia historia, las causas y los motivos que unas veces justifican y otras condenan cada uno de los buenos o malos pasos que se han dado en ese afán de forjar una patria nueva, vigorosa, sana y libre.

Muy interesantes son los pasajes de la política hondureña. Tras bastidores se han jugado grandes problemas y se ha traficado con el decoro y la dignidad nacionales.

El día que haya alguien resuelto a descubrir el velo de todos esos pasajes registrados, se hará un valioso aporte a nuestra historia, ya que la investigación minuciosa, clara y verídica pondrá al descubierto a muchos de los que han tenido papel principal en la truculenta vida política de Honduras. Indudablemente, tales investigaciones arrojarán un valioso material que servirá de lección a las juventudes del porvenir.

Y entonces se conocerá que hace mucho tiempo, en nuestra política, ha tenido ingerencia directa la política internacional, con la única mira de retardar, en perjuicio nuestro y en beneficio único de los interesados, el desenvolvimiento del progreso y el engrandecimiento de la patria, haciendo, hasta cierto punto, difícil la unidad de la familia nacional. Y entonces, tal vez se haga posible el forzoso despertar y logremos ver con menos apasionamiento aquellos peligros que nos han amenazado constantemente y el porqué se pretendió debilitarnos siempre.

No hay duda de que la interferencia de la política extraña en la nuestra ha tenido sus finalidades bien claras. Conocedores los extraños del espíritu aventurero y ambicioso de muchos hondureños, cuyo ideal supremo ha sido el poder, dada la posición en que nos colocó la naturaleza en el continente, aquellos —al fin visionarios— no escatimaron medios para fomentar las manifiestas ambiciones; y los incomprensivos y antipatriotas aceptaron la dádiva generosa y desinteresada en apariencia, convirtiéndose de tal modo en propios verdugos de su misma patria.

Más tarde, el que había alcanzado el favor del poder extraño, que había logrado colmar sus ambiciones, cae, porque otro ambicioso ha logrado el mismo apoyo que antes sirvió a este para llegar de donde cayó. Chapoteando sangre y lodo de ignominia, han servido de obstáculo al propio progreso y al propio engrandecimiento.

De esta manera, desde 1881 hasta 1932, las guerras se han sucedido, y Honduras, mientras tanto, fue rezagándose, desangrándose, empobreciéndose, aniquilándose moral, económica y culturalmente.

Principiamos a darnos cuenta de que hicimos mal en el pasado. Y la lucha debe comenzar ahora para no quedarnos eternamente en la retaguardia del progreso humano.

Como nosotros, los que vengan atrás van a darse cuenta del crimen cometido por los políticos de antaño. Y rectificarán, como ya principian a rectificar los que poseen un mediano espíritu de responsabilidad frente al presente y frente al porvenir.

E incontinenti indicó el medio apropiado: convenir en elegir presidente al Dr. Arias, quien debía poner su renuncia en manos del Gral. Carías para que se la aceptara inmediatamente el Congreso, con lo cual se podría, sin temor, elegir al Dr. Paz.

«El arismo cayó en la celada, y comisionaron al diputado Dr. Antonio Gómez Romero para ir a la Legación Americana —donde se hallaban ya Arias y Carías— y le comunicara lo que dejamos dicho; y ya entonces, picado en su vanidad, el Dr. Arias se olvidó del Dr. Bonilla y de sus intrigas, y echó al tapete la peregrina proposición de ser electo presidente por tener tres diputados más que el Dr. Carías.

«El Gral. Carías objetó su mayoría absoluta, y entre ambos hubo agrura; y como la última proposición del arismo rompía todo lo hablado y convenido, porque era excluyente, habiéndose el Dr. Arias negado a retirar la pretensión, el Gral. Carías le dijo:

—En ese caso, y bajo esa condición, nada hemos hablado y queda todo concluido. Mi condescendencia y el sacrificio de mi partido no pueden llegar hasta ahí.

«El Dr. Bonilla, por medio del diputado Rápalo, había dado al traste con la última pacífica solución hallada al problema electoral de 1924. Él solo quería la dictadura si no era electo presidente; pero queda demostrado una vez más que no fue el carismo el intransigente: fueron sus adversarios, el uno iracundo y necio, y el otro miope, quienes desencadenaron la sangrienta revolución que siguió».

CAPITULO VI: LA GUERRA

La guerra es un crimen cuando se inspira para dar pábulo a las ambiciones, o cuando se provoca para disimular la incapacidad frente a los destinos de una nación.

La guerra es un crimen en los pueblos pobres y atrasados, y es un crimen porque la guerra detiene todo intento que persiga la liberación económica, moral o intelectual.

Si es devastadora y cruel en los grandes conglomerados, donde se destruyen vidas, propiedades y obras de arte en gran cuantía, tiene que ser, con mayor razón, más cruel y desastrosa en las pequeñas naciones como la nuestra, que no han podido alcanzar ningún progreso ni conquistar ningún bienestar.

Es cierto que si amáramos la libertad, si reconociéramos y respetáramos la igualdad de derechos, viviríamos en paz, trabajaríamos en paz, unidos para lograr el triunfo de la ley y para que imperaran siempre los principios del orden, la confianza y la justicia. Pero no es posible el hecho de que exista una moralidad en los actos individuales y colectivos, una moralidad vital que imponga a los hombres, en lo público como en lo privado, ese respeto que empeñe nuestro deber en la conservación imperturbable de un reinado de paz.

Pero como en el mundo ni los hombres fuimos hechos con perfección, la moralidad nacional tiene que sufrir sus quebrantos, ya que no todos han de ajustarse serenamente a los imperativos de la ley, y porque no todos los hombres son lo suficientemente honrados para odiar la guerra, que es un crimen cuando se consuma satisfaciendo caprichos, alimentando egoísmos o dando pábulo a las ambiciones.

Alguien que ha vivido las pavorosas tragedias de la guerra, de las guerras cruentas de nuestra América, ha dicho:

«No me hablen a mí de la necesidad de la guerra; no me digan que Alejandro el Grande, Julio César y Napoleón han sido instrumentos del progreso humano; no me digan que las guerras son purificadoras y seleccionadoras de la raza. La guerra es un crimen, es un asesinato al por mayor organizado; la guerra es la más formidable rémora del progreso, y me horroriza porque es un crimen contra el hombre y contra la humanidad».

Es verdad, la guerra no es una conquista civilizada, mientras la paz sí lo es. La guerra solo trae tristezas y desolación; en cambio, la paz brinda alegría y bienestar. La guerra trae escasez, la paz ofrece abundancia. La guerra anarquiza, y la paz es libertad, progreso e igualdad. La guerra todo lo destruye, mientras que con la paz todo se engrandece. La guerra es un monstruo y la paz es una bella diosa. En la guerra corren ríos de sangre, y en la paz corren los ríos que arrastran su oro y su plata. La guerra convierte las escuelas en cuarteles, y en la paz se convierten los cuarteles en escuelas. La guerra desconoce la inviolabilidad de la vida, y la paz garantiza la vida. La guerra hace al hombre huir de su hogar, y la paz lo invita a vivir en él.

Pero las guerras que buscan como una finalidad imponer el orden, el respeto a la ley, la seguridad de la propiedad, la inviolabilidad de la vida y la devolución de los derechos conculcados, son guerras justificadas, porque no pueden los hombres ser instrumentos de la pasión ni de la ambición de aquellos que no hacen honor a la palabra empeñada.

Si los hombres del gobierno lopezgutierrista hubieran respetado las promesas de cumplir y hacer cumplir la Constitución y sus leyes, la guerra de 1924 no se habría desatado.

SE DECRETA LA DICTADURA

Roto el quórum de la representación nacional y cegados los hombres por la pasión, el odio y la ambición de poder, no quedaba más camino que el triste camino de la guerra. Unos la provocaron para saciar su sed de oro, otros para colmar sus ambiciones de mando, y los caríistas fueron a ella para vindicar el derecho y la justicia.

Demostrado queda que el Gral. Carías sostuvo una cruenta lucha, una lucha titánica, desesperada y patriótica por no ir a la guerra que ha repudiado siempre por cruel, y porque no aporta más que la destrucción, la ruina y la pobreza; que no vincula, sino que acrecienta el odio entre hombres que, viviendo dentro de una misma comunidad, deberían convivir alentando las mismas idealidades, soñando y luchando por el mayor engrandecimiento y por el mayor bienestar colectivo.

Pero no ha sido así. Cegados por la pasión, no se ha querido creer que la paz es la única religión que salva a los pueblos.

La posición geográfica de Honduras está reclamando que el hondureño defina con más precisión su ideario del porvenir, y que se forme en las generaciones que se levantan una conciencia ciudadana más completa, más sana, más vigorosa, a fin de que se afirme en la mente de cada uno el concepto del deber patrio, y esto se practique en cada uno de los actos de la vida diaria.

Sígase ahora el proceso de los actos que se apuntaron desde la campaña eleccionaria en 1923 hasta los días cuando los representantes del pueblo no pudieron llegar a un entendimiento honrado y patriótico.

Llegado el momento en que el Congreso no celebra sesiones por falta de quórum, y cuando el Dr. y Gral. Carías, el candidato que obtuvo mayoría de sufragios, abandona la capital a las siete de la noche del día 30 de enero de 1924 acompañado de varios de sus amigos y partidarios que le siguen, porque no tiene otro camino que seguir, ya que su permanencia en Tegucigalpa implica el sacrificio de su vida y la de sus amigos y partidarios, véase, mediante algunos documentos oficiales, cómo se declaró la dictadura.

A la medianoche del 31 de enero, el presidente de la República, Gral. don Rafael López Gutiérrez, dio el siguiente decreto proclamando la dictadura y asumiendo él todos los poderes del Estado:

DECRETO No. 1
RAFAEL LÓPEZ GUTIÉRREZ,
General de División y Presidente Constitucional de la República de Honduras.

Considerando: que el Congreso Nacional se ha disuelto de hecho el día de hoy, sin haber declarado ni practicado la elección de presidente y vicepresidente de la República para el período que empieza el día de mañana, ni nombrado los designados a la presidencia para el presente año, no habiendo declarado más que la elección de un magistrado propietario de la Corte Suprema de Justicia, y, en consecuencia, se ha alterado el orden constitucional.

Considerando: que no habiendo presidente, vicepresidente ni designados, no hay un funcionario a quien entregar la Presidencia de la República para el nuevo período constitucional, y en este concepto es indispensable la existencia de un nuevo gobierno, con facultades para evitar la anarquía y el desorden.

Considerando: que la conservación de la paz y la reorganización del poder público exigen la reforma de la Constitución Política.

Por tanto,

DECRETA:

Artículo 1°.– Convócase una Asamblea Constituyente que se reunirá en esta capital en la fecha y con el número de diputados que se expresará en un decreto especial. En dicho decreto se reglamentará la elección de los diputados.

Artículo 2°.– Mientras se da cumplimiento al artículo anterior y se inaugura el nuevo régimen constitucional, el presidente de la República asume todos los poderes del Estado, los cuales ejercerá discrecionalmente, quedando suspenso el imperio de la Constitución.

Artículo 3°.– Los tribunales continuarán ejerciendo sus funciones de conformidad con las respectivas leyes, en todo lo que no se oponga a las disposiciones de orden público.

Artículo 4°.– Los actuales funcionarios y empleados civiles, militares y administrativos del Estado continuarán en sus puestos, con arreglo al artículo anterior.

Dado en Tegucigalpa, a las doce de la noche del día treinta y uno de enero de mil novecientos veinticuatro.

(f.) R. López G.

El Secretario de Estado en el Despacho de Gobernación y Justicia, (f.) Ángel Zúñiga Huete.

El Subsecretario interino encargado del Despacho de Guerra y Marina, (f.) Abel Gamero.

El Secretario de Estado en el Despacho de Hacienda y Crédito Público, (f.) Ricardo Pineda.

El Secretario de Estado en el Despacho de Relaciones Exteriores, (f.) Rómulo E. Durón.

El Secretario de Estado en el Despacho de Fomento, Obras Públicas y Agricultura, (f.) A. R. Reina H.

El Secretario de Estado en el Despacho de Instrucción Pública, (f.) Ernesto Argueta.

El decreto anterior dio fin al gobierno constitucional del General López Gutiérrez, y desde el momento en que se puso la última firma en el famoso e histórico documento, Honduras entró en el imperio de la dictadura más desastrosa que ha registrado su historia.

El periodista Mario Ribas de Cantruy, fundador y director de la revista mensual Renacimiento, escribió un Diario de la Guerra comprendido del 30 de enero al 30 de abril de 1924. La veracidad y la imparcialidad con que este diario fue escrito es obligación que queda a los autores de aquellos sangrientos sucesos, para que pongan en claro los puntos reñidos con la verdad histórica, ya que muchos de los apuntes contenidos en el acucioso diario del periodista Ribas de Cantruy están destinados a servir de guía a los que, en un futuro, se encarguen de escribir la historia de las guerras civiles de Honduras.

Por el valor y el interés que contiene la narración aludida, queda aquí íntegra para reforzar el proceso narrativo de aquellos acontecimientos que precisa exponer a los ojos del lector, tal como se registraron, ya que priva el interés de justificar la estabilidad de un gobierno de orden, de trabajo y de paz, que garantice en sumo grado el derecho a la vida y a la propiedad, al nacional y al extranjero.

DIARIO DE LA GUERRA DE 1924

Fracaso del Plan Paz-Baraona

Enero 30. — Desde ayer se dio por completamente fracasado el plan de arreglo entre el partido arista y el partido cariísta, conocido con el nombre de Plan Paz-Baraona. Por dicho convenio se retiraban el General Carías y el Dr. Arias, y los diputados partidarios de los dos candidatos (15 cariístas y 18 aristas), que debían elegir en el Congreso al Dr. don Miguel Paz Baraona, presidente de la República.

Última sesión del Congreso y último día de gobierno constitucional

Enero 31. — Último día de gobierno constitucional. El Congreso celebra sesión en la tarde, con asistencia del cuerpo diplomático, pero no hay quórum y a las 5 p. m. se levanta la sesión. En la noche se celebra otra sesión, díjese que para ver si a última hora se puede elegir presidente o siquiera un designado. Tampoco hay quórum, y a las 9 clausura el Congreso Nacional.

Febrero 1°. — Renuncia el ministro de la Guerra y Marina, Dr. y Gral. don Dionisio Gutiérrez, quedando la cartera a cargo del Sr. don Abel Gamero.

Renuncia el comandante militar y gobernador político de Tegucigalpa, don Raúl Toledo López.

Salen para El Salvador varias importantes personalidades políticas, entre ellas don Raúl Toledo López, general don Dionisio Gutiérrez, don Santos Soto y familia, Ing. don Héctor Medina Planas, Lic. don José María Matute, generales Jacobo Galindo, Joaquín Medina Planas, Ramón Alvarado Mendieta, coronel Ricardo Lardizábal, F. Alfredo Medrano, Lic. Guillermo Moncada R., etc., etc.

Empieza la guerra

Febrero 1°. — Se anuncia la llegada a San Juancito de fuertes contingentes de tropas revolucionarias al mando del general J. Inocente Triminio, que salió de Tegucigalpa en la noche del 30. Se cree que con dichas fuerzas va el general Carías y que de San Juancito volverá sobre sus pasos y atacará la capital. Hay alarma en los círculos capitalinos.

La ciudad de La Esperanza ha quedado hoy en poder de las fuerzas del general Ferrera.

Febrero 2. — Se anuncia en la capital que las fuerzas del general Triminio han pasado por Cantarranas y que van camino de la frontera de Nicaragua.

Don Lucas Moncada G., alcalde municipal de Tegucigalpa, se hace cargo de la Gobernación Política del departamento.

El Ministerio de Relaciones Exteriores comunica oficialmente a los representantes diplomáticos y consulares residentes en Tegucigalpa el decreto proclamando la dictadura, y expresa la esperanza de que los gobiernos extranjeros continuarán sus relaciones con el gobierno de facto.

Febrero 3. — Marcala ha caído hoy en poder de la revolución.

Febrero 4. — Se recibe la noticia de que el general Mariano Bertrand Anduray, al mando de 125 hombres del partido del general Carías, ha tomado Siguatepeque, importante punto de tránsito en la carretera del norte.

Proclama del Consejo de Jefes del Ejército Caríista, dada en "Las Manos", cerca de la frontera

Febrero 5. — El Consejo de Jefes del Ejército Revolucionario que acuerpa al general Carías ha dado hoy la siguiente proclama:

«En Las Manos, a 5 de febrero de 1924. — El Consejo de Jefes del Ejército Constitucional, al mando de tres mil soldados acampados en la frontera, habiendo recibido noticias fidedignas de que en Tegucigalpa se llevan a cabo negociaciones para convenir en la persona que debe asumir la Presidencia de la República;

Considerando: que al asumir el mando dictatorial el 1° de febrero el general López Gutiérrez, la Constitución de Honduras quedó rota de derecho; en consecuencia, cualquier gobierno que surja de dichos pactos se organizará fuera de la ley;

Considerando: que, de acuerdo con la Constitución, el general Carías fue electo por voluntad del pueblo en las elecciones de octubre de 1923, y que por lo mismo el general Carías es el presidente de Honduras;

Por tanto, el Consejo de Jefes y Oficiales del Ejército Constitucional de Oriente,

Resuelve:

1° — Reconocer como presidente constitucional de Honduras al Dr. y general don Tiburcio Carías A.

2° — Protestar contra todas las negociaciones ilegales que, violando el principio de la soberanía popular, se están llevando a cabo en Tegucigalpa, en contra del texto expreso de la Constitución, que es el único pacto que rige la organización y derechos políticos del pueblo hondureño.

3° — Jurar el sostenimiento de la Constitución que ha pretendido abrogar el general López Gutiérrez.

4° — Comunicar esta resolución a las cancillerías americana, guatemalteca, salvadoreña, nicaragüense y costarricense, por medio de sus representantes en Tegucigalpa; y

5° — Transcribir el texto de esta resolución al presidente general Tiburcio Carías A. — Gustavo A. Castañeda, Carlos Izaguirre V., Isidro Moncada, diputados propietarios; Dr. Rafael Callejas, general Juan Blas Paguaga, Dr. Manuel Valladares Núñez, Dr. Ramón Rosa Figueroa, general Pío S. Fálope, gral. Juan Pablo Urrutia, coroneles Rafael Valenzuela Fonseca, J. Bernardo Bardales, etc., etc.»

Febrero 5. — El ministro de Gobernación y Justicia, Doctor don Ángel Zúñiga Huete, llama a su oficina en Tegucigalpa a los principales comerciantes, industriales y banqueros —nacionales y extranjeros—, y les manifiesta que el gobierno necesita $200,000 inmediatamente, y que espera que ellos verán el modo de conseguirlos para prestárselos.

Los comerciantes explican que, dada la malísima situación actual de los negocios y el hecho de que algunos jefes de casas comerciales o bancarias están ausentes y no han dado instrucciones para semejante caso, va a ser muy difícil poner esa suma a disposición en el corto plazo que concede, máxime que ya se debe dinero a todos los comerciantes y bancos y no hay gran esperanza de cobrarlo pronto.

El señor ministro da por terminada la entrevista y los convoca para el día siguiente «con el dinero».

Varios comerciantes se quejan a sus representantes diplomáticos y consulares contra esa forma de empréstito forzoso, e intervienen los señores ministro de Estados Unidos y encargado de negocios de Inglaterra en defensa de sus respectivos nacionales.

Algunos comerciantes, sin embargo, tanto nacionales como extranjeros, ofrecen al gobierno de la dictadura sumas de dinero para ayudar en algo en la presente emergencia.

Febrero 6. — En la mañana de hoy continúan las gestiones financieras del gobierno de la dictadura por conseguir los $200 000; hay más conferencias en el Ministerio de Gobernación, pero sin el resultado deseado.

El general. Carías fue proclamado presidente de la República para el período de 1924-1928, en cabildo abierto, en Lamaní, el 9 de febrero, según el documento que dice:

«El infrascrito secretario municipal de este pueblo certifica que a folios 8, 9 y 10 del libro de actas municipales que llevara esta municipalidad en el año de mil novecientos veinte y cuatro (1924), se encuentra el punto de acta que literalmente dice:

En Lamaní, a nueve de febrero de mil novecientos veinticuatro, ante el infrascrito alcalde municipal de este pueblo y en presencia de gran número de vecinos y de las tropas reivindicadoras, estando presente el señor general don Tiburcio Carías A., electo presidente por el pueblo hondureño para el período de 1924 a 1928, y a excitativa de varias municipalidades de la República, se procedió a tomarle la promesa de ley, habiéndole preguntado:

—¿Ofrecéis cumplir fiel y lealmente los deberes que os confiere la ley?

El señor general Carías contestó:

—Prometo ser fiel a la República, cumplir y hacer cumplir la Constitución y las leyes.

Con lo cual, y en medio de grandes aclamaciones, se dio por terminado el acto, firmando para constancia, y ordenando se entregue una copia al señor presidente de la República, general don Tiburcio Carías A. — Tiburcio Carías A.

Hay un sello que dice: Alcaldía Municipal. Lamaní, Departamento de Comayagua, Honduras.

— Eusebio Castro. — Salvador Aguirre. — Antonio C. Rivera. — Próspero S. Romero. — Jesús Bendaña. — M. Bertrand Anduray. — Narciso Boquín. — General Ulises Valenzuela. — Federico Zelaya Flores. — Saúl Zelaya Flores. — Julio Villars h. — Antonio C. Bustillo. — A. Petit Fonseca. — Alejandro S. Bulnes. — Porfirio Boquín. — Antonio Fonseca. — Por el vecindario de San Antonio: José M. Maradiaga Zelaya. — J. de Dios Castillo. — Narciso Castro. — Leovigildo Aguilar. — Tomás Amador Palma. — Gabino Castro. — Ernesto Gutiérrez. — Marcial C. Medina. — C. B. Bustillo. — Carlos Bustillo. — Francisco R. Castro. — Ignacio V. Galeano. — Pedro Pablo Gómez. — S. S. Castro. — Jacobo Zelaya. — Francisco Mejía. — Martín Fuentes. — Francisquez Bardales. — Rafael Flores M. — Eduardo Ruano. — Rafael D. Rivera. — Julián Castillo. — Salomón Castillo. — Ricardo Suazo M. — Arcadio Salgado S. — Juan Torres. — Miguel A. Centeno. — Secundino Carranza. — Servando Moreno. — Jacinto Castellanos. — Antonio Aguilar. — Ildefonso Baires. — Francisco Medina. — Cándido Sánchez. — Isaac Fernández. — Jesús Cálix. — José Adalberto Padilla. — Tiburcio Dubón F. — Faustino Ramos. — Coronado Meza h. — Bonifacio Martínez. — Gilberto Carranza. — Mariano B. Morales. — Emilio C. Licona. — Juan Morán. — Braulio Amador. — Andrés Madrigales. — Braulio Armijo. — Aurelio Mejía. — Encarnación Velásquez. — Juan Ángel B. Arias. — Esteban Raudales. — Francisco Mendoza. — Luis Rivera. — Ricardo Zelaya. — Emilio Mejía.»

Crisis ministerial

Febrero 6. — En la tarde de hoy se ha producido una crisis ministerial, y a las 5 p. m. queda formado un nuevo gabinete en la forma siguiente:

Gobernación y Justicia: Dr. don Vicente Mejía Colindres.

Fomento y Obras Públicas: don Ángel Sevilla.

Instrucción Pública: Dr. don Federico A. Smith.

Con el cambio parcial del gabinete se ha suspendido la cuestión del empréstito de $200 000, limitándose el gobierno de la dictadura a conseguir pequeñas cantidades de los comerciantes amigos y a sacar mercaderías con órdenes del Ministerio de Guerra.

Se envía una comisión al general Carías

Febrero 6. — A instancias del Excmo. señor ministro de Estados Unidos, don Franklin E. Morales, ha salido hoy, a las 8 de la mañana, una comisión compuesta de los señores Dr. don Manuel G. Zúñiga e Ing. don Alfredo Membreño, para ir en busca del general Carías, a quien se supone en la frontera de Nicaragua, y rogarle volver pacíficamente a Tegucigalpa para tratar de llegar a un arreglo de la cuestión política.

Nadie se explica el porqué de esa misión tan rara y tan extemporánea; y, desde luego, nadie cree tampoco en la eficacia de la gestión, por más que las personas escogidas reúnan todas las condiciones para tener éxito en cualquiera misión en la que el éxito fuera posible.

Febrero 7. — Hoy se ha recibido aquí la noticia de que el día 4 fue atacada la plaza de Yoro por una fuerza revolucionaria al mando de los coroneles Abraham López y Emeterio Rivera, muriendo en el combate los coroneles López y Timoteo Reyes. Después de tres horas de fuego se han retirado las fuerzas atacantes.

Gracias en poder de la revolución

Febrero 7. — Hoy ha caído la ciudad de Gracias en poder de la revolución acaudillada por los generales Gregorio Ferrera y Vicente Tosta C.

Febrero 8. — El gobierno sigue llamando gente a las armas, y a cada momento entran y salen columnas de tropas.

Febrero 9. — Se habla de nuevos cambios ministeriales, y el general López Gutiérrez ha celebrado hoy varias conferencias con el Dr. Juan Ángel Arias para pedirle, según se rumora, su apoyo a la dictadura, lo cual hace creer que, si hay cambios de ministros, será para sustituir ministros policarpistas por ministros aristas.

Nueva crisis ministerial

Febrero 10. — Crisis ministerial parcial, dejando sus puestos los ministros de Gobernación, Guerra y Fomento, señores Mejía Colindres, Sevilla y Argueta, quedando el gabinete reformado como sigue:

Gobernación y Justicia: Dr. Francisco Bueso.

Guerra y Marina: Dr. y coronel Roque J. López.

Relaciones Exteriores: Dr. Rómulo E. Durón.

Instrucción Pública: Dr. Federico A. Smith.

Hacienda y Crédito Público: Dr. Serapio Hernández y Hernández.

Batalla de Jacaleapa

Febrero 10. — Hoy se ha publicado por boletín oficial la noticia de la batalla librada en Jacaleapa, cerca de la frontera de Nicaragua, entre las fuerzas revolucionarias del partido cariísta y las fuerzas dictatoriales al mando de los generales Sánchez, Cárcamo, Cámbar, Fonseca y Mejía. Aunque se carece de detalles, se sabe que ha habido muchos muertos y heridos, y el general Cárcamo ha quedado herido y prisionero en poder de la Revolución.

Las fuerzas de la Revolución han tenido que retirarse debido a falta de parque para continuar luchando.

Entre los jefes de las fuerzas revolucionarias estaban los señores generales Inocente Triminio y Camilo R. Reina, y los coroneles Pedro Triminio, Constantino S. Ramos, Manuel Valladares Núñez, Ricardo Lozano, Armando B. Reina y otros cuyos nombres no tenemos a mano.

En esa batalla los revolucionarios han hecho proezas en valor y en temeridad.

El coronel Armando B. Reina ha sido mortalmente herido en la lucha, cuando a pecho descubierto se lanzó sobre una ametralladora de las fuerzas dictatoriales.

El coronel Pedro Triminio ha sido herido de gravedad, y el coronel Ricardo Lozano ha recibido cuatro balazos que lo han dejado en estado sumamente grave.

Todos estos jefes se han batido con denuedo y heroísmo, a pesar de su inferioridad en armamento.

— Hoy ha caído Santa Rosa de Copán en poder de las fuerzas revolucionarias encabezadas por los generales Tosta y Ferrera.

Patriótico manifiesto de los generales Tosta y Ferrera

Febrero 10. — En la ciudad de Santa Rosa de Copán, los generales Vicente Tosta C. y Gregorio Ferrera han dado hoy un vibrante manifiesto al pueblo hondureño. Publicamos a continuación el texto de este importante documento:

«Al pueblo hondureño:

De todos vosotros son conocidos los sacrificios hechos en 1919 luchando por la libertad, o sea por restablecer el imperio de la Constitución violada por un gobernante que, ofuscado por las pasiones y por el deseo de perpetuar la familia en el poder, violaba los derechos del pueblo con mengua de su soberanía. Restablecido el orden, surgió el gobierno del general don Rafael López Gutiérrez, prestando la promesa constitucional el primero de febrero de 1920, promesa que no fue cumplida, pues en la elección de consejeros federales restringió la libertad del sufragio, uno de los principales ideales que acariciara aquella gloriosa revolución.

Y últimamente, observado con imparcialidad el proceso electoral, nadie podrá negar que también ha sido violada la libertad del sufragio, con mengua de la Constitución y del buen nombre del gobierno, preparando así el terreno para que fuera el Congreso y no el pueblo el que hiciese la elección; y coaccionado aquel por una de las agrupaciones patrocinadas por el Ejecutivo, quien, en su odio manifiesto a un candidato independiente, obstaculizó todo arreglo entre los candidatos, y, por consiguiente, la elección en el Congreso, para asumir la dictadura acariciada de tiempo atrás, dictadura que será efímera, pues el pueblo hondureño no se someterá bajo ningún concepto al yugo de las violaciones de la ley, ya que el Congreso no cumplió con el alto mandato que la Constitución le impone, eligiendo al sucesor legal.

En consecuencia, Occidente, y especialmente el pueblo de Intibucá, se ha indignado ante el que, de manera arbitraria, quiere perpetuarse en el poder, sin haber sido un digno delegado del pueblo en el período constitucional de 1924 a 1928.

Por lo expuesto, los suscritos hoy hacen un gesto enérgico de protesta armada, y excitan a sus buenos hermanos hondureños para que los acompañen en esta cruzada que será una nueva lección para los que, ávidos de mando, hacen caso omiso de la voluntad nacional. Creemos que en estos momentos de angustia para la patria, los hondureños honrados acudirán gustosos en defensa de la libertad, la justicia y el derecho.

Santa Rosa, 10 de febrero de 1924.

Vicente Tosta. — G. Ferrera.»

La revolución a 30 kilómetros de la capital

Febrero 10. — Un norteamericano venido hoy de la Costa Norte ha traído a Tegucigalpa una noticia que causa verdadero asombro. Todo el mundo, incluso las autoridades de Tegucigalpa y los principales elementos del Partido Nacional, creían hasta hoy que el general Carías se hallaba en la frontera de Nicaragua, junto con las fuerzas del general Triminio. El norteamericano dice que él fue hecho prisionero en el valle de Comayagua por un piquete de revolucionarios que se lo llevó al pueblo de Lamaní; que en Lamaní se encontró con el general Carías, quien tiene allí su cuartel general desde que salió de Tegucigalpa.

Añade el norteamericano que el general Carías tiene cerca de 2, 000 hombres bien armados y equipados y que se prepara a marchar sobre la capital.

El gobierno dictatorial, deseando confirmación de la noticia, manda un destacamento a investigar lo que hay de cierto en el relato del norteamericano. La columna de exploración se encuentra con una columna revolucionaria al mando del general Bertrand Anduray; se traba un tiroteo y la columna dictatorial es casi totalmente deshecha por los revolucionarios. Los que escapan regresan a Tegucigalpa e informan de lo sucedido, añadiendo que las fuerzas del general Carías están no ya en Lamaní, sino escalonadas entre Zambrano y Támara.

La revolución con 2 000 hombres bien armados y equipados a 30 kilómetros de Tegucigalpa, ¡y marchando sobre la capital!

Ese descubrimiento, que entre muchas cosas viene a probar el malísimo servicio de espionaje del gobierno dictatorial, produce un pánico indescriptible. Dicho gobierno, a toda prisa, manda ocupar militarmente los cerros del Picacho, Berrinche, Sipile y Juana Laínez, y coloca en ellos fuertes destacamentos de tropa con cañones y ametralladoras. El comercio cierra sus puertas, y Tegucigalpa, presa del temor de una lucha sangrienta en las calles de la capital, permanece decaída y angustiada, esperando el ataque de un momento a otro.

El ministro de EE. UU. intenta celebrar una entrevista

Febrero 11. — El ministro de Estados Unidos, señor Franklin E. Morales, acompañado del señor Ing. don Luis Bográn y el Dr. don Rodolfo Espinoza, ha ido a celebrar una conferencia con el general Carías; no se sabe cuál es la misión de los señores Morales, Bográn y

Espinoza, pero la iniciativa del viaje parece haber salido del general López Gutiérrez.

En la tarde regresa el señor ministro Morales con el Dr. Espinoza, habiéndose quedado el Ing. Bográn con el gral. Carías. Parece que el señor Morales no llegó hasta el campamento del general Carías, por estar este demasiado lejos de la carretera, continuando el Ing. Bográn el viaje a pie. Y nada más se sabe de esta misión.

— Las fuerzas del general Carías continúan en la carretera del norte, de Támara para abajo. Al ver que llega la tarde de hoy sin que la capital haya sido atacada, renace la calma en los ánimos, y los comerciantes hablan de abrir mañana sus tiendas si nada ocurre durante la noche.

Se anuncia hoy que el Dr. don Salvador Córdova ha dejado de ser ministro de Honduras en Washington, y que la legación ha quedado a cargo de la de Guatemala.

Febrero 12. — El señor Dr. Carlos Alberto Uclés es nombrado ministro de Relaciones Exteriores, y el Dr. Rómulo E. Durón, que lo era interinamente, queda encargado de la subsecretaría.

— Hoy ha caído Santa Bárbara en poder de la Revolución.

Abre el comercio

Febrero 13. — El comercio ha abierto ayer sus puertas, confiado en que el ataque a la capital por el general Carías ha sido suspendido por ahora.

Se sabe hoy que el gobierno de Estados Unidos ha roto el 5 del corriente sus relaciones diplomáticas con el gobierno dictatorial.

Pocos días antes de proclamarse la dictadura se dio a conocer a algunas personas un cablegrama del Departamento de Estado, dirigido a la legación en Tegucigalpa, en el cual se declaraba que el gobierno de Estados Unidos posiblemente reconocería la dictadura con tal de que se llenaran ciertas condiciones. Nosotros tuvimos en nuestras manos una copia de lo que se nos dijo era el cablegrama original.

Seguramente no debieron llenarse las condiciones estipuladas, puesto que no solo no reconoce Estados Unidos al gobierno de la dictadura, sino que, yendo más allá, ha roto sus relaciones diplomáticas con el actual orden de cosas. Según se ha sabido hoy, esa ruptura tuvo lugar el 5 del corriente; pero tanto la legación de Estados Unidos como el gobierno dictatorial la habían tenido secreta.

— Hoy ha sido atacada la plaza de San Marcos de Colón por el general Francisco Martínez Funes, resultando unos 45 muertos de ambas partes. La plaza resistió el ataque, y el general Martínez Funes se ha retirado hacia la frontera de Nicaragua.

Febrero 14. — Ha desaparecido por ahora la inminencia de un ataque a la capital por el general Carías. En efecto, hoy se supo que el general Carías salió de Lamaní con su gente el día 9, llegando hasta Támara, continuando de allí para Río Hondo, Cedros, Cantarranas y hacia la frontera de Nicaragua. El gobierno dictatorial ha hecho salir hoy una fuerte columna al mando del general Julio Peralta, con instrucciones de atacar al general Carías en donde lo encuentre.

Hoy ancló en la rada de Amapala
— Hoy ancló en la rada de Amapala el crucero norteamericano Milwaukee, de 7,200 toneladas y 110,000 caballos de fuerza. El Rochester está desde hace algunos días en Puerto Cortés.

— Esta mañana salió para El Salvador y Guatemala el doctor José Ángel Zúñiga Huete, quien se dice va en misión de la Dictadura ante los gobiernos de aquellas repúblicas hermanas.

— El general Román Díaz M. ha sido nombrado comandante militar de Tegucigalpa, y el Lic. Arturo Pineda Arias, gobernador político; y el Dr. Salvador Erazo Cálix, cirujano militar de la guarnición.

Febrero 15, 16 y 17. — Tres días sin noticias de ninguna clase, aunque es evidente que ocurren cosas de importancia en el interior del país.

Febrero 18. — El gobierno dictatorial anuncia que el general Leonardo Nuila ha recuperado la plaza de La Paz, después de un corto tiroteo con las fuerzas revolucionarias del coronel Moisés Nazar.

Febrero 19. — El coronel Nazar ha tomado nuevamente La Paz.

Batalla del Pedregalito
Febrero 20. — El general Peralta ha llegado anoche a Alauca, a cuatro leguas del Pedregalito y Sabana Redonda, donde se halla el general Carías con su ejército. Hoy, a las 5 de la mañana, entablóse

un reñido combate que ha durado casi todo el día. Hay muchos muertos y heridos.

En esa batalla pelearon valerosamente los revolucionarios, y a pesar de su peligrosa escasez de parque, sostuvieron durante largo tiempo el fuego de las fuerzas dictatoriales, distinguiéndose entre los jefes revolucionarios los generales J. Inocente Triminio, Mariano Sanabria, Camilo R. Reina y los coroneles Pedro Triminio, Calixto Carías, Manuel Valladares Núñez y otros cuyos nombres sentimos no tener. El coronel Carías ha sido gravemente herido y no se le ha podido hallar después de la batalla. Por falta de parque y suficiente armamento, las fuerzas revolucionarias han tenido que abandonar el terreno a las fuerzas dictatoriales.

El general Ferrera ataca Comayagua

Febrero 21. — El general Ferrera ha atacado temprano de esta mañana la importante plaza de Comayagua.

Febrero 22. — Sigue peleándose encarnizadamente en Comayagua y las fuerzas del general Ferrera van ganando terreno a cada momento.

— Hoy ha regresado de Guatemala y El Salvador el Dr. Ángel Zúñiga Huete.

Después de serios y terribles combates cae Comayagua

Febrero 23. — Después de dos días y una noche de terrible lucha, ha caído hoy la importantísima plaza de Comayagua en poder del ejército revolucionario encabezado por el general Ferrera. Del Dr. José María Ochoa Velásquez y el coronel Salomón Zorto Z., que defendían la plaza, no hay noticias.

Febrero 24. — Hoy llegaron a Tegucigalpa, salvos y sanos, los señores Dr. Ochoa Velásquez y coronel Zorto.

El Gral. Ferrera pide la entrega de la plaza de Tegucigalpa

Febrero 24. — Procedente de Comayagua ha llegado hoy una comisión compuesta de los señores general Evaristo Henríquez, Dr. B. D. Guilbert y Fray Gregorio de Beire; viene esta comisión en nombre del general Ferrera con una carta suya pidiendo la entrega de la plaza de Tegucigalpa. El general Henríquez visita primero al Sr.

ministro de Estados Unidos y le expone la solicitud del general Ferrera.

Febrero 25. — A iniciativa del Sr. ministro de Estados Unidos y en vista de la comisión enviada por el general Ferrera, el cuerpo diplomático se reúne en la legación norteamericana y resuelve ir con el general Henríquez a entrevistarse con el gobierno y discutir la solicitud del general Ferrera y tratar de evitar que se pelee en Tegucigalpa.

A las 11 de la mañana se celebra la conferencia en la mansión presidencial, estando presentes el Sr. general López Gutiérrez, su gabinete, el cuerpo diplomático y el general Henríquez, en su carácter de comisionado del general Ferrera. El general López Gutiérrez lee la carta del general Ferrera y oye las explicaciones que le da el general Henríquez y las observaciones que hace el cuerpo diplomático en el sentido de evitar una lucha armada en Tegucigalpa. Dice el general López Gutiérrez que bajo ningún concepto entregará al general Ferrera la plaza de Tegucigalpa; que el gobierno está dispuesto a resistir a cualquier ataque, pero que cree no habrá necesidad de pelear en la capital.

Los miembros de la comisión enviada por el general Ferrera son retenidos en la capital con orden de no intentar salir de la ciudad.

El Dr. José María Ochoa Velásquez es nombrado ministro de Hacienda y Crédito Público, en lugar del Dr. Hernández y Hernández; y el Dr. Marcial Lagos, ministro de Instrucción Pública, en lugar del Dr. Federico A. Smith.

El Dr. Carlos Alberto Uclés renuncia del cargo de ministro de Relaciones Exteriores, y el subsecretario del ramo, Dr. Rómulo E. Durón, se hace cargo nuevamente de la cartera.

Febrero 26. — El gobierno manda un fuerte ejército a Zambrano con objeto de detener el avance del Gral. Ferrera sobre la capital.

Febrero 27. — Sigue saliendo tropa para Zambrano. Se organiza la Cruz Roja Militar, se despacha un poderoso tren de guerra a Zambrano y se hacen preparativos para una gran batalla. Los gobiernos de España, Inglaterra, Francia, China e Italia han puesto en manos del de Estados Unidos la protección de sus nacionales en los lugares de Honduras donde ellos no tienen representación diplomática ni consular.

La gran batalla librada en Trincheras, Cofradía y Palmar

Marzo 1. — En la Costa Norte se ha librado una batalla que ha durado tres días y ha sido decisiva en cuanto se refiere a San Pedro Sula; se puede asegurar que de esta batalla depende la suerte toda de la Costa Norte, puesto que en ella tomó parte el grueso del ejército con lo más granado de los jefes gobiernistas.

Fracasada la conferencia de Búfalo entre el Gral. Lagos y las fuerzas revolucionarias, supo el Gral. Tosta que las fuerzas del Gral. Lagos lo iban a atacar en la noche del 27. El ejército revolucionario, fuerte de unos 2,000 hombres, se hallaba en Calpules, posición malísima para sostener una ofensiva contra las fuerzas numéricamente muy superiores, y durante la noche se traslada a las alturas de Trincheras para combatir las del Gral. Lagos: 6,000 hombres bien equipados.

Comprendió el Gral. Tosta que su salvación consistía en un golpe de estrategia, dejando al valor de su ejército la suerte de la batalla. Dejó en Calpules unos 60 hombres, con numerosas banderas, para engañar al enemigo, mientras él, el general Tosta, con el grueso de sus fuerzas, se trasladaba a marcha forzada a las alturas antes dichas, de donde pudiera dominar a los dictatoriales y atacarlos emprendiendo un movimiento envolvente.

Y, en efecto, a las 8 de la mañana las fuerzas dictatoriales atacan las posiciones revolucionarias en Calpules (Agua Prieta), asaltándolas y tomándolas sin mayor dificultad, ya que los 60 hombres que allí había dejado el general Tosta no tenían por objeto defenderlas sino atraer allí al enemigo.

En ese momento el general Tosta llega con su ejército, en cuyos lugares, Las Trincheras, Cerro Will, Cofradía, Palmar y Choloma, se combate duramente tres días —27, 28 y 29— y el ejército dictatorial va gradualmente cediendo terreno, hasta que, comprendiendo que tiene la batalla perdida y viéndose en peligro de ser completamente derrotado, emprende la retirada hacia el noroeste, dejando San Pedro Sula a merced de la Revolución.

La estrategia del Gral. Tosta ha triunfado —ha triunfado su estrategia y el valor de su tropa. También los dictatoriales se han batido con valor y arrojo, pero con menos estrategia.

Para el gobierno de la dictadura es un golpe de gran efecto, pues todas sus esperanzas se cifraban en el ejército del general Lagos, quien tenía a sus órdenes en la Costa Norte 6,000 hombres al mando de sus mejores jefes, como eran los generales Salvador M. Cisneros, Ángel Matute, Arturo Matute, Ceferino Delgado, Fidel Carías, J. B. Mendoza, L. del Cid, Simón Aguilar, Manuel Antonio López, Romualdo Figueroa, Luis Mejía Moreno, Eusebio Bonilla, Gonzalo Navarro, Espinoza y cuatro más.

En esta batalla, que pone en manos del Gral. Tosta la llave de la Costa Norte, ha habido centenares de muertos y heridos.

El ejército dictatorial se aleja hacia la frontera de Guatemala, batiéndose en retirada; no huye: se retira para tratar de reorganizarse y presentar acción nuevamente; pero el Gral. Tosta encarga al valiente Gral. José León Castro que persiga al ejército dictatorial, mientras él, con una parte de su columna, marcha a someter La Ceiba.

Muerte del Dr. Marcos Carías
Marzo 2. — El distinguido hombre público, Dr. don Marcos Carías A., ha muerto hoy repentinamente en la residencia de don Antonio Lardizábal, donde se hallaba hospedado desde hace algunos días.

El general Tosta toma posesión de San Pedro Sula
Marzo 3. — Hoy entró triunfalmente en San Pedro Sula el general don Vicente Tosta, a la cabeza de su ejército.

Memorándum del Cuerpo Diplomático presentado al Gobierno
Marzo 4. — El cuerpo diplomático ha presentado hoy al gobierno el siguiente memorándum:

«Memorándum. — El cuerpo diplomático acreditado en Honduras considera como un deber suyo llamar la atención del gobierno sobre los puntos siguientes:

1° — Es evidente que Tegucigalpa está en vísperas de ser atacada por las fuerzas revolucionarias que han estado operando en los alrededores de la capital.

2° — Es asimismo evidente que una lucha en esta ciudad causará un gran número de víctimas inocentes entre la población civil de la capital, tanto entre los elementos nacionales como entre los extranjeros, sin contar los grandes perjuicios materiales que ocasionará una lucha armada en las calles de Tegucigalpa.

3° — No es ya ningún secreto que el gobierno de Honduras está dispuesto a resistir, a pesar de que las principales poblaciones de la Costa Norte están ya en poder de la Revolución, y que una resistencia en la capital no puede en ningún caso dominar el movimiento revolucionario que ya se ha extendido por todo el país, causando grandes pérdidas en vidas y en propiedades.

4° — En tal virtud, el cuerpo diplomático se ve obligado a rogar al gobierno busque un camino para evitar un ataque a la capital, ya sea entrando en pláticas con las fuerzas revolucionarias que la amenazan, ya sea saliendo a luchar fuera del radio de la capital, ya sea depositando el poder en un consejo de ministros que inspire confianza al país y que sea garantía de paz inmediata, evitando así derramamiento de sangre y destrucción de propiedad.

5° — El cuerpo diplomático, al hacer esta solicitud, no lleva en mira favorecer a ningún grupo o partido, sino otorgar protección a los elementos extranjeros y nacionales que han apelado a él para que se evite la catástrofe que significaría para la capital y el país una lucha armada en esta capital. Y como es deber nuestro, como representantes oficiales de nuestros respectivos países, proteger nuestros nacionales, y como es deber también de humanidad evitar el derramamiento de sangre que implicaría el ataque a la capital, nos permitimos rogar al gobierno tomar una decisión inmediata sobre tan grave asunto. — 4 de marzo de 1924.»

Batalla de Zambrano

Marzo 4. — Hoy ha tenido lugar la batalla de Zambrano entre las fuerzas dictatoriales y las del general Ferrera. Han triunfado las armas revolucionarias y el ejército dictatorial ha tenido que retirarse precipitadamente a la capital, abandonando un cañón y muchos pertrechos de guerra.

Al dar cuenta de este combate, el general Ferrera dice:

«Ayer a las 4 y 30 p. m., de improviso chocamos con el enemigo fuertemente atrincherado en estos campos. Nuestra caballería fue sorprendida y casi deshecha; pero inmediatamente fue apoyada por los valientes coroneles Cristóbal Gutiérrez, Pedro G. Domínguez, Fulgencio Machado y Blas Domínguez.

Los fuegos se iniciaron con extremada violencia. A las 5 y media se ordenó a los coroneles Práxedes García y Juan Z. Pérez un ataque por nuestra derecha, que se efectuó con energía. Este ataque principió a hacer vacilar al enemigo.

A las 7 de la noche, una carga a machete. Así logramos quitar a las fuerzas de la dictadura sus primeras posiciones; pero el combate continuó durante la noche y con suerte varia hasta las 8 de la mañana, que triunfamos definitivamente.

Fueron deshechos mil trescientos hombres, provistos de artillería, ametralladoras y abundantes cartuchos, comandados por los generales Máximo B. Rosales, Julio Peralta, Francisco Cardona y Fonseca, y varios coroneles que recibían constantemente auxilios en hombres y en armas de la capital.

Capturamos 2 ametralladoras Thompson y parte del tren de guerra. Entre nuestros muertos figura el malogrado coronel Cristóbal Gutiérrez, y heridos los coroneles Machado y Domínguez (Pedro G.) y varios otros que oportunamente nominaré.

Nuestros heridos han sido llevados ya para Comayagua. El desastre de los dictatoriales ha sido completo; pero hemos necesitado hacer grandes esfuerzos, ya que los elementos que combatimos constituían lo esencial y selecto para la Dictadura.

—Servidor y amigo.— G. Ferrera».

Como en lo sucesivo nos hemos de referir a menudo al cuerpo diplomático, es bueno consignar aquí quiénes lo componen, haciendo constar que el señor Dr. don Diego Robles, encargado de negocios de Costa Rica, probablemente por su carácter de diplomático ad honorem y también por ser empleado del gobierno (es director del Hospital), no figura en el cuerpo diplomático en las gestiones hechas hasta ahora o que en lo sucesivo se hagan por los representantes extranjeros.

Forman el cuerpo diplomático: el Excmo. señor don Franklin E. Morales, ministro plenipotenciario y enviado extraordinario de Estados Unidos; el Excmo. señor don Anselmo Rivas G., ministro plenipotenciario y enviado extraordinario de Nicaragua; el Honorable señor don G. Lyall, encargado de negocios de Inglaterra; el Honorable señor doctor don Pablo Campos Ortiz, encargado de la Legación de México; el Honorable señor doctor don José María Bonilla, encargado de negocios de Guatemala; y el Honorable señor doctor don Bernardino Larios h., encargado de negocios de El Salvador.

Salida del Dr. Arias

Marzo 5. — Esta mañana salió para El Salvador y Guatemala el Dr. don Juan Ángel Arias.

— Hoy tuvo lugar otra conferencia del cuerpo diplomático con el gobierno de la dictadura, a fin de ver si, ahora que el resultado de la batalla de Zambrano ha abierto al general Ferrera el camino de la capital, se puede llegar a un arreglo entre el gobierno y la revolución, para evitar el ataque a Tegucigalpa. Sin resultado.

Marzo 6. — Don Maximiliano Vásquez es nombrado director general de Policía.

— El general López Gutiérrez está gravemente enfermo.

— Puerto Cortés cae en poder de la Revolución.

El general Ferrera avanza sobre la capital

Marzo 7. — El general Ferrera ha avanzado con su ejército hasta las alturas de Santa Cruz, a dos leguas de la capital.

Marzo 8. — Nuevamente se produce el pánico en Tegucigalpa al ver que es inminente un ataque a la ciudad. Los comerciantes cierran sus tiendas y los habitantes se encierran en sus hogares.

— Tela ha caído hoy en poder de las fuerzas de la Revolución.

Incendio y destrucción del edificio de Correos

Marzo 9. — El edificio de Correos, Almacén Nacional y Administración General de Rentas es destruido por un incendio, perdiéndose una gran cantidad de correspondencia recientemente llegada del sur, incluso muchos paquetes postales.

Comunicación del Gral. Ferrera al cuerpo diplomático

El general Ferrera dirige una comunicación al cuerpo diplomático, por medio del señor ministro de Estados Unidos, manifestando que si el gobierno no le entrega la capital, él se verá obligado a tomarla por asalto. El cuerpo diplomático se reúne en la legación norteamericana y visita al gobierno, ofreciendo nuevamente su amistosa mediación para ver si hay modo de llegar a un arreglo que traiga la paz y evite el ataque a la capital con su correspondiente derramamiento de sangre.

El gobierno se muestra poco dispuesto a entrar en arreglo alguno con la Revolución, pero dice al cuerpo diplomático que pida al general Ferrera las condiciones en que aceptaría la paz.

Vuelve el cuerpo diplomático a la legación de Estados Unidos, y allí se discute la cuestión de declarar una zona neutral en Tegucigalpa para que se refugien en ella los miembros de las colonias extranjeras y la población civil hondureña. Y para hacer respetar esa zona, el señor ministro de Estados Unidos se propone hacer venir un contingente de marinos del crucero Milwaukee.

Los diplomáticos allí presentes aceptan la idea, con excepción del señor representante de México, Lic. don Pablo Campos Ortiz, quien dice que él no puede dar su aprobación a semejante medida, porque su gobierno, en principio, es enemigo de toda intervención extranjera en asuntos internos de otro país, aunque el objeto sea simplemente mantener el orden y de carácter provisional.

El señor encargado de negocios de Guatemala, don José María Bonilla, no ha asistido a las deliberaciones en la legación de Estados Unidos acerca de la traída de marinos, y por lo tanto no se sabe cuál sea su opinión sobre este asunto.

El ministro de Estados Unidos ha dado órdenes al crucero Milwaukee para que desembarque 125 marinos y los despache a Tegucigalpa.

El cuerpo diplomático se traslada al campamento del Gral. Ferrera

Marzo 10. — El cuerpo diplomático se traslada al campamento revolucionario situado en los cerros de Santa Cruz, a dos leguas de la capital, y allí celebra una larga entrevista con el general Ferrera, quien, a solicitud del cuerpo diplomático, ofrece un armisticio de 72 horas para ver si se llega a un arreglo que restablezca la paz.

Sus condiciones son que el gobierno debe entregarle la plaza incondicionalmente; que se formará un gabinete compuesto de dos ministros de cada uno de los tres partidos; que él será nombrado comandante en jefe de las fuerzas de la República; que sus tropas ocuparán Tegucigalpa, y las del gobierno serán acuarteladas en Comayagüela.

El cuerpo diplomático a punto de perecer

Cuando el cuerpo diplomático, en su viaje al campamento del general Ferrera, iba ya cerca de Santa Cruz, por la carretera del norte, salió del monte un soldado y colocó rápidamente una bomba, con la mecha encendida, en medio del camino por donde iba a pasar el automóvil; este no tuvo tiempo de parar, ni había modo de desviarse de la carretera.

Un oficial, el coronel Napoleón Cubas Turcios, al fijarse bien en la bandera del automóvil, vio que era la norteamericana, en vez de la bandera rojiblanca del gobierno dictatorial, que él había creído ver cuando aún el auto estaba algo lejos.

El coronel Cubas, desde su escondite en la orilla de la carretera, se dio cuenta del grave error y de lo que iba a suceder dentro de unos segundos; dio un salto, echó a correr hacia la bomba y, con peligro de su propia vida, separó de un machetazo la mecha encendida de la bomba; esto, en el preciso momento en que el automóvil, llevando los diplomáticos, llegaba al lugar del peligro.

Sin la oportuna y valiente intervención del coronel Cubas Turcios, habría volado el automóvil con todo el cuerpo diplomático.

El machete salvador, que es ahora un objeto de verdadero mérito histórico, fue obsequiado al señor encargado de negocios de México, licenciado don Pablo Campos Ortiz, por el general Ferrera, al tener conocimiento del hecho ocurrido.

Que si no es por este machete y el brazo que tan diestramente lo supo manejar, México, El Salvador, Guatemala, Inglaterra y Estados Unidos estarían hoy de luto; y Honduras no tendría cuerpo diplomático en Tegucigalpa.

Ultimátum del Gral. Ferrera

En la conferencia celebrada por el cuerpo diplomático con el general Ferrera, este ha fijado como término del armisticio el día 13 a las 5 de la tarde. Si a esa hora del día 13 el gobierno dictatorial no ha resuelto entregarle la plaza, se romperán las hostilidades y empezará el ataque a la capital.

El Consejo de Ministros asume el Poder Ejecutivo y restablece la Constitución de 1894

Marzo 10. — El Consejo de Ministros ha dado hoy el siguiente decreto:

Decreto N.° 2. — El Consejo de Ministros del Gobierno Provisional de la República.

Considerando: que el Congreso Nacional se disolvió de hecho el treinta y uno de enero último, sin haber declarado ni practicado la elección de presidente y vicepresidente de la República para el período que debió empezar el primero de febrero, y sin haber nombrado los designados a la presidencia para el presente año, razón por la cual el señor presidente constitucional, general don Rafael López Gutiérrez, por decreto de aquella fecha, a las doce de la noche, se vio en el caso de asumir todos los poderes del Estado mientras se inaugura el régimen constitucional.

Considerando: que el general don Rafael López Gutiérrez se encuentra imposibilitado de ejercer las funciones de presidente provisional, por estar gravemente enfermo; y que es llegado el caso previsto por el art. 107 de la Constitución Política;

Por tanto:
Decreta:

Artículo 1°. — Mientras se reúne la Asamblea Nacional Constituyente, que se manda a convocar en el decreto citado de treinta y uno de enero pasado, el Consejo de Ministros ejercerá el Poder Ejecutivo de la República.

Artículo 2°. — Se declara restablecido el imperio de la Constitución Política promulgada el catorce de octubre de mil ochocientos noventa y cuatro, en cuanto fuere compatible con las necesidades del gobierno actual.

Dado en Tegucigalpa, a las tres de la tarde del día diez de marzo de mil novecientos veinticuatro.

El secretario de Estado en el despacho de Gobernación y Justicia, F. Bueso.

El secretario de Estado en el despacho de Guerra y Marina, R. J. López.

El secretario de Estado en el despacho de Hacienda y Crédito Público, José Ma. Ochoa V.

El secretario de Estado en el despacho de Relaciones Exteriores, Rómulo E. Durón.

El secretario de Estado en el despacho de Fomento, Obras Públicas y Agricultura, José Ma. Sandoval.

El secretario de Estado en el despacho de Instrucción Pública, Marcial Lagos.

Muerte del Gral. López Gutiérrez

Marzo 10

Hoy a las 4 de la tarde ha fallecido el general don Rafael López Gutiérrez, jefe del Gobierno y dictador de la República.

— En la noche de hoy, como a las 8, estalla un nutrido tiroteo que el público interpreta como un ataque a los cuarteles. Han estallado varias bombas frente a la casa del Dr. Policarpo Bonilla, donde ha empezado el tiroteo, continuando después en los alrededores del cuartel de San Francisco. La población está sumamente alarmada. A las 10 de la noche reina completo silencio en la ciudad.

Marzo 11

El Gobierno guarda secreto sobre lo ocurrido anoche y dice que fue un simple «escándalo»; no hay detalles del número de muertos y heridos durante el tiroteo, pero se sabe que ha habido algunos. Lo que hay de cierto es que no fue un ataque a los cuarteles, sino un combate entre soldados aristas y policarpistas al servicio del Gobierno, y una intentona contra la casa del Dr. Bonilla.

En vista de lo ocurrido anoche, el Dr. Bonilla abandona hoy su casa y busca refugio en otra más segura, donde permanece oculto.

— Habiéndose concertado un armisticio de tres días con el general Ferrera, y creyendo el cuerpo diplomático que ya no habrá ataque a la capital, el Sr. ministro de Estados Unidos ha dado ayer a los marinos que venían a Tegucigalpa orden de reembarque; y anoche salieron de San Lorenzo regresando al Milwaukee.

— El Gobierno no acepta las condiciones del general Ferrera para la capitulación y hace contrapropuestas.

El presidente de El Salvador propone una conferencia de paz

Mientras tanto, se ha recibido hoy un telegrama del Sr. presidente de la República de El Salvador, Dr. don Alfonso Quiñónez Molina, participando que, de acuerdo con los gobiernos de Guatemala y Nicaragua, y con el beneplácito del de Estados Unidos, él ha iniciado una conferencia que se habrá de celebrar en Amapala a la mayor brevedad posible, con el objeto de restablecer la paz en Honduras.

Añade que ya se ha dirigido al general Ferrera, quien le ha contestado aceptando la idea; pide la aceptación del Gobierno de la dictadura para proceder al nombramiento de los delegados. En dicha conferencia deberán tomar parte delegados de los tres gobiernos mediadores, del Gobierno de la dictadura y del general Ferrera.

El Consejo de Ministros, encargado del poder desde ayer, acepta la iniciativa de conferencia y manifiesta al cuerpo diplomático que, en vista de la iniciativa del presidente Quiñónez, debe extenderse el plazo del armisticio a ocho días, a fin de dar tiempo para la reunión de la conferencia, ya que el problema hondureño está ahora en manos de los gobiernos mediadores.

El cuerpo diplomático visita nuevamente al general Ferrera, quien ha trasladado su cuartel general a los llanos del Toncontín, ocupando la estación inalámbrica y el Estiquirín. El general Ferrera acepta gustoso ir a la conferencia, pero no puede extender el armisticio sino entregándosele la plaza, pudiendo continuar después las gestiones de la conferencia con el fin de solucionar el problema de Honduras.

Marzo 12

El día de hoy pasa en conferencias entre el cuerpo diplomático y el general Ferrera. El Consejo de Ministros ha presentado una queja al cuerpo diplomático, por haber ocupado las fuerzas del general Ferrera el Estiquirín y el Toncontín, cortando las comunicaciones del Gobierno de Tegucigalpa. El general Ferrera dice, a ese respecto, que él no se ha comprometido a mantener libre para el Consejo de Ministros la carretera del Sur, y que sus tropas no han violado ninguna de las condiciones del armisticio, como lo puede constatar, y como en efecto lo reconoce el cuerpo diplomático.

— El Gobierno de Nicaragua ha manifestado hoy que es su deseo que también el general Carías sea invitado a participar en la conferencia de Amapala, y que ya ha sido nombrado el Dr. don Paulino Valladares para ir como delegado del general Carías. Al mismo tiempo pide garantías para el Dr. Valladares a su llegada a Amapala.

Pero la opinión general es que la tal conferencia no se llevará a cabo.

En la última entrevista que ha tenido hoy el cuerpo diplomático con el general Ferrera, este ha confirmado su ultimátum al Consejo de Ministros, haciendo notar que el armisticio se vence mañana a las 5 de la tarde.

El Gral. Carías se dirige al cuerpo diplomático

El Sr. ministro de Estados Unidos ha recibido hoy una comunicación del general Carías, con copias para otros miembros del cuerpo diplomático, pidiendo la entrega de la plaza antes de mañana a las 3 de la tarde. La carta del general Carías lleva fecha del 10 y viene del lugar llamado La Ciénega.

El ultimátum del general Carías es comunicado al Consejo de Ministros, pero este dice que el general Carías «está muy lejos para que sea una amenaza para la capital».

— En la tarde, como a las 5, regresa el cuerpo diplomático de su visita al general Ferrera, y viene convencido de que el ataque a Tegucigalpa es inevitable. Da, pues, por terminada su gestión y por fracasada la iniciativa de la conferencia de Amapala.

Caída de La Ceiba

Marzo 13. — Después de una lucha de varios días, ha caído hoy La Ceiba en poder de las fuerzas revolucionarias del ejército del general Tosta, al mando inmediato de él y del general don Filiberto Díaz Zelaya y otros prestigiados jefes. Ha habido muchos muertos y heridos, y una parte de la ciudad fue destruida por el incendio antes de este ataque.

— En la mañana de hoy el cuerpo diplomático celebra una última conferencia en la legación norteamericana, y hace un postrer esfuerzo por evitar el ataque a Tegucigalpa. A las 11 visita al Consejo de Ministros, y después de una larga discusión sobre la gravedad del momento, y a instancias del encargado de negocios de Inglaterra, Sr. Lyall, le entrega el siguiente memorándum:

Contenido del histórico memorándum

El Consejo de Ministros recibió del cuerpo diplomático este documento:

Memorándum. — Habiendo llegado al último día del armisticio concertado entre el general Ferrera y el Gobierno, el cuerpo diplomático desea hacer una corta recapitulación de sus esfuerzos para evitar la lucha armada en la capital de la República y las desastrosas consecuencias que son inevitables si se lleva a efecto esa lucha en Tegucigalpa.

Después de la caída de Comayagua, el general Ferrera se dirigió al cuerpo diplomático, poniendo en su conocimiento que si la plaza de Tegucigalpa no era entregada y el Gobierno depositado en manos de un Consejo de Ministros, cuyos miembros serían designados en seguida de entre personas de varios colores políticos, él, el general Ferrera, se vería obligado a atacar la capital. Intervino el cuerpo diplomático en el sentido de evitar dicho ataque, ofreciendo sus buenos oficios para cooperar en busca de una solución pacífica. Esto fue el 4 de marzo.

El Gobierno entonces, por medio del Sr. presidente, general López Gutiérrez, dijo al cuerpo diplomático que el general Ferrera no era un peligro inminente, pues que las tropas del Gobierno le atacarían en las cercanías de Zambrano, y que el Gobierno estaba convencido de que podría dominar la situación; y puesto que entre la capital y la revolución había entonces un ejército del Gobierno, que se alistaba a pelear en campo abierto lejos de Tegucigalpa, el cuerpo diplomático se apartó y dejó que se desarrollaran los acontecimientos.

Vino la batalla de Zambrano, que resultó en una retirada de las tropas gobiernistas a la capital, y el consiguiente avance de la revolución hasta los cerros de Támara, Santa Cruz, etc., ya en las inmediaciones de Tegucigalpa. Y el 9 de marzo, el general Ferrera se dirigió nuevamente al cuerpo diplomático, pidiendo que el Gobierno entregara la plaza si se quería evitar la lucha armada.

Se puso el cuerpo diplomático al habla con el Gobierno, y presentando la situación a este, le hizo ver la conveniencia de evitar que se peleara en la capital; entonces el Gobierno dijo que al confirmarse la noticia de la caída de la Costa Norte en manos de la Revolución, no habría inconveniente en entrar con el general Ferrera en algún arreglo de capitulación que evitara más derramamiento de sangre. Fue el cuerpo diplomático a entrevistarse con el general Ferrera, y se concertó una tregua para mientras se lograba hacer algún arreglo de paz entre el Gobierno y la Revolución.

Mientras tanto, el Sr. presidente de El Salvador, Dr. don Alfonso Quiñónez Molina, había iniciado, de acuerdo con los gobiernos de Guatemala y Nicaragua, un armisticio que permitiera la inmediata reunión de una conferencia para solucionar todo el problema de la cuestión política hondureña. Y el general Ferrera, en vista de esa iniciativa, aceptó un armisticio de tres días, plazo que termina hoy a las 5 p. m.

Ayer el Gobierno presentó al cuerpo diplomático un memorándum de condiciones en que se queja de que el general Ferrera ha roto el armisticio, y pide, además, que se extienda el plazo del armisticio para mientras se reúne la conferencia. El general Ferrera no acepta más extensión, y su ultimátum es que si hoy a las 5 de la tarde no se le ha entregado la plaza, él la atacará para tomarla.

Toda la gestión del cuerpo diplomático durante ese tiempo ha sido inspirada única y exclusivamente a evitar el derramamiento de sangre y la destrucción de propiedad que significa la lucha armada en Tegucigalpa. Nada tiene que ver el cuerpo diplomático con la parte política del problema; nada le importa el color político de un bando u otro, ni le interesa tampoco saber los fines políticos de unos y otros.

Lo único que sí le interesa al cuerpo diplomático es la parte humanitaria de esta grave situación. El fin que ha perseguido el cuerpo diplomático ha sido evitar los peligros de la lucha armada en Tegucigalpa, pues que de llevarse a cabo esta, sufrirán no solo las partes beligerantes, sino también la población civil, incluso ciudadanos e intereses extranjeros.

El cuerpo diplomático tiene conocimiento positivo de que las plazas de La Ceiba, San Pedro, Puerto Cortés y Tela están en poder de la Revolución, y con tal motivo, recuerda las palabras del ahora difunto señor presidente López Gutiérrez, quien dijo, después de la batalla de Zambrano, que al tenerse confirmación de la caída de la Costa Norte, el Gobierno trataría de poner término a su resistencia, buscando un modo de pactar con la Revolución y volver a la paz.

El cuerpo diplomático está convencido de que tanto el Gobierno como las fuerzas del general Ferrera han respetado el armisticio, y nada tiene que decir sobre el particular.

Pero el punto capital en todo esto es que hoy a las 5 se cumple el plazo del armisticio. Quiere el cuerpo diplomático llamar una vez más la atención de los honorables miembros del Gobierno sobre los muchos males y graves consecuencias que traerá para la población de Tegucigalpa una lucha armada.

En todos los países y en todas las épocas, desde que el mundo se preocupa por la humanidad, el cuerpo diplomático ha acostumbrado ofrecer su mediación amistosa cuando surgen problemas que entrañan derramamiento de sangre humana; y no podía esta vez el cuerpo diplomático acreditado en Honduras permanecer indiferente a la catástrofe que se aproxima, ni alejarse de las partes contendientes ante el peligro que amenaza la capital.

Por eso ha ofrecido su cooperación desinteresada, neutral y benévola al Gobierno de Honduras, para ver si hay algún modo de conjurar el peligro. Y aun ese paso lo ha dado únicamente después que el mismo general Ferrera se dirigió a él, exponiendo la situación en que se hallaría Tegucigalpa si el Gobierno no tomaba una decisión aceptable para la Revolución.

Lejos de la mente del cuerpo diplomático de querer dictar al Gobierno de Honduras la actitud que debe seguir en estos momentos apremiantes. Pero es deber del cuerpo diplomático hacer ver al Gobierno la gravedad del momento y la magnitud de la catástrofe inminente.

Piense bien en las consecuencias y responsabilidades ante el mundo y ante la historia, y después de meditarlo a fondo, resuelva lo que crea más conveniente.

La gestión del cuerpo diplomático termina aquí, hoy a las 5 p. m., y rechaza toda responsabilidad por lo que venga después.»

Lamenta, sí, el Cuerpo Diplomático, que su mediación ofrecida con toda sinceridad y con fines profundamente humanitarios, no haya tenido el resultado que hubiera deseado, es decir: que no haya podido evitar la lucha en Tegucigalpa.

Quedan aún unas pocas horas para resolver si ha de correr la sangre hondureña en las calles de Tegucigalpa; quedan aún unos momentos para meditar sobre si deben sacrificarse más vidas y más intereses en una resistencia de última hora, que puede traer para Honduras consecuencias difíciles de justificar, aun lográndose defender la capital victoriosamente.

Marzo 13

Medite, pues, el Gobierno sobre el momento presente, y sobre todo, sobre el futuro, que habrá de ser un reflejo de lo que ahora pase. Medite y decida, que a las 5 de la tarde empieza el momento crítico. —13 de marzo de 1924.—10 a.m.

Se rompen las hostilidades y empieza el sitio de Tegucigalpa

A las 5 de la tarde del jueves 13 de marzo vence el plazo del armisticio. La expectación y el pánico son grandes. La hora fatal e histórica se ha vencido. Se espera el ataque durante la noche: muchas familias de Comayagüela y barrios retirados de la ciudad abandonan sus casas y se van a La Leona y otros lugares que ofrecen una seguridad relativa.

Marzo 14. — Ha pasado la noche sin oírse un tiro, pero Tegucigalpa no ha dormido. Las posiciones militares en los cerros que rodean la ciudad están llenas de soldados, y se notan preparativos y mucha actividad. Las calles están desiertas; las tiendas, casas y oficinas, cerradas. La tropa está distribuida en sus puestos esperando la hora fatal.

— A las 2 y 35 de la tarde se oye un cañonazo disparado por una batería del cerro de Juana Laínez; le sigue otro, y otros muchos, y varias descargas de fusilería. El ministro de la Guerra, Dr. don Roque J. López, ha dado la orden de romper el fuego contra las fuerzas de la Revolución en el preciso momento en que están evolucionando en los llanos del Toncontín y haciendo preparativos, según se puede ver desde la ciudad, para atacar la capital.

El fuego se va haciendo cada minuto más nutrido. Funcionan los cañones de los cerros del Picacho, Juana Laínez y Sipile, y los proyectiles cruzan el aire por sobre la ciudad, llevando la muerte a los campamentos revolucionarios.

El ruido de los cañones, los rifles y las ametralladoras es atronador, y su eco en los cerros vecinos tiene algo de espantoso y de grandioso a la vez.

El fuego se generaliza un poco en todas partes, pero el combate principal se está librando entre Guacerique y el Estiquirín. El humo de los disparos va oscureciendo poco a poco los alrededores de los combatientes, y a las pocas horas ya no se ven las evoluciones de la batalla.

La lucha continúa ruda y encarnizada toda la tarde y hasta las 9 de la noche, hora en que la vanguardia de las fuerzas revolucionarias se encuentra dueña del campo hasta el puente de Guacerique. Cesa el combate, pero el fuego continúa intermitente hasta las 5 de la mañana del día siguiente.

El jefe de la vanguardia de la Revolución, coronel Hipólito Retes, pasa la noche dirigiendo el fuego en una casa de Guacerique, a orillas de la capital; se puede decir, pues, que las fuerzas revolucionarias están ya dentro de la ciudad.

Marzo 14. — Hoy ha caído Juticalpa en poder de la Revolución.

Marzo 15

Después de media hora de descanso, hoy a las 5:30 a.m., ha empezado de nuevo el combate en las afueras de Comayagüela y Guacerique. Se oye otra vez el estruendo de los cañones y ametralladoras. Hay momentos en que parece que las fuerzas de la Revolución llegan ya al puente Mallol y al Palacio Presidencial.

Las tropas del Gobierno colocadas en los cerros Juana Laínez y Sipile, y en la Plaza del Obelisco y Cuartel de Veteranos, lanzan una lluvia de balas sobre las fuerzas atacantes. A las 10, el combate llega a lo más recio y se extiende desde Guacerique hasta el Estiquirín.

A la 1 de la tarde cesa el fuego, después de ocho horas de tremenda lucha. A las 2 entáblase un combate detrás de Sipile, en La Soledad y La Zopilotera, continuando hasta las 7 de la noche.

Desde las 2 de la tarde, hora en que cesó el fuego en la línea de Guacerique, han estado entrando muertos y heridos por carretadas. A los primeros se les quema, porque no hay tiempo ni gente para sepultarlos; a los últimos se les lleva al hospital para que acaben allí la vida, ya que no hay elementos para curarlos ni alimentos para mantenerlos.

— La noche pasa un tanto tranquila.

Batalla del Joconal

Marzo 15. — Ayer y hoy ha tenido lugar una serie de furiosos combates en el lugar llamado Joconal, entre Puerto Cortés y la frontera de Guatemala.

— El ejército dictatorial del general Lagos, después de su derrota en los alrededores de San Pedro Sula (batalla de Trincheras, 27, 28 y 29 de febrero), se ha ido retirando hacia Cuyamel y la frontera guatemalteca. En ese ejército van los mismos jefes que pelearon en Trincheras, y como 800 hombres bien armados.

El general José León Castro, que las ha venido persiguiendo desde la batalla de Trincheras, ataca las fuerzas dictatoriales en Joconal, y empieza una lucha encarnizada. Se pelea todo el día de ayer y parte del de hoy; las fuerzas dictatoriales hacen un último esfuerzo por quedar dueñas del terreno, pues si no vencen al ejército revolucionario allí, ya no les queda más remedio que cruzar la frontera guatemalteca, terminando así su resistencia y abandonando toda la Costa Norte a la Revolución.

Todos, rojos y azules, pelean con denuedo, defendiendo el terreno palmo a palmo.

Pero el general Castro está decidido a vencer o morir en ese combate; y es tal el empuje de sus tropas, que al cabo de 24 horas de lucha ya lleva algunas ventajas sobre las fuerzas dictatoriales. Hoy en la tarde, después de más de 48 horas de lucha, el general Castro es dueño del terreno, y lo que queda de las fuerzas dictatoriales se retira hacia la frontera, internándose en territorio guatemalteco.

Con esta batalla ha acabado el ejército del general Lagos. La lucha ha sido reñidísima, y el campo ha quedado cubierto de muertos y heridos de ambos bandos.

El éxito de esta brillante acción de armas, tan importante para la Revolución, se debe a la pericia y al arrojo del general Castro y de sus valientes tropas.

Marzo 15. — Hoy ha quedado en poder de la Revolución el puerto de Trujillo y las Islas de la Bahía.

Asalto al cerro de Juana Laínez

Marzo 16. — Hoy es domingo, día que el mundo cristiano acostumbra dedicarse a adorar a Dios. Pero hoy, en Tegucigalpa, el día será dedicado a la matanza humana.

A las 5:30 de la mañana, el cerro de Juana Laínez y el retén del Guanacaste han sido atacados con una furia y un empuje tales que no parece sino que ya van a caer en poder de las fuerzas atacantes.

El general Carías ha llegado ayer a Suyapa, según se anuncia hoy; y son sus tropas las que han atacado temprano esta mañana las posiciones del Gobierno. Es un asalto furioso a las trincheras del Gobierno con el fin evidente de abrirse paso al cuartel de San Francisco y adueñarse de Juana Laínez para dominar desde allí el Palacio Presidencial, donde permanece el Gobierno con un fuerte contingente de tropa bien armada.

A las 7, la vanguardia de las fuerzas atacantes está a 25 metros de las trincheras del Gobierno, y parece que ya se adueñan de la fortaleza; pero las ametralladoras funcionan con tanta rapidez que los asaltantes que no caen bajo la lluvia de balas comprenden su inferioridad en número y en armamento, y retroceden dejando el campo sembrado de muertos y heridos.

En el Guanacaste, el coronel Maximiliano Vásquez ha retenido el avance de las fuerzas atacantes, y estas, al igual de las que han asaltado las posiciones de Juana Laínez, se retiran hacia San Felipe. A las 11 cesó el combate, aunque se oyen descargas aisladas por el lado del Guanacaste y San Felipe.

En la carretera de San Juancito, más allá del Picacho, se ha estado peleando desde las 8 hasta las 11 de esta mañana.

A las 2 de la tarde son atacadas las posiciones de Sipile, donde se libra una reñidísima batalla sin resultado decisivo.

— Todo el día y hasta las 11 de la noche se ha estado peleando furiosamente en el Estiquirín y alrededores de la estación inalámbrica, tomando parte en el combate la artillería del Sipile y, a ratos, la de Juana Laínez.

Saqueos en la capital

Marzo 17. — Se pelea todo el día en el Estiquirín, La Granja, La Soledad, La Burrera y Toncontín. Siguen entrando carretadas de heridos; los muertos son incinerados en el mismo lugar donde se les encuentra después del combate.

— Hoy ocurren en la ciudad sucesos muy lamentables y que han venido a agravar la situación de los habitantes de Tegucigalpa. Desde temprano, en la mañana, grupos de hombres armados y con divisa roja recorren las calles gritando y disparando, alarmando a la población.

Su principal objeto parece ser atemorizar a la gente para tener ellos más libertad en su censurable tarea, que consiste en romper y saquear las tiendas. Han empezado por las del mercado de San Isidro, yendo después a las del mercado de Los Dolores.

Las tiendas que más han sufrido son las de Francisco Siercke & Cía., Santos Soto, Joaquín Pon & Cía., Quinchon León & Cía., en Comayagüela, y las de Luis Soto M., en el centro de la capital. Estas tiendas, lo mismo que todas las de los dos mercados, han sido totalmente saqueadas y destruidas.

Las tiendas de la calle del comercio han sido tiroteadas, pero debido a la intervención del señor ministro de Gobernación y Justicia, Dr. Francisco Bueso; del ministro de Guerra, Dr. López; y del gobernador político, Lic. Arturo Pineda Arias, se ha podido detener el saqueo y salvar los principales almacenes del centro.

La propiedad saqueada y destruida asciende a varios cientos de miles de pesos. Entre los principales artículos robados figuran grandes cantidades de licor que los saqueadores han bebido, aumentando así con la embriaguez el horror de su obra nefanda.

El ministro de Gobernación y Justicia, Dr. Bueso; el ministro de la Guerra, Dr. López; y el Sr. gobernador Pineda Arias recorren las calles con escoltas militares para detener el saqueo y arrestar a los culpables. Logran detener la anarquía y restablecer el orden a la llegada de la noche, pero ya se han causado muchos daños.

En algunas partes, el ministro de Guerra ha sido recibido a balazos por los saqueadores y ha tenido que hacer uso de las armas para imponerse.

Varias de las tiendas saqueadas pertenecen a ciudadanos chinos, cuyos intereses y personas al principio de la guerra fueron puestos bajo la protección del Gobierno de Estados Unidos. Otras pertenecen a ciudadanos turcos, protegidos de la Gran Bretaña o de Francia. Esto puede traer complicaciones de carácter internacional.

En La Ceiba y en Puerto Cortés, el mes pasado ocurrieron sucesos parecidos, y el Gobierno norteamericano dio órdenes al crucero Rochester, surto en aguas hondureñas del Atlántico, para que desembarcara un contingente de marinos y protegiera los intereses extranjeros.

Desembarcaron marinos en aquellos puertos, y una vez que la Revolución hubo entrado y restablecido el orden, los marinos volvieron a bordo y abandonaron las costas de Honduras.

Marzo 17. — La plaza de Yoro ha caído hoy en poder de la Revolución.

Escasez de víveres en la capital

Marzo 18. — Desde que empezó el cerco de Tegucigalpa, el 13 del corriente, ha ido aumentando la escasez de víveres, y hoy ya se dificulta conseguir algunos artículos de primera necesidad.

El maíz, cuyo precio normal es de 20 centavos la medida, está hoy a 75 centavos; los huevos, antes a 3 centavos, están ahora a 20 centavos cada uno; los frijoles han subido de 30 centavos a $2.50 la medida; el arroz ha subido de 20 centavos a 60 centavos la libra; y la manteca, que normalmente se vende a 30 centavos, está hoy a $1 la libra.

Y aun a esos elevadísimos precios se dificulta conseguir esos productos. La leche no se consigue a ningún precio, lo cual ocasiona muchos sufrimientos a los niños.

Marzo 18–21 de 1924

— Desde el 15 de enero, o sea desde hace dos meses, no hay servicio de correo con el exterior, ni ha llegado ninguna correspondencia de fuera. Un correo de paquetes postales, impresos y algunas cartas que vino por la vía de Amapala, pereció en el incendio del edificio de Correos el 9 del corriente.

— No hay periódicos, ni comunicación telegráfica para nadie desde que empezó el sitio; hasta el mismo Consejo de Ministros está totalmente incomunicado, pues la estación inalámbrica situada en los llanos del Toncontín está en poder de la Revolución; en cuanto a la pequeña estación que estaba en Miramesí, ha sido trasladada a la Legación de Estados Unidos para uso exclusivo del ministro norteamericano.

La situación de la población civil en la capital es muy angustiosa, y entre la gente pobre ya se está padeciendo hambre.

— El ministro de Estados Unidos, en vista de los sucesos de ayer y para evitar su repetición, ha ordenado al crucero Milwaukee, anclado en Amapala, que despache 200 marinos. Como casi todos los camiones están en poder de la Revolución, el general Ferrera prestará tres que tiene en Toncontín para traer los marinos hasta el campamento revolucionario, de donde seguirán a pie hasta Tegucigalpa. De la capital irá otro camión, el único que ha quedado en servicio.

— A las 8 de la noche son atacadas desde El Guijarro las posiciones de Juana Laínez y las de Guacerique, peleándose fuertemente hasta cerca de media noche.

— El encargado de negocios de México, Lic. don Pablo Campos Ortiz, y el encargado de negocios de Guatemala, don José María Bonilla, han dirigido una nota al Sr. ministro de Estados Unidos, preguntándole si es cierto que, en vista de los sucesos del 17, va a traer marinos a la capital, como se rumora en los círculos comerciales.

Llegada de los marinos norteamericanos

Marzo 19. — La ciudad amanece relativamente tranquila, pero en los cerros hay tiroteos aislados, y los cañones funcionan sin cesar.

— A las 11 de la mañana entran en la capital al paso militar 200 marinos norteamericanos, del crucero Milwaukee; viene con ellos un camión lleno de armas y pertrechos de guerra; los marinos van armados hasta los dientes y entran con bandera desplegada.

El Poder Ejecutivo Provisional hace pública una protesta dirigida por el Sr. ministro de Relaciones Exteriores al Sr. ministro de Estados Unidos, por el desembarque de tropas norteamericanas en territorio hondureño.

Protesta del Gobierno Provisional contra el desembarque de los marinos

He aquí el texto de la protesta:

Protesta del Poder Ejecutivo Provisional contra el llamamiento de marinos norteamericanos a nuestro país

Tegucigalpa, 19 de marzo de 1924.

Señor Ministro:

En cumplimiento de instrucciones del Consejo de Ministros en ejercicio del Poder Ejecutivo de la República, tengo el honor de dirigirme a Vuestra Excelencia para manifestarle lo siguiente:

El día de hoy, a las 11 a.m., ha entrado a la plaza de Tegucigalpa un cuerpo de soldados americanos en número como de doscientos, armados y equipados, que desembarcaron el día de ayer en el puerto de San Lorenzo, procedentes de uno de los barcos de guerra americanos que está surto en aguas del Golfo de Fonseca.

Por mensaje telefónico de Vuestra Excelencia, dirigido ayer a la Secretaría de Relaciones Exteriores y a la de Guerra, se tuvo noticia por el Gobierno del desembarque de un pequeño cuerpo de soldados y de que vendría a esta capital con el objeto de custodiar la Legación de los Estados Unidos de América, al digno cargo de Vuestra Excelencia, y de proteger los intereses de sus connacionales. El número arriba expresado no corresponde a la noticia recibida, respecto a la cual no se tomó determinación ninguna.

El Consejo de Ministros no puede menos que manifestar a Vuestra Excelencia su sorpresa por el hecho del desembarco y la venida de ese cuerpo de soldados a esta capital, sin solicitud ni autorización del Gobierno de la República, y en consecuencia, lo considera como un agravio a la soberanía e independencia del país.

No tiene el Gobierno conocimiento de que se haya intentado inferir ofensa alguna contra la persona de Vuestra Excelencia, contra los demás funcionarios de la Legación Americana, contra las personas e intereses de sus connacionales, ni contra el Gobierno que representa; y no es de temer que el personal de la Legación o los ciudadanos americanos residentes en esta capital sean perjudicados de palabra o de hecho, pues la Secretaría de Guerra, que sabrá cumplir su deber estrictamente, impedirá con medidas eficaces todo atentado contra tales personas e intereses; y en el caso de que la Legación Americana se considere realmente amenazada, pondrá en ella y en los demás lugares donde sea menester una guardia de soldados o de ciudadanos armados, que serán escogidos por dicho ministro o por Vuestra Excelencia, si así lo prefiere.

La llegada de ese cuerpo de soldados al territorio de Honduras y su ingreso a la capital ha causado profundo disgusto en todos los ciudadanos, naturalmente celosos de que se mantengan ilesos los fueros de Honduras como pueblo libre y soberano, y un considerable grupo de respetables personas de esta capital ha ocurrido ante el Gobierno a expresar igual sentimiento.

En previsión de que ese disgusto pueda traducirse en actos de hostilidad, el Gobierno excita atentamente a Vuestra Excelencia a dar orden de que el expresado cuerpo de soldados se retire inmediatamente de esta capital y vuelva, a la mayor brevedad posible, al barco de guerra de donde procede.

Al hacer esta excitativa a Vuestra Excelencia, el Consejo de Ministros protesta, en la forma más respetuosa pero más enérgica, por el hecho que la motiva; y abriga la convicción de que Vuestra Excelencia, ante los principios y prácticas del Derecho Internacional y ante el alto espíritu de justicia en que siempre inspira sus actos el Gobierno que rige a la gran Nación Americana, encontrará perfectamente fundada la demanda de mi Gobierno y, dándole plena satisfacción, ordenará inmediatamente el regreso del expresado cuerpo de soldados.

En el caso inesperado de que esta respetuosa gestión del Gobierno de Honduras sea desatendida, el Consejo de Ministros declina en la Legación al digno cargo de Vuestra Excelencia las responsabilidades por los sucesos que puedan ocurrir como consecuencia de la llegada de los soldados americanos.

Al manifestar a Vuestra Excelencia que ya me dirijo a los gobiernos con quienes el Gobierno de Honduras tiene relaciones, poniendo en su conocimiento lo expuesto, reitero a Vuestra Excelencia las seguridades de mi consideración más alta y distinguida.

— (f) Rómulo E. Durón.

Excelentísimo señor Franklin E. Morales, Enviado Extraordinario y Ministro Plenipotenciario de los Estados Unidos de América. — Presente.

Enérgicas disposiciones de orden público. — Se restablece la pena de muerte
Marzo 20. — El jefe militar de la Zona Central de la República, Dr. José Ángel Zúñiga Huete, ha publicado el siguiente bando:

Disposiciones de Orden Público.
José Ángel Zúñiga Huete, jefe militar de la Zona Central de la República, haciendo uso de las facultades discrecionales de que por efecto de las circunstancias se ha investido el Poder Público, para garantizar mejor las personas e intereses de los habitantes de su jurisdicción y moralizar las tropas de su dependencia, hace saber:
1° — Que serán inmediatamente pasados por las armas los individuos que fueren sorprendidos por la autoridad cometiendo los delitos de asesinato, homicidio, robo, incendio y otros estragos.
2° — Que los delitos militares serán juzgados de conformidad con el Código Militar de 8 de febrero de 1906, debiendo estimarse para este efecto restablecida la pena de muerte.
3° — Se declara en absoluto estado seco la Zona Militar del Centro, hasta nueva orden. Queda, en consecuencia, prohibido el tráfico de bebidas alcohólicas. A los dueños de cantinas que contravinieren esta disposición se les decomisarán sus establecimientos, lo mismo que a los comerciantes que expendieren

bebidas prohibidas, destruyéndoseles, sin responsabilidades, las existencias que de ella tuvieren. Los fabricantes de aguardiente clandestino y demás embriagantes, lo mismo que los simples expendedores, serán juzgados breve y sumariamente y pasados por las armas.

4° — Los militares que hicieren disparos dentro de las poblaciones con el solo objeto de promover escándalo, sin tener enemigo al frente, sufrirán dos meses de prisión. Los civiles que tuvieren armas nacionales y que disparen dentro de las poblaciones con cualquier clase de armas serán sometidos a juicio sumario y pasados por las armas.

5° — Se da toda clase de garantías a los rebeldes que dentro de diez días, a partir de la fecha, depusieren voluntariamente las armas.

6° — Toda ejecución que por efecto de las presentes disposiciones deba llevarse a cabo, será ratificada por la Jefatura de la Zona.

— Tegucigalpa, 20 de marzo de 1924.

— Han salido varias hojas sueltas protestando contra el desembarque de marinos norteamericanos; entre ellas figura una del poeta Froylán Turcios y otra del coronel Maximiliano Vásquez.

— Tiroteo aislado en Guacerique; fuego de artillería todo el día. Se anuncia para mañana otro ataque general a la ciudad.

Batalla de Suyapa

Marzo 21. — Desde las 6 a.m. funciona con regularidad la artillería del Picacho, de Juana Laínez y de Sipile.

— A las 10 a.m. empieza un combate furioso en el oriente de la población; la línea de fuego se extiende desde el Guanacaste hasta el Hato de En Medio, San Felipe y Suyapa. Es el general Carías quien ha atacado con su ejército las posiciones de Guanacaste, Casa Mata y Juana Laínez. El fuego se hace cada minuto más intenso y dura hasta las 6 de la tarde.

— Han sido incendiados los cerros y cañaverales al oriente de la ciudad y las faldas del cerro Juana Laínez están ardiendo también.

— Hay muchas casas en la capital acribilladas a balas y en Comayagüela las hay completamente destruidas por las granadas de mano y por los proyectiles de los cañones. Hay también algunos heridos entre la población civil.

— De las 6 a las 8 de la noche hay relativa tranquilidad. No se conoce el resultado de la batalla de hoy, pero al cesar el fuego a las 6, los combatientes estaban ya bastante alejados de la población, lo cual indica una retirada de las tropas atacantes.

— A las 8 empieza un fuerte tiroteo en Guacerique, pero un aguacero torrencial, que evidentemente dificulta el combate, viene a poner fin a la lucha como a las 9, y el resto de la noche pasa tranquilo.

— Don Froylán Turcios ha publicado hoy el primer número del Boletín de la Defensa Nacional, hoja de protesta contra el desembarque de marinos norteamericanos. Estos están acuartelados en el anexo del Hotel Agurcia, con un piquete en la Legación de Estados Unidos y otro en la estación inalámbrica.

Amapala se adhiere a la Revolución

Marzo 21. — Hoy ha llegado a Amapala el general Dionisio Gutiérrez con el propósito de organizar un contingente militar que peleará al lado del general Ferrera. Con el general Gutiérrez se encuentra el Dr. José María Matute y otras personalidades políticas y militares que participarán en la organización del nuevo ejército.

Desde su llegada a Amapala, el general Gutiérrez ha obtenido del comandante del puerto, general Dimas Alvarado, que Amapala se adhiera a la causa del general Ferrera, y al efecto el general Alvarado ha dado el siguiente manifiesto:

Dimas Alvarado, comandante de armas y capitán del puerto, para conocimiento de los cuerpos militares de su mando y de los vecinos en general, hace saber: que el imperativo del patriotismo reclama de los buenos hondureños su contingente cívico para unirse en un supremo esfuerzo y contribuir a la terminación del vergonzoso estado que tan seriamente amenazados trae al bienestar y soberanía nacionales.

Que con el desaparecimiento del general López Gutiérrez, quedó en acefalía el régimen implantado por aquel jefe, y que el Gobierno ejercido por el Consejo de Ministros de Tegucigalpa, aparte de su origen ilegítimo, no ha merecido la confianza pública, habiéndose convertido en una nueva amenaza para la existencia decorosa de la Nación.

Que el movimiento reivindicador acaudillado por el general Gregorio Ferrera, para deponer la dictadura rechazada por el pueblo hondureño, tan celoso del mantenimiento y respeto de sus instituciones, ha sido secundado por todos los ámbitos del país con movimientos parciales, precursores del éxito de aquel caudillo y del advenimiento de una era de orden, de paz y de progreso; y que es deber de patriotismo en tal caso contribuir a la pacificación general del país.

Esta Comandancia Principal, de acuerdo con los empleados militares y civiles de este puerto, resuelve:

1° — Desconocer el estado de hecho implantado por el llamado Consejo de Ministros de Tegucigalpa.

2° — Adherirse al movimiento constitucionalista acaudillado por el general Gregorio Ferrera.

3° — Hacer un llamamiento de patriotismo a los vecinos de esta jurisdicción y a todos los hondureños que esta manifestación leyeren, para que presten su contingente en favor de la causa que defiende el mencionado general Ferrera, bajo la convicción de que se apoya en la causa de la justicia y de los verdaderos intereses hondureños.

— Amapala, 21 de marzo de 1924. — Dimas Alvarado.

Marzo 22. — Sólo la artillería de Sipile funciona hoy; en la tarde hay un corto combate en las posiciones del Guijarro.

— A las 8 de la noche, tiroteo en la ciudad, introduciéndose muchas balas por los techos de las casas de la capital, sufriéndose también esos efectos en los consulados de La Leona.

Marzo 23. — El día pasa tranquilo, con calma absoluta en todas las líneas de fuego.

Marzo 24. — Pasa el día sin novedad, habiendo solamente fuego de artillería con intermitencias.

Marzo 25. — Hoy se sabe que en la batalla del 21, librada con las fuerzas del general Carías en el oriente de la ciudad, hubo muchos muertos y heridos. Las fuerzas revolucionarias se retiraron hasta más allá de Suyapa, donde tuvo lugar el final del combate como a las 7 de la noche.

— El día pasa tranquilo.

Gran batalla del Estiquirín

Marzo 26. — Hoy a las 6 de la mañana el Consejo de Ministros manda atacar las posiciones del general Ferrera en Guacerique y el Estiquirín. Ha lanzado 800 hombres en el combate, mandados por los generales Antonio Sánchez, Francisco Cardona, José María Fonseca y Luis Rivera Martínez.

Se pelea rudamente todo el día, hasta las 4 de la tarde, resultando muchos muertos y heridos, entre los últimos el general Sánchez y el general Fonseca.

Desde las 3 han estado entrando carretadas de heridos.

Las fuerzas del general Ferrera se han retirado hasta el Toncontín, y las del Consejo de Ministros anuncian que son dueñas del Estiquirín. En las esferas oficiales se celebra la batalla como victoria y se asegura que el general Ferrera se ha retirado hasta más allá de Germania, anunciando que desde Juana Laínez se han visto los camiones y el tren de guerra alejarse por la carretera del Sur.

La opinión de muchos, sin embargo, es que esto ha sido una estrategia del general Ferrera para atraerse las tropas del Gobierno a su propio terreno, alejándolas así de su centro de operaciones y debilitándoles la línea a medida que se extiende.

También puede ser que, por falta de suficiente parque y debido al furioso empuje de las fuerzas dictatoriales, el general Ferrera haya preferido batirse a la defensiva y ceder un poco de terreno antes que sacrificar, por conservarlo, un crecido número de vidas.

Evidentemente, el ataque de las fuerzas dictatoriales y la furia de su empuje ha de haber sorprendido al general Ferrera, y al tener que cambiar de atacante en atacado, se ha visto obligado a alterar su plan de batalla y tomar nuevas disposiciones, retirándose a nuevas posiciones y simulando una retirada en gran escala.

— El señor ministro de Estados Unidos ha reunido en la Legación esta mañana a los miembros del Cuerpo Diplomático para entregarles una copia del Convenio de Tiloarque, firmado por los jefes de la Revolución y enviado por el general Carías al diplomático norteamericano.

Marzo 27. — Después de la batalla de ayer, las tropas dictatoriales, creyéndose completamente dueñas del campo hasta el Toncontín, abandonaron sus posiciones y regresaron a la ciudad.

Hoy al amanecer, el Estiquirín y las afueras de Guacerique estaban nuevamente en posesión de las tropas del general Ferrera, estando la línea de fuego exactamente en el mismo lugar que antes de la batalla de ayer.

Resultado: para el Gobierno, ninguno, excepto un gran número de muertos y heridos para conquistar posiciones que después se han dejado abandonadas para que la Revolución las ocupe nuevamente.

Esta mañana se está peleando otra vez en el mismo lugar; pero ahora las fuerzas dictatoriales no avanzan, permaneciendo en sus posiciones de Guacerique y tiroteando desde allí a las fuerzas del general Ferrera.

— A las 8 de la noche, un ataque a Juana Laínez por los lados del Guanacaste y de Guacerique. Durante media hora, el fuego de las ametralladoras, los rifles y la artillería del Picacho y Juana Laínez demuestra, por su intensidad, que el ataque tiene por objeto apoderarse de Juana Laínez, pues esta fortaleza es asediada a tres fuegos.

Marzo 28. — Durante la noche ha habido tiroteos aislados, pero no se ha verificado ninguna acción de importancia.

— Resulta claro ahora que la batalla de antier en el Estiquirín no ha sido una victoria para el Consejo de Ministros; por otra parte, el ataque de anoche por el lado del Guanacaste viene a probar que las fuerzas del general Carías, que se habían retirado más allá de Suyapa, están nuevamente a las puertas de la capital.

El general Ferrera pide nuevamente la entrega de la plaza

Marzo 28. — Esta mañana el general Ferrera mandó una comisión al Sr. ministro de Estados Unidos manifestándole que, habiendo demostrado el Consejo de Ministros en la batalla de antier su imposibilidad para desalojar definitivamente a las fuerzas revolucionarias del Estiquirín, él pide nuevamente la capitulación de la plaza para evitar más derramamiento de sangre, pues de lo contrario tendrá que hacer un ataque definitivo que causará muchas víctimas.

El Sr. ministro norteamericano convoca al Cuerpo Diplomático para discutir esa comunicación y resolver si ha de proceder a dar nuevos pasos en el sentido de una mediación amistosa.

Los señores representantes de México, Guatemala y El Salvador son de opinión que no debe tomarse ninguna acción; el representante de Inglaterra opina que quizás sea esta una última oportunidad de mediar y lograr al fin la paz.

Termina la conferencia. El Sr. representante de Nicaragua no ha asistido a ella.

Más tarde, el Sr. Morales y el Sr. Lyall deciden ofrecerse ellos dos, en su carácter oficial, para acompañar una comisión del Consejo al campamento del general Ferrera a celebrar una entrevista.

El Sr. Morales ha sondeado a algunos miembros del gabinete sobre si este estaría dispuesto a parlamentar con el general Ferrera para tratar de una capitulación honrosa; el Consejo parece estar dispuesto a parlamentar.

Más tarde, el Sr. ministro de Estados Unidos se ha comunicado con el general Ferrera para preguntarle si está dispuesto a recibir una comisión del Consejo y otorgar un armisticio de 12 horas para mientras dura la conferencia de los parlamentarios; el general Ferrera ha contestado que está dispuesto a celebrar la conferencia si el Consejo lo propone.

Tiene ahora la palabra el Consejo, y veremos si mañana se decide a parlamentar.

Marzo 28. — Anoche llegó al campamento del general Ferrera, procedente de la Costa Norte, el general Vicente Tosta Carrasco. Se asegura que trajo un buen contingente de tropas y elementos de guerra.

— Ayer salió de Nueva Orleans rumbo a Puerto Cortés el Dr. don Fausto Dávila. La Prensa de Nueva Orleans anuncia su salida diciendo que "el Dr. Dávila, nombrado presidente provisional de Honduras por los jefes de la Revolución, va a su país a hacerse cargo de la presidencia".

— Es indudable que el Consejo de Ministros ya está cansado de su resistencia, sobre todo porque no tiene esperanza de triunfar en la lucha con la Revolución. Ha hecho una resistencia magnífica y nadie podrá tachar de faltos de valor a los hombres que la han sostenido.

Es tiempo de que comprendan que el patriotismo exige que cese el derramamiento de sangre hermana; algunos altos personajes del Consejo así lo comprenden ya, y es muy posible que estos convenzan a los pocos que aún se resisten, y que se entregue el poder a una

Revolución que, además de ser ya dueña de todo el país, con excepción de Choluteca y Tegucigalpa, tiene el 90% de la opinión pública a su favor.

Estos son factores que ya empiezan a obrar en el ánimo de algunos miembros del actual orden de cosas.

Tiroteos ocurren a cada rato en el Estiquirín y también en las alturas del Guanacaste, pero no llegan a tomar forma de combate.

Marzo 29. — El día pasa relativamente tranquilo, ocurriendo tiroteos sin importancia en las alturas de Guacerique contra el Sipile y Juana Laínez.

— Ayer llegó a Puerto Cortés el Dr. Fausto Dávila.

— Ayer renunció del Ministerio de Fomento y Obras Públicas el Dr. José María Sandoval, nombrándose en su lugar al Dr. Alberto A. Rodríguez.

— A las 6 p.m. las fuerzas revolucionarias atacan las posiciones del Consejo en Guacerique y las fortificaciones del Sipile y de Juana Laínez. Funcionan los cañones y las ametralladoras, y el combate dura cerca de cuatro horas, que parece revestir carácter de un ataque general a la plaza con el objeto de apoderarse de Guacerique, Sipile y Juana Laínez.

A las 10 termina el fuego, sin ventaja aparente para nadie.

— Entre 5 y 6 de la noche ha habido en el centro de la ciudad un fuerte tiroteo que ha ido disminuyendo a medida que el combate en Guacerique se iba acentuando en intensidad.

El general Gutiérrez, el doctor Corleto y sus fuerzas se separan de la Revolución y empiezan la contrarrevolución en el Sur

Marzo 30. — El general Dionisio Gutiérrez, que en Amapala el 21 del corriente se había pronunciado en favor del general Ferrera, se ha separado hoy de la causa de la Revolución Constitucionalista y ha levantado el estandarte de la Contrarrevolución en el sur de la República.

Le acompañan el Dr. Salvador Corleto, los generales Julio Peralta y Pío Pacheco, comandante de Nacaome; el coronel Concepción Peralta y algunos otros militares.

El general Gutiérrez marcha con su ejército hacia Tegucigalpa; se supone que con el fin de batirse con las fuerzas del general Ferrera o entrar a Tegucigalpa por una brecha del cerco y unirse a las fuerzas de la dictadura que defienden la plaza.

Marzo 30 – Abril 6 de 1924

Marzo 30. — Pasa el día tranquilo. A las 7 de la noche se abre un nutrido fuego de ametralladoras y fusilería en Sipile, Soledad y Guacerique. Dura el tiroteo hasta las 9 de la noche.

— No se ha vuelto a hablar de conferencia entre el Gobierno y la Revolución, aunque se cree que la conferencia tendrá lugar, pero que no obtendrá ningún resultado práctico.

Marzo 31. — El Gobierno comunicó hoy al Dr. R. M. Taylor, de la Fundación Rockefeller, que su cooperación para ayudar a la Cruz Roja y al Hospital sería muy bien recibida. El doctor Taylor procedió a formar un comité para recaudar fondos entre la colonia angloamericana; los fondos así recaudados fueron empleados en la compra de medicinas y artículos indispensables, y enviados mitad al Hospital de Tegucigalpa y mitad al ejército revolucionario.

Las señoras de la colonia angloamericana se reunieron también, a iniciativa de las señoras de Morales, de Lyall, de Keiser y de Abadie, y generosamente ayudadas estas por las señoras de Hulse, de Douglas, de Walter y de Wilson, se constituyeron en comité de auxilios a los heridos. Con solo el día de hoy se han enviado al Hospital más de 50 docenas de vendas hechas por dichas señoras. Y continuarán su obra bienhechora mientras haya heridos necesitados. Digna de todo elogio es esta iniciativa de tan apreciables damas.

El tifus en Tegucigalpa

Marzo 31. — Anuncia hoy el doctor R. M. Taylor, del Instituto Rockefeller, que en Tegucigalpa se ha declarado una epidemia de tifus, habiendo muerto ya algunas personas. Esta noticia causa terror, pues en las circunstancias actuales una epidemia de esa naturaleza sería muy difícil de combatir.

— A las 7 de la noche hay un combate en las alturas del Estiquirín y La Granja. Dura hasta las 10.

La Revolución toma el Berrinche

Abril 1. — A las 4 de la madrugada ha empezado un reñido combate que se extiende desde el Parque de La Concordia hasta La Granja, incluyendo el Berrinche, Sipile y el Cuartel de Veteranos. Funcionan las ametralladoras y cañones, y parece que se trata de un ataque general con el objeto de apoderarse de la capital.

Desde ayer tarde la Revolución está concentrando fuerzas en El Estacado, a un lado del Berrinche. En la noche abandonan El Estacado y, bajo el mando inmediato del general Tosta, se proyecta el ataque a las posiciones dictatoriales del Berrinche. A las 4 de la madrugada empieza el ataque, y a las 6 las fortificaciones del Berrinche están en poder del general Tosta.

Continúa el fuego, y parece que las fuerzas revolucionarias se quieren bajar hacia el río y llegar al centro de la ciudad, pero las ametralladoras de Sipile, Miramesí y el Cuartel de San Francisco barren las faldas del Berrinche con un fuego de cortina que obliga a las avanzadillas de la Revolución a retirarse a las posiciones que acaban de conquistar en el Berrinche.

A las 8 se ve flotar en el Berrinche la bandera de la Revolución, y al mismo tiempo el Picacho empieza a bombardear las posiciones y la falda del cerro, cayendo varios proyectiles en las orillas de la población. Las ametralladoras del Cuartel de San Francisco funcionan sin cesar, pasando el chorro de balas a tres o cuatro metros de los techos de las casas del centro de la capital, causando no poca alarma a los habitantes.

Viendo las fortificaciones del Berrinche en poder de la Revolución, el Consejo de Ministros envía una columna al mando del general Francisco Cardona para tratar de rescatar tan importante posición militar. El general Cardona se apodera del Estacado y se prepara a atacar a las fuerzas revolucionarias por retaguardia; pero estas comprenden la maniobra y, dejando un piquete de tropas en las trincheras del Berrinche, el general Tosta lanza sus columnas contra el general Cardona. Este lucha valerosamente, pero al fin cae herido mortalmente en el campo de batalla, de donde lo recogen muerto las tropas revolucionarias.

Entre 8 y 10 de la mañana la lucha ha sido reñidísima; los cañones y las ametralladoras del Gobierno lanzan lluvia de balas y proyectiles sobre las fuerzas atacantes; pero el Berrinche está ya perdido para el ejército dictatorial.

Se ha peleado desde las 4 de la madrugada hasta las 11:30, volviéndose a empezar a la 1 p.m., luchándose sin cesar hasta las 5 de la tarde.

Han tomado parte principalísima en esta importante acción de armas los generales Andrés Leiva, Abel V. Villacorta, Pío S. Fálope y Eduardo Rosales, y los coroneles José Inés Pérez, Abelardo H. Bobadilla, Juan Z. Pérez, Carlos Izaguirre V. y Moisés Nazar, del ejército revolucionario.

La pérdida del Berrinche es un golpe formidable para el Gobierno de la Dictadura, pues desde las trincheras del Berrinche se domina la mitad de la capital, incluso el Palacio Presidencial, el edificio de Telégrafos, el Cuartel de Policía y otros importantes edificios públicos. Desde las posiciones del Berrinche, las tropas revolucionarias pueden barrer con sus ametralladoras las principales calles de Tegucigalpa.

En la toma del Berrinche, la Revolución ha capturado un cañón a las fuerzas dictatoriales y una cantidad de parque para artillería y ametralladoras.

Hay muchísimos heridos y muertos, entre estos últimos el coronel Ángel María Cisneros, herido mortalmente en la lucha.

Después de las 5 de la tarde el fuego ha calmado, aunque siguen pequeños tiroteos aislados un poco en todas partes.

Continúase peleando

Abril 2. — A las 4 de la mañana empieza el tiroteo en Juana Laínez, La Granja, La Zopilotera y el Estiquirín. Se pelea duro. Las fuerzas revolucionarias atacan Juana Laínez desde La Granja, y La Zopilotera (en poder del Gobierno) desde el Estiquirín.

A las 7 aparece en el Berrinche la bandera nacional, puesta allí por las fuerzas revolucionarias; la saluda una lluvia de balas lanzadas por las ametralladoras de Sipile y Miramesí, y unos cañonazos del Picacho. La bandera es retirada.

— Se pelea todo el día entre Miramesí y el Berrinche, y entre el Berrinche y Sipile. Las ametralladoras no dejan de funcionar, tanto las del Consejo como las de la Revolución.

A las 7 p.m., calma general. A las 9, otro combate en La Granja, que dura poco más de una hora.

En el Berrinche, donde están bien atrincherados, los rifleros de la Revolución tienen bajo su fuego toda la parte de la ciudad entre el río y la calle del Comercio, y hacen disparos aislados contra los grupos de soldados que ven pasar por esas calles. Ayer y hoy han muerto algunas personas, entre ellas dos niñas.

El Consejo de Ministros quiere parlamentar con el general Ferrera

Abril 3. — Fuertes tiroteos toda la noche en las márgenes del río y en los retenes del Parque de La Concordia y Miramesí. Desde las 7 de la mañana, las ametralladoras de Sipile, Picachito, Buenavista y Miramesí funcionan con regularidad contra las fuerzas revolucionarias del Berrinche.

— El ministro de Gobernación y Justicia, Dr. Bueso, convocó ayer al Consejo para tratar de enviar una propuesta de paz a la Revolución. Todos los ministros parecen estar de acuerdo en que se debe pactar sin derramar más sangre; los elementos militares, sin embargo, no están tan bien dispuestos.

El Consejo ha rogado hoy al señor ministro Morales que pregunte al general Ferrera si este recibiría una comisión del Gobierno con el fin de tratar de un arreglo. Se ha radiografiado al general Ferrera en este sentido, y se espera su respuesta.

— En la ciudad reina cierto desorden y hay en las calles tiroteos que vienen a aumentar la intranquilidad pública.

— A las 12 del día se ha calmado el tiroteo en las posiciones militares del río y las de Sipile y Miramesí. Pero a las 2 vuelven a funcionar las ametralladoras de Sipile y hay fuego de fusilería entre el Berrinche y Miramesí.

Abril 4. — Se ha peleado toda la noche en Guacerique, haciéndose más intenso el fuego temprano en la mañana, cuando funcionan también las ametralladoras de Juana Laínez y Sipile, y una que se ha colocado sobre el edificio de Telégrafos.

Las calles cercanas al río y algunas casas particulares han sido ocupadas militarmente para trincheras; desde el Berrinche los soldados de la Revolución hacen fuego sobre las fuerzas del Consejo que bordean el río. Accidentalmente han muerto hoy cuatro personas civiles que transitaban por esas calles.

— Avisa el Sr. ministro Morales que el general Ferrera ha nombrado a los señores doctores Salvador Aguirre y Francisco López Padilla para que, en su nombre, reciban la comisión del Gobierno y traten con ella la cuestión de la paz. El Consejo nombra a los señores doctores Alberto Rodríguez y Ángel Zúñiga Huete para que integren la comisión.

A las 2 sale la comisión acompañada de los señores Morales, ministro de Estados Unidos, y Lyall, encargado de negocios de Inglaterra. A su llegada al campamento revolucionario se hacen demostraciones de hostilidad al Sr. Zúñiga Huete por parte de algunos revolucionarios; pero el incidente pasa sin consecuencias.

Se celebra la conferencia, pero la propuesta del Consejo, que contiene unas nueve cláusulas, no es bien recibida por la Revolución, y los delegados de esta dicen que no puede ser aceptada; pero, sin embargo, la discutirán en Consejo esta noche con los jefes de la Revolución, avisando después al Sr. Morales en caso de que tengan algo que decir.

— La Revolución ha recibido grandes refuerzos de la costa, según se asegura en los campamentos del Estiquirín; y si no se llega a un arreglo, se anuncia un ataque general para dentro de tres o cuatro días. Se asegura también en el campamento revolucionario que de hoy a mañana llegará al Toncontín un aeroplano que vendrá a bombardear la capital.

Abril 5. — La noche ha pasado completamente tranquila en todas las líneas. A las 7 de la mañana se oyen tiroteos en Guacerique, y los cañones del Picacho y Juana Laínez funcionan de vez en cuando.

— En la tarde vuela un aeroplano de la Revolución sobre Tegucigalpa, pasando a una gran altura.

Bombardeo aéreo de la capital

Abril 6. — Día domingo, generalmente día trágico desde que Tegucigalpa está sitiada. Y, en efecto, a las 4 a.m. los moradores de esta capital hemos sido despertados por un ruido atronador de ametralladoras y riflería. A esa hora han sido atacados el Cuartel de Veteranos y las fortificaciones de Sipile.

El ataque ha sido de los más furibundos, extendiéndose la línea de fuego desde El Guijarro hasta Miramesí, pero la fuerza del ataque se dirige contra Sipile y el Cuartel de Veteranos. A las 8 se da por terminado el asalto, y las fuerzas revolucionarias se van batiendo en retirada.

— A las 8:10 aparece un aeroplano volando a gran altura sobre Sipile y con rumbo a Miramesí y el Picacho.

Todos los ojos se fijan en él, pues se cree que, como se ha venido anunciando, bombardeará las posiciones militares de la ciudad. Y, en efecto, al pasar por Miramesí arroja unas cuantas bombas que hacen un ruido infernal al estallar como a medio kilómetro de los retenes; continúa su vuelo y bombardea las fortificaciones del Picacho, pero también caen lejos de los retenes y de las obras militares.

Se aleja el aeroplano hacia el Toncontín, donde aterriza para emprender nuevamente el vuelo y arrojar un nuevo cargamento de bombas destinadas a las fortificaciones del Picacho; pero, como las anteriores, caen todas ellas sin causar ningún daño.

— Un cañón que las fuerzas revolucionarias tienen colocado en sus fortificaciones del Berrinche bombardea las posiciones del Sipile, disparando varios cañonazos que causan algunos daños a las trincheras. La puntería ha sido muy buena, al contrario de la del aeroplano. En la tarde, el mismo cañón dispara dos cañonazos sobre el Palacio Presidencial, estallando el primer proyectil en la pared del edificio que hace frente al Berrinche.

Tanto las bombas arrojadas por el aeroplano como los proyectiles disparados por el cañón causan pánico entre la población civil de la capital; pero, con excepción de un trozo de trinchera destruido por el cañón en las fortificaciones del Sipile, el bombardeo no ha causado ningún daño militar ni personal.

— Desde ayer se rumora en los círculos gubernamentales que está camino de la capital un fuerte ejército de 2,000 hombres que viene en auxilio de Tegucigalpa; dícese que viene al mando de los generales Dionisio Gutiérrez, Julio Peralta y Pío Pacheco, coronel Concepción Peralta y doctor Salvador Corleto.

Anúnciase también que el general Toribio Ramos está en Choluteca con 1,000 hombres a las órdenes del Consejo, y que Nacaome y Amapala se han pronunciado nuevamente en favor del Consejo. Esas noticias son recibidas por el público con bastante escepticismo.

— Hoy renunció el ministro de Relaciones Exteriores, Dr. Rómulo E. Durón, pero no le fue aceptada la renuncia.

También renunció el gobernador civil, licenciado Arturo Pineda Arias, nombrándose en su lugar al coronel Jaime R. Turcios.

Abril 7

Toda la noche ha habido fuertes tiroteos entre el Berrinche y Sipile y en Guacerique, pero al amanecer todo está tranquilo. La mañana pasa sin novedad, pero a las 2 de la tarde se entabla un reñido combate en Sipile que dura hasta las 5, sin resultado decisivo.

Toda la tarde han funcionado los cañones del Picacho y Juana Laínez, y las ametralladoras de Miramesí y Sipile. También las fuerzas de la Revolución, atrincheradas en el Berrinche, han hecho funcionar sus ametralladoras contra los retenes de Miramesí. En este último lugar se pelea durante una hora a la caída del día.

— El Consejo anuncia que el ejército que viene en su auxilio, del sur de la República, se ha encontrado con las fuerzas del general Ferrera en el Cerro de Hule y que se ha entablado un fuerte combate que dura desde ayer.

Anuncia también que hoy llegarán algunos contingentes de curarenes que vienen a alistarse en las filas del Gobierno.

— Corre el rumor de que en la mañana de hoy han sido capturados varios altos personajes del Partido Revolucionario.

— Hoy no ha funcionado el cañón de la Revolución emplazado en el Berrinche, ni ha volado el aeroplano. Se han recogido seis bombas arrojadas ayer por él y que no estallaron.

Abril 8

Fuertes tiroteos toda la noche entre Sipile y el Berrinche. Todo el día se pelea fuerte en las afueras de Guacerique, Zopilotera y Estiquirín, sin resultados decisivos.

Asalto al Sipile

Abril 9. — A las 4 de la madrugada son atacadas las posiciones del Sipile y el Cuartel de Veteranos. La línea de fuego se extiende desde el Puente de Guacerique hasta Miramesí, pero el combate se libra contra el Cuartel de Veteranos y Sipile.

Es la lucha más encarnizada que hemos presenciado hasta hoy en Tegucigalpa; tiene algo de parecido al asalto que se dio a las fortificaciones de Juana Laínez el domingo 16 de marzo pasado, pero la embestida de hoy es más fuerte. La vanguardia de las fuerzas asaltantes llega a unos 20 metros de las fortificaciones, pero el fuego de los defensores es tan nutrido que ya se ve que el avance de los asaltantes solo puede efectuarse con un gran sacrificio de vidas.

A las 7 el combate está en su apogeo. Llegan refuerzos a las tropas dictatoriales, y las fuerzas revolucionarias empiezan a batirse en retirada. A las 8 ha terminado el combate.

A mediodía se anuncia que del combate de esta madrugada se han recogido ya 125 muertos y muchos heridos.

Pánico en la capital por el bombardeo aéreo

Abril 9. — El aeroplano bombardea la ciudad en la mañana y en la tarde. En la mañana ha arrojado cuatro bombas en La Leona, una de ellas a 200 metros de la Legación Inglesa. Otra ha caído a unos 25 metros de la Escuela Normal (edificio La Alhambra).

Han caído otras en el centro de la ciudad, dos de ellas en la casa de la señorita Prisca Ugarte, a 7 metros de la Legación de México y 20 de la de Guatemala, matando a dos niñas y dejando a varias mujeres gravemente heridas.

Se han recogido dos bombas caídas sin estallar: una a 5 metros de la casa de don Francisco Antúnez y otra en un patio cerca del Cuartel de San Francisco.

Los diplomáticos se dirigen a los jefes de la Revolución

Abril 9. — Los representantes diplomáticos de México, Guatemala, Costa Rica, El Salvador y Nicaragua, en vista de los terribles efectos del bombardeo aéreo en la población civil, han dirigido la siguiente comunicación a los jefes de la Revolución:

"Los infrascritos, miembros del Cuerpo Diplomático acreditado en Honduras, hacemos presente a los jefes de la Revolución que operan en Toncontín que, habiendo estallado hoy una bomba arrojada de un aeroplano al servicio de la Revolución a pocos pasos de las Legaciones de México y Guatemala, matando a varias personas e hiriendo a otras, excitamos a Uds. para que suspendan tan grave procedimiento, que compromete de manera inminente la vida de los no combatientes.

(Firmado) José María Bonilla, encargado de Negocios de Guatemala. — Bernardino Larios, encargado de Negocios de El Salvador. — Diego Robles, encargado de Negocios de Costa Rica. — Pablo Campos Ortiz, encargado de Negocios de México."

(Nota: El señor ministro de Nicaragua, don Anselmo Rivas G., autorizó por tarjeta que se pusiera su firma en el mensaje anterior.)

Encarcelamiento de varias personalidades políticas

Abril 10. — La noche ha pasado tranquila.

— Se asegura hoy que están presos en la Penitenciaría o en San Francisco varios importantes miembros del Partido Revolucionario, entre ellos el Dr. Paz Baraona, el licenciado Rubén R. Barrientos, licenciado Felipe Cálix, don Salomón Bueso V., licenciado Serapio Hernández y Hernández, etc.

— A las 9 de la mañana se divisa el aeroplano volando rumbo a Juana Laínez; al pasar sobre las posiciones del Guanacaste arroja varias bombas, tirando también unas cuantas sobre Casamata.

De allí pasa cerca del Picacho, siempre a una gran altura, y arroja varias bombas que vienen a caer a unas 300 yardas de la Legación Inglesa y de los consulados de España y Costa Rica.

Hace otro viaje en la mañana y dos más en la tarde, arrojando gran cantidad de bombas dirigidas evidentemente a las posiciones de Miramesí, Picacho, Juana Laínez y Sipile, pero cayendo todas ellas lejos de su objetivo. Solo dos han caído tan cerca de las posiciones del Picacho que parece que han de haber causado algunos daños materiales.

El pánico entre la población civil aumenta más cada día.

Contestación de los jefes de la Revolución a los diplomáticos hispanoamericanos

Contestando a los representantes diplomáticos de México, Guatemala, Costa Rica, Nicaragua y El Salvador, se ha recibido hoy de los jefes de la Revolución el siguiente mensaje:

"Del Berrinche, 10 de abril de 1924, a las 8:40 a.m. — Legaciones Guatemala, El Salvador, Costa Rica, México. — Tegucigalpa. — Entendidos. Aviador tiene instrucciones de arrojar bombas únicamente sobre campamentos enemigos y cuarteles; pero, atendiendo insinuaciones de Uds., se limitará el bombardeo a las posiciones afuera de la ciudad. Ponemos en conocimiento de Uds. que fuerzas dictatoriales cometen asesinatos inicuos en los heridos y avanzados nuestros que casualmente caen en sus manos.

(Firmado) Tiburcio Carías A. — Vicente Tosta C. — F. Martínez Funes."

— Algunos miembros del Cuerpo Diplomático y Consular han protestado por el arresto de los señores Barrientos y Hernández, cónsules del Perú y Colombia, respectivamente. No se sabe si el Consejo ha tomado en consideración la protesta, pero se anuncia que, mediante el pago de una suma de dinero, será puesto en libertad de hoy a mañana el licenciado Barrientos.

— El Picacho se ha incendiado y presenta de noche un espectáculo imponente; las llamas llegan hasta las fortificaciones.

— El general Ferrera, que salió con su ejército hace unos días hacia el sur, dejando el cerco de Tegucigalpa en manos de los ejércitos de los generales Carías, Tosta y Martínez Funes, está peleando en Cerro de Hule con una fuerza que venía en auxilio de la capital, al mando del general Julio Peralta y del Dr. Salvador Corleto.

— El ministro de Estados Unidos y el Consejo de Ministros han estado tratando hoy la cuestión de un arreglo de paz. Parece que se discute un plan para presentarlo a la Revolución mañana o pasado, y ver si al fin se puede llegar a un arreglo definitivo.

—A las 8 y media se oye en el Parque Morazán un concierto dado por una de las bandas capitalinas. Todo el día la ciudad ha estado bajo el imperio del pánico, y ahora, apenas repuestos de las horribles impresiones del día, se nos obsequia a los sitiados con unas cuantas piezas de las más alegres del repertorio español.

¡Solo falta que se organicen bailes nocturnos para que los que no nos volvamos locos huyendo de las bombas del aeroplano durante el día, podamos durante la noche trastornarnos la cabeza dando vueltas al son de una alegre marimba!

El Consejo de Ministros hace propuestas de paz

Abril 11. — Toda la noche, fuertes tiroteos en Sipile, Miramesí y Guacerique: riflería y ametralladoras.

— El aeroplano ha bombardeado nuevamente, sin causar ningún daño a las fortificaciones.

— En la tarde, el ministro de Estados Unidos, señor Morales, y el encargado de negocios de Inglaterra, señor Lyall, acompañados del comandante Causey, segundo del Milwaukee, han ido al campamento revolucionario, en nombre del Gobierno, a hacer proposiciones de paz.

Al llegar a su destino descubren que la propuesta que llevan a la Revolución es prácticamente la misma que llevaron los señores doctores Zúñiga Huete y Rodríguez en su reciente viaje.

La Revolución desecha las propuestas del Gobierno y manda un nuevo plan de paz; este plan contiene nueve puntos y es, a nuestro modo de ver, muy aceptable para el Consejo de Ministros. Dice que lo va a estudiar y que dará su respuesta de mañana a pasado.

Batalla del Cerro de Hule

Abril 12. — Bombardeo aéreo de Juana Laínez, Sipile, Guanacaste y Palacio Presidencial. Caen algunas bombas muy cerca de las fortificaciones, pero no causan ningún daño personal ni material a las defensas militares.

En cambio, han caído bombas sobre algunas casas del Guanacaste y de Comayagüela; también cayó una sobre la Aserradera de Agurcia y otra sobre la Cervecería Werling, causando muchos daños materiales y algunas desgracias personales.

— El Consejo de Ministros sigue discutiendo el plan de paz propuesto por la Revolución; ya se han aceptado las cinco primeras cláusulas.

— Hoy se sabe que el general Ferrera, que había salido rumbo al sur en busca del ejército que venía en auxilio de Tegucigalpa, al mando del general Peralta y del Dr. Corleto, se encontró con el enemigo en Cerro de Hule, y se entabló un reñido combate del cual resultó completamente deshecho el ejército Peralta-Corleto.

— Continuando su avance hacia el sur, el general Ferrera ha tomado Nacaome ayer, después de un corto combate con las fuerzas del general Pío E. Pacheco.

— Se anuncia un próximo ataque por las fuerzas del general Ferrera a la plaza de Choluteca, donde se encuentra el general Toribio Ramos con unos 600 hombres bien armados.

Continúa el bombardeo aéreo. Grandes daños a la población civil. Estalla una bomba a unos 10 metros de las oficinas de Renacimiento.

Abril 13

Hoy es domingo, día trágico, pues desde que empezó el cerco de Tegucigalpa, todos los domingos han sido días rojos para la capital. En efecto, desde las 7 de la mañana vuela el aeroplano arrojando nueve bombas sobre Sipile y once sobre Juana Laínez; caen cerca de las fortificaciones, pero no causan ningún daño, cayendo todas en las faldas de los cerros. En el segundo vuelo ha arrojado otras sobre Miramesí y Sipile, pero con el mismo resultado del vuelo anterior.

— Como a las 4 de la tarde hace su tercer vuelo y arroja una lluvia de bombas en el centro de la capital, causando pánico entre la población civil. Una bomba cae a 10 metros de nuestras oficinas, destruyendo la esquina del antiguo Palacio Arzobispal y causando daños en algunas residencias.

— Anúnciase la próxima llegada del señor Sumner Welles, alto funcionario del Departamento de Estado.

— El Consejo de Ministros, en vista del bombardeo de la capital, ha desistido de considerar el plan de paz que estaba estudiando. El mando militar de la capital ha sido entregado desde hace algunos días al general José María Fonseca, y ahora el Consejo de Ministros no puede tomar ninguna determinación sin consultar primero con los jefes militares; y estos se oponen a la paz mientras continúe el bombardeo aéreo de la capital.

— Fuertes tiroteos a la entrada de la noche en Guacerique, Guijarro y Sipile.

Un mes de sitio

Abril 14. — Hoy hace un mes que empezó el cerco de Tegucigalpa; el 14 de marzo, a las 2:35 de la tarde, se rompieron las hostilidades.

— El día ha pasado tranquilo. No ha volado hoy el aeroplano, ni ha habido otra novedad que pequeños tiroteos en Guacerique y fuego de artillería en Juana Laínez.

La mediación de Estados Unidos

Abril 15. — Toda la noche ha habido fuertes tiroteos en Guacerique y Sipile, y el cañón de Juana Laínez ha funcionado desde temprano en la mañana contra las posiciones del Toncontín y del Estiquirín.

— El día pasa con relativa calma.

— No ha volado hoy el aeroplano.

— El Dr. Durón se ha separado definitivamente del Ministerio de Relaciones Exteriores, de cuyo puesto renunció el 6 del corriente. Se ha hecho cargo de la cartera el subsecretario.

— Hoy ha llegado el señor Sumner Welles, después de conferenciar largamente en el campamento revolucionario con los jefes de la Revolución. Desde su llegada a Tegucigalpa se ha puesto al habla con el Consejo de Ministros, conferenciando detenidamente con los miembros del Gabinete.

— A las 5 de la tarde se libra un corto combate en el Cementerio, entre fuerzas de Sipile y fuerzas revolucionarias que han avanzado del Berrinche.

— La artillería de Juana Laínez ha estado funcionando todo el día.

La contrarrevolución en el Occidente de la República

Abril 15. — Hoy se ha sabido en Tegucigalpa que en Occidente de la República, el 4 del corriente, se había organizado una contrarrevolución dirigida por las fuerzas dictatoriales derrotadas en la Costa Norte y otros grupos que se les juntaron en la frontera de Guatemala.

La contrarrevolución contaba con unos 1,000 hombres, al mando de los generales Manuel Antonio López, Arturo Matute, Romualdo Figueroa, Ángel Matute y otros jefes.

Las plazas de Ocotepeque y Santa Rosa de Copán fueron tomadas por las fuerzas contrarrevolucionarias, y ya se preparan a marchar hacia el centro del país, rumbo a Tegucigalpa, casi al mismo tiempo que otro ejército contrarrevolucionario, al mando del general Dionisio Gutiérrez y del Dr. Salvador Corleto, hacía una intentona en el sur de la República.

En el Cuartel General de la Revolución, en los llanos del Toncontín, causó cierta intranquilidad la noticia de esas dos contrarrevoluciones que se le venían encima; pero se tomaron inmediatamente las medidas que el caso demandaba.

El general Ferrera se dirigió hacia el sur, y en Cerro de Hule y después en Nacaome, libró dos combates que derrotaron por completo las fuerzas contrarrevolucionarias.

En Occidente hicieron frente a las fuerzas dictatoriales de la contrarrevolución los generales José León Castro, Faustino P. Cálix y Lino Zúniga; y en poco más de una semana quedaron completamente deshechas o desbandadas las fuerzas contrarrevolucionarias, quedando nuevamente Ocotepeque, Santa Rosa de Copán y toda la región occidental en poder de la Revolución Constitucionalista.

El Consejo de Ministros hace nuevas propuestas de paz a la Revolución

Abril 16. — Durante toda la noche ha habido fuerte tiroteo en Sipile y en Miramesí, funcionando a ratos las ametralladoras del Palacio y las de Sipile.

— El representante personal del presidente de Estados Unidos, Calvin C. Coolidge, señor Sumner Welles, acompañado del ministro señor Morales y del comandante Causey, ha ido a celebrar una conferencia en el campamento revolucionario, acompañando a dos delegados del Gobierno.

El objeto de la conferencia ha sido presentar a la Revolución las condiciones en que el Consejo de Ministros puede firmar el arreglo de paz.

El Consejo de Ministros propone la celebración de una Conferencia de Paz en Amapala

Abril 16. — Estas condiciones son casi idénticas a las anteriores, pero ya están en forma de convenio, y solo falta la firma de las partes interesadas. La Revolución las acepta, con excepción de la primera cláusula, que se refiere al presidente provisional.

El Consejo de Ministros ha presentado cinco nombres y cinco ha presentado la Revolución, para que se escoja entre los diez un presidente provisional, debiendo después celebrarse una conferencia en Amapala, con asistencia de representantes de cada república centroamericana, de Estados Unidos, la Revolución y el Consejo de Ministros, para ratificar, y aumentar o corregir, si es necesario, el convenio de paz definitivo.

Como el Consejo no acepta ninguno de los cinco candidatos de la Revolución, ni esta acepta ninguno de los cinco del Consejo, propone un armisticio manteniendo el statu quo actual, y que el primer acto de la conferencia centroamericana de Amapala sea la designación de un presidente provisional.

La Revolución insiste en que tal designación debe ser previa a todo otro arreglo.

— Mañana debe el Consejo resolver su respuesta y darla al señor Welles, para transmitirla a la Revolución.

— Tres días sin que haya volado el aeroplano.

— Tiroteos fuertes todo el día en Guacerique, Sipile, Miramesí, en las márgenes del río y en el Parque de La Concordia.

Abril 17

Amanece el día tranquilo, pero ha habido fuertes tiroteos toda la noche en Guacerique y Miramesí.

— Continúan las conferencias entre el comisionado Welles y el Consejo de Ministros.

— A las 10 vuela el aeroplano y arroja varias bombas, cayendo muchas de ellas sobre las casas del Guanacaste y frente al Parque La Libertad. No se sabe si ha habido desgracias personales.

— Toda la tarde hay fuertes tiroteos en Sipile y Miramesí.

El general Ferrera toma la plaza de Choluteca

Abril 18. — Durante la noche se ha peleado entre el Berrinche y Sipile, y ha habido fuertes tiroteos de riflería y de ametralladoras en Miramesí y en las orillas del río. Una ametralladora, colocada en el tercer piso del edificio de Telégrafos, ha estado haciendo fuego contra las posiciones revolucionarias del Berrinche. También han funcionado los cañones del Picacho y Juana Laínez.

— El delegado Welles y el ministro Morales han pasado el día conferenciando en el campamento revolucionario. Se está esperando la respuesta del general Ferrera a la propuesta de la conferencia en Amapala. Los demás jefes de la Revolución han aceptado la conferencia.

— Ayer, a las 3 a.m., entró el general Ferrera a Choluteca sin pelear, pues el general Toribio Ramos y demás jefes militares habían desocupado la plaza desde el día anterior, llevándose todos los elementos de guerra y como 500 hombres de tropa.

— En la tarde ha habido fuertes tiroteos en el Cementerio, en Sipile y en las orillas del río, funcionando también las ametralladoras del Palacio Presidencial y de los edificios cercanos al río.

— Hoy ha volado el aeroplano a las 9 de la mañana, pero en vez de bombas ha arrojado hojas sueltas, haciendo un llamamiento a las fuerzas dictatoriales para que dejen de pelear.

— Hoy ha sido arrestado y llevado preso a la Penitenciaría el señor gobernador político de Tegucigalpa, coronel Jaime R. Turcios. Lo sustituye en la Gobernación el coronel Salomón Sorto Z.

Abril 19

Tiroteos nutridos todo el día. Fuego de riflería, ametralladoras y cañones contra las posiciones revolucionarias del Berrinche.

— Aún no ha avisado el delegado Welles si ya aceptó el general Ferrera la conferencia de Amapala.

A las 6 de la tarde se desata una terrible tempestad de rayos, truenos y agua, que seguramente mortificará a las tropas de ambos bandos, esparcidas por los cerros a la intemperie. Como a las 9 de la noche amaina la tempestad y cesan las descargas eléctricas, pero llueve torrencialmente toda la noche.

Llega a Tegucigalpa la columna del general Ramos

Abril 20. — Domingo de Resurrección. Día de Pascua, o sea gran fiesta religiosa en todo el mundo cristiano. En Tegucigalpa pasará este día como todos los demás: triste, trágico y lleno de peligros para los moradores de la capital.

— La noche ha pasado relativamente tranquila.

— Aún no ha dado el delegado Welles ninguna respuesta definitiva al Consejo acerca de si el general Ferrera acepta o no la conferencia de Amapala. Pero tanto él como el ministro Morales han demostrado mucho empeño en que se celebre, y han pedido al Consejo de Ministros que firme un memorándum, aceptando el Consejo la conferencia a bordo del crucero norteamericano Milwaukee, y fijándose en dicho memorándum la fecha de hoy, día 20, para la inauguración de la conferencia.

No se explica este hecho de fijar una fecha materialmente imposible para la reunión de la conferencia, puesto que ni el general Ferrera ha dado aún su aceptación, ni los otros gobiernos centroamericanos han sido oficialmente convocados, ni hay tiempo tampoco para que los delegados se trasladen de las respectivas capitales a bordo del Milwaukee en el término de las pocas horas que faltan del día de hoy.

En fin, alguna razón habrá tenido el delegado Welles y el ministro Morales para fijar en el memorándum la fecha de hoy.

— Hoy a las 11 de la mañana ha ingresado a Tegucigalpa una columna dictatorial de unos 400 hombres, al mando de los generales Toribio Ramos, Julio Peralta y Concepción Peralta. Como 150 hombres venían montados.

Es la fuerza que estaba en Choluteca y que evacuó aquella plaza el 17, llevándose todos los elementos de guerra. La entrada en Tegucigalpa se ha efectuado por el Guanacaste, y ha causado sorpresa que las fuerzas revolucionarias no hayan atacado al general Ramos ni tratado de impedirle la llegada a la capital.

— Una pequeña columna de las fuerzas dictatoriales estacionadas en Sipile ha dado esta mañana una carga contra el Berrinche, llegando hasta muy cerca de las posiciones revolucionarias, pero han sido rechazados después de dos horas de nutrido tiroteo. Se supone que el objeto de ese ataque ha sido distraer las fuerzas revolucionarias mientras la columna del general Ramos entraba en Tegucigalpa.

— Los jefes de la Revolución, señores generales Carías, Tosta y Martínez Funes, al aceptar la Conferencia de Amapala, han puesto como condición que no se suspenderán las hostilidades durante la Conferencia. El Gobierno insistió con el delegado Welles para que se concertara un armisticio de diez días para mientras dura la Conferencia; pero la Revolución no aceptó, y el señor Welles no cree tampoco necesario el armisticio.

El general Ferrera acepta la Conferencia de Amapala

Abril 20. — Después de la entrada en Tegucigalpa de las fuerzas del general Ramos, el delegado Welles y el ministro Morales han salido para el campamento revolucionario, regresando poco después de participar al Consejo de Ministros que ya ha contestado el general Ferrera aceptando la Conferencia.

La lista presentada por la Revolución para escoger un presidente provisional es como sigue:

Doctor don Fausto Dávila.
General don Vicente Tosta C.
Doctor don Miguel Paz Baraona.
Doctor don Silverio Laínez.
Doctor don José María Casco.

La lista del Consejo de Ministros es como sigue:
Doctor don Francisco Bueso.
Doctor don Carlos Alberto Uclés.
Doctor don Federico C. Canales.
Doctor y general don Roque J. López.
Doctor y general don José María Ochoa V.

— El Dr. López ha renunciado al Ministerio de Guerra y Marina para ir a la Conferencia, y el Dr. Ángel Zúñiga Huete será nombrado ministro en su lugar.

— Todos los presos políticos han sido ya puestos en libertad, siendo los últimos en salir el Dr. Paz Baraona y el licenciado Felipe Cálix.

— En la tarde ha hecho dos vuelos el aeroplano, arrojando durante el primero unas cuantas bombas sobre Juana Laínez sin causar ningún daño, y en el segundo vuelo ha tirado una gran cantidad de hojas sueltas.

— En los círculos oficiales háblase de una salida de las fuerzas para atacar las posiciones revolucionarias del Estiquirín y Toncontín.

— A pesar del aumento en la guarnición de la plaza, no ha habido ningún desorden en la capital, habiendo entrado las tropas sin disparar un tiro; todo el día ha pasado tranquilo en las calles de la ciudad.

Entra en actividad la artillería de la Revolución

Abril 21. — Tiroteos intermitentes toda la noche en Sipile, Guacerique, Berrinche, Miramesí y los retenes del río. Desde temprano funcionan los cañones de Juana Laínez y Picacho.

— Los delegados a la Conferencia de Amapala son: el Dr. Alberto A. Rodríguez, Dr. y general Roque J. López, y el Dr. Federico C. Canales, de secretario. La comisión saldrá probablemente mañana. El ministro de Estados Unidos no asistirá a la Conferencia, yendo solamente el delegado Welles.

— A las 11 de la mañana, dos cañones colocados en el Estiquirín abren sus fuegos contra las posiciones de Juana Laínez y Sipile, cayendo varios proyectiles en las trincheras de las fuerzas dictatoriales. Algunos proyectiles, evidentemente destinados al Palacio Presidencial, caen en la ciudad, uno de ellos en el edificio del Banco de Honduras; pero no causan daños a la población. A las 12 cesa el cañoneo.

— A las 4 de la tarde vuelve a empezar el fuego de artillería de la Revolución, pero esta vez ya los cañones no se ven en el Estiquirín, y es de suponerse que han sido emplazados en otros sitios más cercanos a las posiciones de las fuerzas dictatoriales. Desde el Berrinche caen varios proyectiles sobre Juana Laínez, Picacho y Sipile, y estas fortificaciones empiezan, a su turno, a disparar su artillería contra el Berrinche y el Estiquirín.

Los proyectiles se cruzan por el aire sobre Tegucigalpa, y el cañoneo se hace general, hasta el punto que ya no se puede distinguir de dónde proceden los cañonazos ni adónde van a caer las granadas.

La Conferencia de Amapala

Abril 21. — Hoy se ha convenido en que mañana saldrán los delegados de la Dictadura y los de la Revolución para la Conferencia de Amapala. El señor Welles, delegado personal del presidente de Estados Unidos, acompañará a los delegados y dirigirá las labores de la Conferencia; esta se celebrará a bordo del crucero Milwaukee, surto en la rada de Amapala.

— El señor Sumner Welles, representante personal del presidente de Estados Unidos, ha tenido la fineza de invitar a nuestro director, don Mario Ribas, para que asista a la Conferencia de Paz, a bordo del crucero Milwaukee.

— Toda la noche hay fuertes tiroteos en Sipile, Estiquirín y Miramesí.

A través de las líneas de fuego

Abril 22. — De las 7 a las 8 hay fuego de artillería entre las fortificaciones de la Dictadura y las de la Revolución, pero a las 8 cesa el fuego en toda la línea.

— La hora fijada para la salida de la comitiva que va a la Conferencia de Amapala es las 8, y el lugar de reunión la Legación de Estados Unidos. La mañana pasa tranquila en las líneas de fuego, en espera de la salida de los delegados, pero estos están en calurosas discusiones en el Palacio, y a las 12 no hay todavía señales de viaje.

Por fin, a la 1:35 p.m. sale la comitiva rumbo a Comayagüela a recoger a los delegados López y Rodríguez, y diez minutos después se pone en marcha rumbo al Cuartel General de la Revolución.

Ese viaje de Tegucigalpa a Toncontín, tan agradable en tiempos normales, se hace generalmente en veinte minutos; pero hoy tardamos una hora, a pesar de que es nuestro más vivo deseo atravesar con toda la rapidez posible los cinco kilómetros de campo de batalla que hemos de recorrer antes de hallarnos del otro lado de las líneas de fuego.

La comitiva va en cuatro automóviles, tres de ellos con bandera norteamericana. El nuestro no lleva bandera alguna.

Llegamos a la plaza del Obelisco, y allí hacemos la primera parada, mientras nos damos a reconocer y las tropas dictatoriales apartan los alambres y abren una brecha en sus trincheras para dar paso a los automóviles. Mientras dura esta operación, algunas balas vienen a estrellarse alrededor de nuestro carro, pasando otras silbando muy cerca de nosotros. ¿Serán saludos de despedida que nos envían los sitiados de Tegucigalpa, o saludos de bienvenida que nos dirigen los sitiadores? No lo sabemos ni nos preocupamos mucho por averiguarlo.

Logramos al fin pasar esa primera línea de las defensas dictatoriales, y al otro lado del puente de Guacerique, donde está la segunda y última línea, se repite la operación: parada, reconocimiento, brecha en las trincheras, tiritos de "cortesía", y... pasamos.

Entramos ahora en la Tierra de Nadie o No Man's Land, como decían los partes oficiales en aquellos lejanos tiempos de la guerra europea.

Es una faja de terreno de unos 500 metros. Las casas en ambos lados de la calle están abandonadas; sus paredes, las que no han sido destruidas a cañonazos, están acribilladas de balas; algunas sin techo, otras sin paredes frontales y otras... ya son casi un recuerdo solamente.

Corren los carros a toda velocidad, pues se oye tiroteo y cruzan balas alrededor de nosotros. Sentimos pasar por encima de nuestro carro dos o tres proyectiles, evidentemente procedentes de la artillería de Juana Laínez; caen a unos 50 metros del camino que llevamos; evidentemente no son para nosotros, sino para las trincheras revolucionarias que se hallan más adelante.

Pasamos al fin la Tierra de Nadie y llegamos frente a la primera trinchera revolucionaria. Nos detenemos mientras nos damos a reconocer y nos toman los nombres para comunicarlos por teléfono al Cuartel General. Y mientras tanto, se abre una brecha en las trincheras para dar paso a los carros.

Esta primera trinchera de la Revolución marca el principio de las posiciones de las fuerzas sitiadoras; llevan la insignia azul y blanco, y cada soldado muestra en su semblante valor y decisión. Emprendemos de nuevo la marcha y llegamos a la segunda línea de fuego del ejército revolucionario; también aquí llevan los soldados la divisa azul y blanco. Más trincheras, más paradas. Se ven tropas enfrente, a la derecha, a la izquierda y sobre todos los cerros cercanos.

Continuamos hacia los llanos de la estación inalámbrica y el Cuartel General de la Revolución. Ahora son tropas con la divisa azul y rojo las que bordean el camino y llenan cerros y casas. Son estos los aguerridos soldados del valiente ejército del general Ferrera; más adelante, camino a San Lorenzo, encontramos otros muchos con la misma divisa: unos en camiones, otros a pie, marchando hacia Tegucigalpa, de regreso de su viaje al sur a la conquista del Cerro de Hule, Nacaome y Choluteca.

En el Cuartel General de la Revolución

A las 2:45 llegamos al Cuartel General de la Revolución. Nos encontramos allí con numerosos amigos y conocidos que no hemos visto desde hace meses; entre ellos vemos a los generales Medina Planas, Alvarado Mendieta; coronel Hipólito Retes; Dr. Manuel Valladares Núñez, que tanto se distinguió en la batalla de Jacaleapa y en El Pedregalito; a los coroneles Ricardo Lardizábal, Constantino S. Ramos; doctores Francisco López Padilla, Salvador Aguirre, Antonio C. Rivera, Carlos Laínez E., Magín Herrera A., Ángel Ugarte, señores Arturo Fortín, Alfonso Gallardo h., y cien otros buenos amigos que han acuerpado la causa de la Revolución.

Los abrazamos y contestamos como podemos a las mil preguntas que nos hacen respecto a sus familias en Tegucigalpa y de los amigos que, como nosotros mismos, han permanecido en la capital durante el sitio.

Saludamos a los generales Tosta y Ferrera, héroes de esta cruzada reivindicadora, y, habiendo llegado la hora de partir, nos despedimos y emprendemos la marcha hacia San Lorenzo.

La comitiva hacia San Lorenzo rumbo a Amapala

La comitiva ahora está completa. La forman: el señor Sumner Welles, representante personal del presidente de Estados Unidos; doctores Francisco López Padilla y Salvador Aguirre, delegados de la Revolución; don Alfonso Gallardo h., secretario de la delegación; el general Roque J. López y el Dr. Alberto A. Rodríguez, delegados del Consejo de Ministros; doctor Federico C. Canales, secretario de la delegación; el teniente comandante Alexander, del crucero Milwaukee, y don Mario Ribas, director de Renacimiento. Van, además, varios oficiales del ejército revolucionario, tres oficiales del ejército dictatorial y cuatro marinos norteamericanos. Todos en cuatro automóviles.

Al pasar frente al Toncontín, dos columnas del ejército del general Ferrera forman valla en el camino. Las casas de campo de Loarque están atestadas de tropas con divisa azul y blanco. Cerca de Germania pasamos el último campamento de la Revolución, y desde el kilómetro 10 en adelante ya nos hallamos en campo pacífico.

Pero no dejamos de ver en todo el trayecto de la carretera del sur gente armada que va hacia Tegucigalpa. Entre Germania —a 10 kilómetros de Tegucigalpa— y San Lorenzo, punto terminal de la carretera (kilómetro 130), no hemos encontrado menos de 1,200 hombres, la mayor parte con divisa azul y rojo, todos armados y bien equipados, y sobre todo perfectamente bien disciplinados.

A las 9 de la noche llegamos a San Lorenzo, y nos hallamos con que la lancha del Milwaukee que venía a traernos ha naufragado en el Golfo de Fonseca, por lo que habremos de quedarnos a pasar allí la noche, esperando que llegue otra embarcación enviada de Amapala.

Saldremos en la madrugada para llegar mañana temprano a Amapala.

En Tegucigalpa se sigue peleando encarnizadamente

Pero volvamos un momento los ojos hacia Tegucigalpa, que es donde se ha de desarrollar el último y más importante capítulo de esta sangrienta lucha entre el poder dictatorial y la Revolución Constitucionalista. Las conferencias de Amapala formarán capítulo aparte en esta historia de sangre y destrucción.

En Tegucigalpa se ha peleado desde las 3 de la tarde de hoy, día 22 de abril, hasta las 6:30, funcionando constantemente la artillería y las ametralladoras de ambos bandos combatientes.

— A las 7 p.m. se ha incendiado el mercado San Isidro.

— A las 8 de la noche las fuerzas revolucionarias han abierto un nutrido fuego contra las posiciones de los dictatoriales, desde Miramesí hasta el Cuartel de Veteranos.

Se inaugura la Conferencia de Amapala

Abril 23. — Al amanecer, el mercado de San Isidro ya no es más que un montón de escombros.

— A las 6 de la mañana empieza a funcionar la artillería del Picacho, Juana Laínez y Sipile contra las posiciones revolucionarias del Estiquirín y del Berrinche; cooperan en el tiroteo las ametralladoras. Los cañones de la Revolución contestan el fuego causando fuertes daños a las posiciones dictatoriales de Sipile y Juana Laínez.

— La comitiva que fue a la Conferencia de Paz ha llegado a Amapala esta mañana a las 7 y media.

— A las 2:30 p.m. los delegados han visitado al almirante Dayton, a bordo del Denver, pasando de allí al Milwaukee, donde se ha inaugurado la Conferencia de Paz.

La sesión dura hasta las 6 de la tarde, y durante las discusiones han sido eliminados seis candidatos de las dos listas propuestas. Quedan solamente en la lista los señores Dr. Fausto Dávila y general Vicente Tosta C. por la Revolución, y doctores Carlos Alberto Uclés y Federico C. Canales por el Consejo de Ministros.

Abril 24. — A la 1 a.m. entáblase un fuerte combate en el Cuartel de Veteranos. Funcionan las ametralladoras de ambos bandos combatientes, y la lucha dura hasta las 5 de la mañana, hora en que las fuerzas revolucionarias quedan dueñas del terreno hasta 50 metros del cuartel.

— A las 6 empieza el fuego de artillería y dura toda la mañana.

— A las 2 de la tarde vuela el aeroplano arrojando varias bombas sobre las defensas de Juana Laínez.

— Se ha estado peleando todo el día en las alturas de Miraflores y Guijarro. Son las fuerzas del general Martínez Funes que han atacado las posiciones dictatoriales.

— En Amapala sigue avante la Conferencia. Hoy ha habido dos sesiones a bordo del Milwaukee, una en la mañana y otra en la tarde. Estas se verifican en el mayor secreto, sabiéndose solamente que ha sido eliminado de la lista el Dr. Uclés, quedando ya solo tres candidatos.

— Hoy han llegado a Amapala, procedentes de Nicaragua, los doctores Paulino Valladares, Ramón Valladares, Rubén Andino Aguilar y don Ramón Landa.

— Desde Amapala se ha comunicado a los gobiernos de Guatemala, Nicaragua, El Salvador y Costa Rica que la Conferencia se ha inaugurado y que se espera la llegada de sus respectivos delegados para la celebración del pacto definitivo.

Abril 25. — Desde las 6 a.m. se pelea en la Zopilotera. Fuego de artillería en toda la línea. Las fuerzas revolucionarias estrechan el cerco por la Soledad, Zopilotera, Guijarro y Miraflores. El general Martínez Funes es dueño de Miraflores, y desde allí estrecha el cerco entre el Guijarro y el Guanacaste, acercándose cada momento al centro de la ciudad.

— En la Conferencia de Amapala no ha habido sesión hoy.

En Amapala sigue la Conferencia y en Tegucigalpa continúa la lucha armada

Abril 26. — A las 6 a.m. empieza el fuego de artillería desde el Picacho, Juana Laínez y Sipile. La artillería de la Revolución contesta desde el Berrinche.

— Hoy ha llegado a Amapala el delegado de Nicaragua, ingeniero don José Andrés Urtecho, ministro de Relaciones Exteriores de aquella República.

— La Conferencia ha celebrado hoy dos sesiones, discutiendo la elaboración de un pacto preliminar de paz y el nombramiento del presidente provisional de la República.

Abril 27. — Desde las 5 a.m. empieza el fuego de artillería, ametralladoras y fusiles en toda la línea, y no cesa hasta las 4 de la tarde.

La Revolución toma el Picacho

Abril 27. — En la altiplanicie del Picacho se ha peleado todo el día, y las fuerzas dictatoriales se han ido retirando hasta sus trincheras de última línea, en el borde de la cúspide, las que son evacuadas a la entrada de la noche, retirándose definitivamente las fuerzas dictatoriales al centro de Tegucigalpa, dejando abandonadas las posiciones del Picacho.

Queda la Revolución dueña del Picacho; con esta formidable fortaleza y el Berrinche dominan las fuerzas revolucionarias todo el radio de la población.

— El aeroplano hace un vuelo a las 5 de la tarde bombardeando las defensas de Sipile y Guanacaste.

— En Amapala continúa la Conferencia; se ha eliminado al Dr. Canales de la lista, quedando solamente los dos candidatos Dr. Dávila y general Tosta, propuestos por la Revolución.

Según se puede entrever en las discusiones de la Conferencia, el general Tosta será proclamado presidente provisional.

Si no se apresuran los delegados a llegar a un acuerdo acerca de quién ha de ser presidente provisional, y sobre la entrega de la plaza de Tegucigalpa, es posible que la Revolución tome la capital antes de que la Conferencia haya logrado un acuerdo que ponga fin a la guerra.

— Hoy salió de Amapala el crucero Milwaukee; va a Puntarenas a traer al delegado de Costa Rica.

La toma de Tegucigalpa

Abril 28. — Ha sucedido lo que todos esperábamos; mientras en Amapala se discutía en la Conferencia el modo más práctico de hacer la paz sin necesidad de más derramamiento de sangre en Tegucigalpa, la Revolución se ha lanzado a un asalto decisivo y ha tomado la capital por la fuerza de las armas.

Ayer, a las 8 de la noche, las tropas de la Revolución, al mando del general Ferrera, habían avanzado hasta 50 yardas del Cuartel de Veteranos y 200 yardas del Sipile; las fuerzas del general Martínez Funes eran dueñas de las alturas de San Felipe, Miraflores y Guijarro, y todo el terreno al sudeste y al nordeste de Juana Laínez; las fuerzas del general Tosta son dueñas del Picacho desde ayer tarde.

La situación de los sitiados es ya casi insostenible. En vista de lo desesperado de la situación, el Consejo de Ministros ordena que se abra el fuego en toda la línea contra las fuerzas atacantes. Y a las 8:30 de la noche empieza el fuego general.

Las fuerzas de la Revolución, que estaban listas para un asalto general y decisivo, responden a la ofensiva de las tropas dictatoriales con un furioso contraataque que, desde el primer momento, hace ceder terreno a los dictatoriales.

Empieza una lucha encarnizada en toda la línea. A las 9 y media de la noche las tropas de la Revolución, al mando inmediato del general Tosta, han cruzado ya el río frente al Teatro, Parque La Concordia y Panteón, y siguen bajando del Berrinche en arrolladora avalancha hacia el centro de la ciudad.

Llegan las primeras columnas del general Tosta y se apoderan del mercado, edificio de Telégrafos y Cuartel de Policía. Otras columnas penetran en la ciudad por el Panteón, despreciando la lluvia de balas que lanzan las ametralladoras del Sipile.

Las tropas del general Martínez Funes entran por el Guanacaste y por las faldas de Juana Laínez, llegando ya a la Isla por una parte y por otra al Cuartel de San Francisco.

Mientras tanto, una columna al mando del coronel Carlos B. González y otros jefes atacan y toman el Cuartel de Veteranos, y marchan sobre el Palacio Presidencial.

Mientras se está efectuando el asalto a las posiciones de la ciudad

Una batería de seis ametralladoras colocadas en El Berrinche mantiene un fuego de cortina contra el camino que conduce de La Isla a Juana Laínez y contra las posiciones de Sipile. Estas últimas son las más afectadas por el fuego destructor de las ametralladoras revolucionarias del Berrinche; el Sipile está en una situación precaria, pues además del fuego de las ametralladoras del Berrinche, tiene que hacer frente a un ataque furioso de una columna del general Ferrera, que lucha heroicamente durante cinco horas, asaltando al fin las trincheras y quedando dueñas de las fortificaciones a las 5 de la mañana.

La lucha en las calles de Tegucigalpa

Abril 28. — Continúa peleándose en las calles de la capital, en algunos lugares casi cuerpo a cuerpo.

A las 8 de la mañana de hoy la ciudad está ya en poder de la Revolución. Los últimos combates librados en las calles han tenido lugar principalmente frente a la Legación de Estados Unidos, en la calle del Hotel Agurcia, en el Parque Morazán y otras calles céntricas de la ciudad; esta lucha en las calles ha durado más de tres horas.

A las 8:10 a.m. cesa el fuego graneado y ya no se oye más que uno que otro tiroteo aislado. Los restos de las fuerzas dictatoriales que no han caído bajo las balas o salido de la población antes del amanecer quedan prisioneros en poder de la Revolución.

Tegucigalpa ha sido tomada por asalto en doce horas, después de un sitio de 45 días, durante los cuales no ha habido uno en que no se haya peleado, poco o mucho.

A las 10 a.m. ya no se oye un tiro. La Revolución ha triunfado definitivamente, pues Tegucigalpa era el último reducto del gobierno dictatorial.

La batalla ha sido ruda entre las 8 de la noche de ayer y las 8 de la mañana de hoy; han sido doce horas de lucha titánica. Todos por igual, atacantes y defensores, han dado muestras de un valor insuperable.

La toma de la capital ha sido una acción de armas de las más heroicas y gloriosas de la historia militar de Honduras.

La victoria ha costado mucha sangre, y en las calles de Tegucigalpa hay muchos muertos y heridos a esta hora en que el pabellón de la Revolución flamea orgulloso en los edificios públicos de la capital.

¿Y la Conferencia de Amapala?

Abril 28. — Volvamos ahora los ojos hacia Amapala nuevamente.

La noticia de la caída de Tegucigalpa ha sido debidamente comunicada a los delegados a la Conferencia, y el honorable señor Welles, que está en constante comunicación radiográfica con Tegucigalpa, ha debido conocer en todos sus detalles este importante suceso, a medida que se iban desarrollando los acontecimientos.

Además, la noticia de la caída de la capital le ha sido comunicada por los delegados.

La Conferencia, desde luego, ya no tiene razón de ser. En realidad, con la caída del Consejo de Ministros, los delegados dictatoriales han dejado ipso facto de ser delegados de entidad alguna.

Y como el objeto de la Conferencia era hacer la paz obteniendo de dicho Consejo la entrega de la capital, y puesto que la capital ha sido tomada ya por medio de las armas, y no queda Consejo de Ministros, ni ejército dictatorial, ni entidad alguna que haga frente a la Revolución, ¿qué objeto tiene ahora la Conferencia?

Pero es el caso que la Conferencia continúa.

Es una verdadera lástima que la mediación de Estados Unidos, ya que de todos modos había de venir, no haya llegado dos o tres meses antes de que se matasen unos cuantos miles de hondureños y se destruyese propiedad por valor de varios millones de pesos.

En 1919 el gobierno de Estados Unidos intervino cuando la Revolución tenía apenas un mes de haber empezado, y mucho antes de que Tegucigalpa se viese amenazada por las fuerzas revolucionarias o se hubiese derramado una décima parte de la sangre que se ha derramado esta vez.

Intervino, decimos, e hizo que el entonces presidente de la República, Dr. don Francisco Bertrand, entregara el poder a la Revolución.

Y conste que el Dr. Bertrand era un presidente constitucional, legalmente constituido, reconocido por los gobiernos extranjeros; presidía el Dr. Bertrand un gobierno al que faltaban aún cerca de seis meses para completar su período constitucional.

Y, sin embargo, en aras de la paz y para evitar más derramamiento de sangre, el amistoso mediador hizo que el Dr. Bertrand entregara el poder.

En vista de ese precedente, muchos eran de opinión en Centroamérica que, si Estados Unidos había de intervenir en Honduras en 1924, la mediación vendría antes de que la guerra hubiese terminado; máxime que la guerra se hacía contra un régimen muy distinto del régimen constitucional del presidente Bertrand: se hacía contra una dictadura con la que el mismo gobierno norteamericano había roto sus relaciones diplomáticas desde el 5 de febrero.

Era, pues, lógico suponer que o vendría la mediación en tiempo oportuno, o no vendría.

Pero a veces sucede lo que menos se espera.

Así, pues, hoy 28 de abril, a las 8 de la mañana, la Revolución tiene en su poder Tegucigalpa y todo el territorio de la República; la guerra ha terminado. Ha terminado a las 8 de la mañana.

En Amapala se firma el Pacto Preliminar de Paz a las 12:30, cuatro horas y media después.

Es firmado a bordo del Denver, por estar ausente del puerto el Milwaukee, a bordo del cual empezaron las conferencias. En dicho pacto (cuyo texto se hallará en otro lugar) se nombra al general don Vicente Tosta C. presidente provisional de la República.

Abril 29. — Para aclarar ciertos detalles de la Conferencia de Amapala, ésta suspende sus sesiones y el señor Welles, con los delegados López Padilla y Aguirre, sale de Amapala hoy a las 4 de la tarde para venir a conferenciar a Tegucigalpa, donde llegan a medianoche.

Con ellos ha llegado el coronel Raúl Toledo López, jefe departamental de Amapala.

El retiro de las fuerzas norteamericanas

Abril 30. — Habiendo conferenciado con los jefes de la Revolución, el señor Welles y los delegados Aguirre y López Padilla han salido esta mañana a las 6 para Amapala, a continuar las conferencias a bordo del Milwaukee.

— Ha regresado a Amapala, procedente de Puntarenas, el crucero Milwaukee, llevando a bordo al delegado por Costa Rica, Dr. don Pedro Pérez Zeledón, su hijo y secretario, don Claudio Pérez.

— Ha llegado a Tegucigalpa, procedente de Nicaragua vía Amapala, el Dr. don Paulino Valladares.

Habiendo terminado la guerra y existiendo ya en Honduras un gobierno constituido que garantiza la paz y el orden público, el contingente de fuerzas norteamericanas desembarcado el 18 de marzo último ha abandonado hoy el territorio hondureño y se ha embarcado nuevamente a bordo del crucero Milwaukee.

Nosotros celebramos que hayan desaparecido los motivos que, en la mente del gobierno de Estados Unidos, pudieron existir para justificar la presencia de esas tropas norteamericanas en la capital de Honduras, y abrigamos la esperanza de que el gobierno de Washington no volverá a encontrar ocasión para considerar necesario el desembarque de tropas suyas en tierras hondureñas.

Durante su presencia en Tegucigalpa y más tarde en Amapala, tuvimos oportunidad de tratar de cerca a los oficiales de la Marina norteamericana que tenían a su mando los marinos desembarcados, y queremos hacer constar aquí que siempre les hallamos correctos y cumplidos caballeros.

Esos oficiales son el comandante Lewis D. Causey, el teniente comandante Benjamín Vaughan McCandlish, teniente comandante Alexander y teniente McVeagh.

Ellos sirvieron de intermediarios desinteresados entre las autoridades de Tegucigalpa y el Cuartel General de la Revolución, y cooperaron, en la medida de sus posibilidades, a preparar el camino hacia una pronta paz.

Si sus esfuerzos no tuvieron todo el éxito deseado, la culpa no fue de ellos, sino de las circunstancias. Su buena voluntad quedó, en todo caso, bien comprobada.

El tacto y la prudencia que demostraron en el manejo de las tropas a su mando y en sus relaciones con los beligerantes contribuyeron a evitar fricciones que podían haber traído graves consecuencias.

El general Tosta toma posesión de la Presidencia Provisional
— Hoy, día 30, a las 10 de la mañana, el general don Vicente Tosta C. prestó la promesa de ley ante el alcalde de Tegucigalpa y tomó posesión de la Presidencia Provisional de la República.
— El gabinete del presidente Tosta ha quedado organizado como sigue:
Gobernación y Justicia: general don Tiburcio Carías A.
Relaciones Exteriores: Dr. don Paulino Valladares.
Guerra y Marina: general don Gregorio Ferrera.
Hacienda y Crédito Público: Dr. don Silverio Laínez.
Fomento y Obras Públicas: Dr. don José María Casco (sustituido después por el Dr. José Blas Henríquez).
Instrucción Pública: Dr. don Ramón Alcerro Castro (sustituido después por el Dr. don Federico A. Smith).

Los elementos empleados en la guerra
En esta guerra han entrado en juego todos los elementos modernos de la guerra terrestre. Ha habido furiosas cargas de caballería, asaltos a machete, duelos de artillería, bombardeos aéreos; machetes, rifles, pistolas, ametralladoras, cañones, bombas, aeroplanos, automóviles, todo, en fin, lo que el genio humano ha inventado para la destrucción; y si la guerra dura quince días más, se hubieran usado también los gases asfixiantes, que ya estaban listos.

Lo que cuesta la guerra
Según cálculos muy conservadores, esta guerra civil, que ha durado cerca de tres meses, viene costando a Honduras unos $20,000,000; en esta suma solo contamos el valor de la propiedad destruida, mantenimiento de los ejércitos beligerantes y pertrechos de guerra gastados en la lucha.
Pero no hemos incluido lo que el Estado tendrá, doble espacio, que pagar en pensiones.

EL CONVENIO DE TILOARQUE

He aquí el texto de aquel convenio histórico:

«En el campo de Tiloarque, frente a Tegucigalpa, a las 8 de la noche del día 24 de marzo de 1924, reunidos los generales don Tiburcio Carías A., don Gregorio Ferrera, don Francisco Martínez Funes y el coronel Dr. don Camilo Girón, con el patriótico objeto de uniformar todos los elementos que están contribuyendo a la Revolución libertadora, para derrocar la dictadura que hoy predomina en Tegucigalpa, de común acuerdo han convenido en las bases siguientes:

Primera. — Designan como presidente provisional, para que ejerza el mando supremo de la Nación, al señor doctor don Fausto Dávila.

Segunda. — El Dr. Dávila convocará a elecciones de autoridades supremas tan pronto como las circunstancias lo permitan, por estar el país en completa calma, debiendo convocarse también una Asamblea Nacional Constituyente, la cual se encargará de reformar nuestra Carta Fundamental en el sentido que sea conveniente.

Tercera. — Mientras el Dr. Dávila toma posesión de la Presidencia Provisional de la República, el mando supremo de la misma se ejercerá así:

a) Se reconoce como Primer Jefe de la Revolución Libertadora y Jefe de la Zona del Centro, al señor general don Tiburcio Carías A.

b) Se reconoce como Segundo Jefe de la Revolución y Jefe de las Zonas de Occidente y Sur de la República, al señor general don Gregorio Ferrera.

c) Se reconoce como Tercer Jefe de la Revolución y Jefe de la Zona del Norte, al señor general don Vicente Tosta C.

d) Se reconoce como Cuarto Jefe de la Revolución y Jefe de la Zona de Oriente, al señor general don Francisco Martínez Funes.

Cuarta. — Las zonas están determinadas de la manera siguiente:

La Zona del Centro comprende los departamentos de Tegucigalpa, Comayagua, Olancho y Yoro; la Zona de Occidente comprende los departamentos de La Paz, Intibucá, Gracias, Copán y Ocotepeque; la Zona del Sur comprende el departamento de Valle;

la Zona del Norte comprende los departamentos de Santa Bárbara, Cortés, Atlántida, Colón e Islas de la Bahía; y la Zona de Oriente comprende los departamentos de El Paraíso y Choluteca.

Quinta. — El Primer Jefe de la Revolución llevará la dirección de los asuntos públicos y, además, el mando de las fuerzas de su respectiva zona; y los jefes Segundo, Tercero y Cuarto de la Revolución tendrán el mando directo de sus respectivas zonas.

Sexta. — Es convenido que el nombramiento de los empleados en los diferentes ramos de la Administración Pública lo hará el Primer Jefe de la Revolución, de acuerdo con el jefe de la zona respectiva a que corresponde el empleo.

Séptima. — Este convenio se pondrá en conocimiento del señor Dr. don Fausto Dávila y del Cuerpo Diplomático residente en la capital de la República.

Octava. — El señor general don Vicente Tosta C., Tercer Jefe de la Revolución y Jefe de la Zona del Norte, firmará el presente convenio.

En fe de lo cual firman el presente convenio los suscritos en la misma fecha, hora y lugar arriba indicados, debiendo sacarse y firmarse una copia para cada uno de los jefes de la Revolución.

Tiburcio Carías A., Gregorio Ferrera, Francisco Martínez Funes, Camilo Girón.

La Conferencia de Amapala y el texto de los pactos allí firmados

«Bajo la presidencia del señor Sumner Welles, representante personal del presidente de Estados Unidos, y a bordo del crucero norteamericano Milwaukee, se inauguró el 23 de abril la Conferencia de Amapala, entre los delegados del Consejo de Ministros, señores licenciado don Alberto A. Rodríguez y general don Roque J. López, y los delegados de la Revolución, señores licenciados don Salvador Aguirre y don Francisco López Padilla.

Las deliberaciones de la Conferencia duraron hasta el 28 de abril, fecha en que, a las 12:30 del día, se firmó el Pacto Preliminar, cuyo texto se hallará más adelante.

Consignemos aquí que el Pacto Preliminar se firmó a bordo del crucero Denver, por haber salido del puerto ese día el Milwaukee; y que dicho pacto fue firmado cuatro horas y media después de haber tomado la Revolución la capital de la República y haber desaparecido el Consejo de Ministros que la defendía.

El 1.º de mayo se reúne nuevamente la Conferencia, esta vez con participación de todas las repúblicas centroamericanas. Las sesiones se celebran a bordo del Milwaukee, y duran hasta el 3 de mayo, día en que se firma el Pacto Definitivo, cuyo texto también se hallará más adelante.

El pacto definitivo ha sido firmado en tierra, en el salón de la casa Pablo Uhler & Cía., o sea en territorio hondureño, no obstante ser también dicha casa el Consulado de la Gran Bretaña.

Las delegaciones que han participado en dicha Conferencia son como sigue:

Por el Consejo de Ministros: Lic. don Alberto A. Rodríguez, delegado; general y licdo. don Roque J. López, delegado; licdo. don Federico C. Canales, secretario.

Por la Revolución: licdo. don Francisco López Padilla, delegado; licdo. don Salvador Aguirre, delegado; coronel don Alfonso Gallardo h., secretario.

Por la República de Guatemala: licdo. don Mariano Cruz, delegado; don Liberato Baca, secretario; don José F. Pellezar, agregado; coronel don Horacio Aguirre Muñoz, agregado.

Por la República de El Salvador: doctor don Francisco Martínez Suárez, delegado; lic. don Rafael B. Castillo, secretario.

Por la República de Nicaragua: ing. don J. Andrés Urtecho, delegado.

Por la República de Costa Rica: lic. don Pedro Pérez Zeledón, delegado; don Claudio Pérez, secretario.

Por el presidente de Estados Unidos: señor don Sumner Welles, delegado, iniciador y director de la Conferencia.

Y damos a continuación el texto de los tres interesantes documentos producidos por la Conferencia: el Pacto Preliminar, el Pacto Definitivo y un anexo que es un punto del acta de la última sesión.

Pacto Preliminar

«Tomando en consideración las proposiciones hechas por el honorable representante Sumner Welles, en representación del presidente de los Estados Unidos, para terminar la situación anormal en que se encuentra la República, los infrascritos, con plenos poderes, y después de haber deliberado lo suficiente, se han puesto de acuerdo y han convenido en celebrar el siguiente pacto los delegados a la Conferencia:

1.º — Se declara electo presidente provisional de la República al general don Vicente Tosta C. El presidente provisional tomará inmediata posesión de su cargo y durará en ejercicio de sus funciones hasta la fecha que fije la Asamblea Nacional Constituyente para la toma de posesión del presidente constitucionalmente electo. La persona que ejerza la Presidencia Provisional no podrá en ningún caso ser candidata a la Presidencia Constitucional de la República en el próximo período.

2.º — El presidente provisional quedará obligado a convocar a elecciones para una Asamblea Nacional Constituyente treinta días después de haber tomado posesión de la Presidencia. El decreto de convocatoria para elecciones de diputados a la Constituyente fijará un término que no exceda de treinta días para que éstas se practiquen, y la Asamblea Constituyente se instalará treinta días después de la elección.

3.º — La distribución de los empleos públicos será equitativa en todos los ramos de la Administración Pública, tomando por base la honradez y aptitudes de la persona en quien deba recaer el nombramiento.

4.º — El presidente provisional queda facultado para nombrar los magistrados de la Corte Suprema de Justicia, y éstos, a su vez, los magistrados de las Cortes de Apelaciones y los jueces de letras y fiscales de los tribunales de los departamentos de la República.

5.º — El presidente provisional y el Poder Judicial ejercerán funciones de conformidad con las leyes vigentes en la República.

6.º — El presidente provisional, inmediatamente que tome posesión de la Presidencia de la República, emitirá un decreto de amnistía para los delitos políticos, militares y comunes conexos con los políticos.

7.º — El presidente provisional acepta la responsabilidad de los actos de la Revolución y de la Dictadura, siempre que no sean lesivos a los intereses vitales del país, cuyo carácter lo declarará la Asamblea Legislativa correspondiente.

8.º — El presidente provisional organizará las Juntas Departamentales de reconocimiento de pérdidas, a efecto de que los perjudicados durante la Revolución puedan hacer las debidas reclamaciones con arreglo a la ley correspondiente.

9.º — El presidente provisional dará garantía eficaz de seguridad personal y de sus bienes para los jefes militares, oficialidad y tropa que hayan permanecido al servicio de la Dictadura y del Consejo de Ministros, lo mismo que para los de la Revolución.

10. — Inmediatamente después de que el presidente provisional entre en el ejercicio de sus funciones, asumirá el mando de los ejércitos de la Dictadura y de la Revolución. El mismo presidente determinará la forma en que se debe liquidar el ejército, operación que se practicará dentro del menor término posible. Las fuerzas de la plaza de Tegucigalpa quedarán bajo el mando de sus respectivos jefes, hasta que sean debidamente liquidadas.

11. — Suspensión de hostilidades inmediatamente después de firmado el presente pacto.

12. — En el pacto definitivo que se celebrará después de que el presidente provisional de la República tome posesión de su cargo, entre los delegados de ambas partes, con la mediación amistosa de los representantes de los Estados Unidos y de Guatemala, El Salvador, Nicaragua y Costa Rica, se consignarán todos los detalles necesarios al estricto cumplimiento de todos los artículos convenidos en el pacto preliminar.

13. — El presente convenio será firmado por el señor representante personal del presidente de los Estados Unidos, cuya firma será considerada por ambas partes como garantía moral de su cumplimiento.

(f) Salvador Aguirre
(f) F. López Padilla
(f) R. J. López
(f) Alberto A. Rodríguez

28 de abril de 1924 — Amapala

Witnessed by:
(f) Sumner Welles,
Personal Representative of the President of the United States.

Pacto Definitivo

«En la ciudad de Amapala, República de Honduras, a las once horas del día tres de mayo de mil novecientos veinticuatro. Tomándose en consideración las insinuaciones de los honorables señores Sumner Welles, representante personal del excelentísimo señor presidente de los Estados Unidos de América; licenciado don Mariano Cruz, delegado por la República de Guatemala; doctor don Francisco Martínez Suárez, delegado por la República de El Salvador; ingeniero don J. Andrés Urtecho, delegado por la República de Nicaragua; y licenciado don Pedro Pérez Zeledón, delegado por la República de Costa Rica, cuyos poderes fueron examinados y encontrados en debida forma, con el fin de restablecer y consolidar permanentemente la paz en la República de Honduras, los infrascritos delegados del Consejo de Ministros, señores licenciados don Alberto Rodríguez y don Roque J. López, y de los jefes de la Revolución, señores licenciados don Salvador Aguirre y don Francisco López Padilla, con plenos poderes y previas deliberaciones del caso, han convenido en celebrar el siguiente Pacto Definitivo:

Artículo 1. Se declara electo presidente provisional de la República al general don Vicente Tosta C.

El presidente provisional tomará inmediatamente posesión de su cargo y durará en ejercicio de sus funciones hasta la fecha que fije la Asamblea Nacional Constituyente para la toma de posesión del presidente constitucionalmente electo.

La persona que ejerza la Presidencia Provisional no podrá, en ningún caso, ser candidata a la Presidencia Constitucional de la República en el próximo período.

Artículo 2. En caso de falta absoluta o temporal del presidente provisional, ejercerá el Poder Ejecutivo el Consejo de Ministros hasta que se reúna la Asamblea Nacional Constituyente. Las decisiones del Consejo serán tomadas por mayoría de votos.

Artículo 3. El presidente provisional quedará obligado a convocar a elecciones para una Asamblea Nacional Constituyente treinta días después de haber tomado posesión de la Presidencia.

El decreto de convocatoria para elecciones de diputados a la Constituyente fijará un término que no exceda de treinta días para que éstas se practiquen, y la Asamblea Constituyente se instalará treinta días después de la elección.

Artículo 4. Los ministros del Gabinete del Gobierno Provisional serán escogidos libremente por el presidente provisional.

Cada ministro tendrá bajo su control el nombramiento de los empleados del ramo correspondiente, sujeto solamente a la aprobación del presidente provisional.

En la designación de los miembros del Gabinete y en los nombramientos que se hagan en cada ramo de la Administración Pública se concederá representación equitativa a todas las fracciones políticas de la República, tomando siempre como base esencial la honradez y las aptitudes de las personas en quienes deban recaer los nombramientos.

En caso de que vacue un miembro del Gabinete del Gobierno Provisional, el presidente provisional deberá llenar la vacante con una persona que pertenezca a la misma filiación política a la cual pertenecía el antecesor.

Artículo 5. El presidente provisional queda facultado para nombrar los magistrados de la Corte Suprema de Justicia.

La duración de los magistrados nombrados por el presidente provisional será por el tiempo que éste ejerza sus funciones, en el cual incluirán también los funcionarios de nombramiento de la Corte Provisional.

Artículo 6. El presidente provisional y demás funcionarios de la Administración Pública, lo mismo que el Poder Judicial, ejercerán sus funciones de conformidad con las leyes vigentes en la República.

Artículo 7. La elección del presidente constitucional se hará en todo caso por voto popular.

El presidente provisional garantizará a todos los ciudadanos, sin distinción de colores políticos, la más absoluta libertad en las elecciones populares de presidente constitucional de la República para el próximo período, que se practicarán conforme a la nueva Constitución que se emita.

Artículo 8. El presidente provisional, inmediatamente que tome posesión de la Presidencia de la República, emitirá un decreto de amnistía para todos los delitos políticos, militares y comunes conexos con los políticos cometidos hasta esta fecha.

Artículo 9. El Gobierno Provisional acepta la responsabilidad de los actos de la Revolución, de la Dictadura y del Consejo de Ministros, siempre que no sean lesivos a los intereses vitales del país, cuyo carácter lo declarará la Asamblea Legislativa correspondiente.

Artículo 10. El presidente provisional organizará las Juntas Departamentales de reconocimiento de pérdidas, a efecto de que los perjudicados por la Revolución puedan hacer las debidas reclamaciones con arreglo a la ley correspondiente.

Artículo 11. El presidente provisional dará garantía eficaz de seguridad personal y de sus bienes para los jefes militares, oficialidad y tropa que hayan permanecido al servicio de la Dictadura y del Consejo de Ministros, lo mismo que para los de la Revolución.

Artículo 12. Inmediatamente después de que el presidente provisional entre en el ejercicio de sus funciones, asumirá el mando de los ejércitos de la Dictadura y de la Revolución.

El mismo presidente determinará la forma en que se deba liquidar el ejército, operación que se practicará dentro del menor término posible.

Las fuerzas militares de ambas partes que hubiesen quedado en Tegucigalpa o en otros lugares permanecerán bajo el mando de sus respectivos jefes hasta que sean debidamente liquidadas.

Artículo 13. El presente convenio definitivo será firmado por el honorable señor representante personal del excelentísimo señor presidente de los Estados Unidos y por todos los honorables señores delegados de las repúblicas centroamericanas, cuyas firmas serán consideradas por ambas partes como garantía moral de su cumplimiento.

(f) Alberto A. Rodríguez
(f) Salvador Aguirre

(f) Roque J. López
(f) F. López Padilla

Witnessed by:
(f) Sumner Welles
(f) Mariano Cruz
(f) F. Martínez Suárez
(f) J. A. Urtecho
(f) P. Pérez Zeledón

Anexo

«Antes de finalizar sus trabajos, esta Conferencia, por votación unánime y el honroso medio de su digno presidente, el honorable señor Welles, acuerda dirigir al excelentísimo señor presidente de los Estados Unidos de América las más sinceras gracias por la pronta y generosa colaboración prestada por él, desde que su valiosa mediación le fue aceptada por los bandos combatientes en la República de Honduras, para el completo restablecimiento de la paz y la tranquilidad pública, y la fijación de bases para la reorganización de un gobierno constitucional estable, nacido de la voluntad de la nación hondureña libremente manifestada.

Cumple al mismo tiempo la Conferencia con el grato deber de consignar en su acta final la expresión de su agradecimiento al honorable representante personal del excelentísimo señor presidente de los Estados Unidos de América, digno presidente de esta Conferencia, por la exquisita prudencia, perfecta rectitud e imparcialidad y alteza de miras puestas por él a contribución para el acertado desempeño de su delicado cargo.

Asimismo, no puede menos esta Conferencia que aplaudir la actitud levantada y patriótica de los bandos antes combatientes, quienes eficazmente han cooperado a la consecución de los altos fines que se perseguían.

Y como para el logro de éstos no se ha contado con el instrumento de pactos internacionales que facilitaran la ardua labor —los cuales se hallan pendientes de la aprobación definitiva de algunos de los gobiernos signatarios—, se acuerda consignar un voto de recomendación para que dichos gobiernos, si lo tienen a bien, se dignen tomar en consideración los expresados pactos, a fin de que, si desgraciadamente ocurriese emergencia análoga a la de Honduras en la presente ocasión, sea más fácil, expedito y oportuno el camino que haya de seguirse para el instantáneo restablecimiento del orden legal.»

(f) Mariano Cruz
(f) F. Martínez Suárez
(f) J. A. Urtecho
(f) P. Pérez Zeledón

DESPUÉS DE LA GUERRA

La lucha política para la sucesión presidencial duró casi los cuatro años del gobierno presidido por el general don Rafael López Gutiérrez, lucha que trajo como una irrenunciable consecuencia la sangrienta guerra de tres meses, durante los cuales, en las ciudades, en los cerros y en los villorrios, no se escuchó más que el crujir de los cañones y el lamento de los heridos.

Llegó el 31 de enero de 1924 sin resolverse el problema presidencial, y se desató la tremenda guerra civil que, en síntesis, ha quedado narrada gracias al espíritu observador del señor Ribas de Cantruy. Al historiador acucioso e inteligente corresponde el trabajo de reseñar en forma más detallada los móviles y pormenores que produjeron aquella hecatombe civil, como las razones y motivos que tuvieron los candidatos del liberalismo fraccionado para no tener un entendimiento honrado y patriótico que evitara la sangrienta lucha que destruyó, en parte, el bienestar de los hondureños.

En vista de que la guerra civil se prolongaba amenazando con la anarquía, el presidente de los Estados Unidos de Norteamérica ofreció su amistosa mediación y dispuso enviar, a bordo del crucero Milwaukee, un representante personal: el señor Sumner Welles.

El 23 de abril, en el puerto de Amapala, se inauguró la conferencia entre delegados del Consejo de Ministros y delegados de la Revolución. Las deliberaciones de la conferencia duraron hasta el día 28, en que se firmó el Pacto Preliminar, acordando designar a uno de los jefes de la Revolución, el general don Vicente Tosta Carrasco, como presidente provisional de la República en ejercicio de sus funciones hasta el tiempo en que una Asamblea Nacional Constituyente fijara el nuevo período legal. Al mismo tiempo, se inhabilitó al encargado de la Presidencia Provisional para ser candidato en el próximo período.

El 1.º de mayo se reunió nuevamente la conferencia, esta vez con participación de los representantes de las repúblicas centroamericanas; las sesiones se celebraron a bordo del Milwaukee, hasta el 3 de mayo, día en que se firmó el Pacto Definitivo en los salones de la casa de don Pablo Uhler, en el puerto de Amapala, o sea, ya en tierra hondureña.

El general Tosta Carrasco, al asumir el Gobierno Provisional conforme al artículo 9.º del Pacto Definitivo, aceptó la responsabilidad de los actos de la Revolución, de la Dictadura y del Consejo de Ministros, haciendo salvedad de que esta responsabilidad sería aceptada siempre que aquellos actos no fueran lesivos a los intereses del país.

Cuando el general Tosta Carrasco asumió el poder, declaró lo siguiente:

«Todos somos hondureños, y la patria, madre común, reclama la reconciliación nacional. Para que el país recupere el puesto que merece en el plano de las nacionalidades dignas, es preciso que el esfuerzo conjunto de sus hijos, en el honesto trabajo de la paz fecunda, restañe las heridas que ocasionó la contienda fratricida».

«Que se dediquen al trabajo reparador los hijos de Honduras en la seguridad de que su labor particular significa un contingente necesario en la gran obra de reparación común».

El general Carías, que había sido candidato de oposición al partido en el poder y quien, en los comicios de octubre de 1923, logró una mayoría lujosa, continuaba siendo el favorito en el corazón del pueblo. Cuando, como jefe del Partido Nacional, se convenció de que en el seno del Congreso Nacional se preparaba la guerra civil, puso todos sus esfuerzos desinteresados al servicio de la patria, y a su patriotismo y buena fe se debió el plan Paz Baraona, que prometía la sucesión presidencial en forma pacífica.

Pero como aquel plan —a pesar de que, con su aceptación, el general Carías renunciaba a los derechos que había adquirido honradamente mediante el voto popular en las elecciones presidenciales referidas— fue desbaratado por la maniobra en juego del doctor Bonilla, fracasó, y de este fracaso surgió la guerra, y de la guerra las conferencias de Amapala, en las que se designó al general Tosta Carrasco presidente provisional.

El jefe de la Revolución Reivindicadora aceptó la designación hecha en la persona del general Tosta. Entonces, el general Carías fue nombrado para el desempeño de la cartera de Gobernación y Justicia.

Inmediatamente después lanzó al pueblo un manifiesto en el que decía:

«... Hemos de normalizar nuevamente la vida individual y colectiva, cooperando así a la difícil labor de organización que emprende hoy el Gobierno Provisional; hemos de olvidar los odios inherentes a la lucha armada, confundiéndose todos los hondureños honrados en el seno fraterno de la patria redimida.

La Revolución ha coronado el ideal que se propuso; y los jefes, cuyo patriotismo no será desmentido jamás, desean colaborar con el pueblo hondureño para que el triunfo sangriento en las serranías termine con un triunfo más sonoro de paz, progreso y libertad en las ciudades...».

El general Tosta trató de cumplir con lo pactado en las conferencias de Amapala, ya que, al tomar posesión del poder supremo de la República, organizó su gabinete incluyendo a los jefes de la Revolución, generales Carías y Ferrera, para el desempeño de la cartera de Gobernación y Justicia el primero, y la de Guerra y Marina el segundo.

El general Tosta, como presidente provisional, convocó al pueblo para las elecciones de diputados a la Asamblea Nacional Constituyente que debía dar la nueva Constitución. Dedicados a tan trascendental labor se encontraban los representantes del pueblo cuando, el 5 de agosto, el ministro de la Guerra y uno de los jefes de la pasada Revolución, general don Gregorio Ferrera, salió de la capital llevándose toda la gente armada bajo sus órdenes y gran cantidad de armamento, pronunciándose en armas contra el Gobierno.

Ya antes había abandonado la capital y atacado la plaza de San Marcos de Colón el general José María Fonseca, uno de los generales de la Dictadura.

El Gobierno se vio obligado a dictar medidas militares movilizando fuerzas para perseguir al insurgente general Ferrera. Fresca aún la sangre derramada y viviendo todavía las tragedias que se registraron en la conmoción civil provocada por la Dictadura, aquel inesperado levantamiento conmovió profundamente el alma nacional.

La Asamblea Nacional Constituyente, investida de todos los poderes de la Nación, en vista de lo que sucedía, emitió el siguiente decreto:

«Considerando: que el general don Vicente Tosta ejerce el cargo de presidente provisional de la República por convenio de los jefes de la Revolución Reivindicadora recién pasada;

Considerando: que es de conveniencia pública ratificar esa designación para el necesario engranaje de la administración y mantener el orden establecido,

DECRETA:

Art. 1.º — Delégase el Poder Ejecutivo de la República en el general don Vicente Tosta, quien lo ejercerá hasta que tome posesión el presidente constitucional que se elija.

Art. 2.º — El presidente provisional ejercerá sus funciones de conformidad con las prescripciones de la Constitución Política que regía el 31 de enero del año en curso, en cuanto no se opongan tales disposiciones a las que emita esta Asamblea.

Dado en Tegucigalpa, en el Salón de Sesiones, al seis de agosto de mil novecientos veinticuatro.

R. Alcerro C., presidente.
Antonio Bermúdez M., secretario.
J. M. Albir, secretario.»

Los Pactos

Estaba en vigencia el Tratado General de Paz y Amistad celebrado en Washington el 7 de febrero de 1923, cuyo artículo 2.º expresa que los gobiernos de las partes contratantes no reconocerán a ninguno que surja en cualquiera de las cinco repúblicas por un golpe de Estado o de una revolución contra un gobierno reconocido, obligándose a no otorgar el reconocimiento si alguna de las personas que resultaren electas presidente, vicepresidente o designados estuviere comprendida en cualquiera de los casos siguientes:

Primero. — Si fuere el jefe o uno de los jefes del golpe de Estado o de la revolución; o fuere por consanguinidad o afinidad ascendiente, descendiente o hermano de alguno de ellos.

Segundo. — Si hubiese sido secretario de Estado o hubiese tenido alto mando militar al verificarse el golpe de Estado o de revolución, o al practicarse la elección, o hubiese ejercido ese cargo o mando dentro de los seis meses anteriores al golpe de Estado, revolución o elección.

Tampoco será reconocido, en ningún caso, el gobierno que surja de elecciones recaídas en un ciudadano inhabilitado expresa e indubitablemente por la Constitución de su país para ser electo presidente, vicepresidente o designado.

De acuerdo con el Convenio de Tiloarque, celebrado el 24 de marzo de 1924, los jefes de la Revolución Libertadora fueron los generales don Tiburcio Carías Andino, don Gregorio Ferrera, don Vicente Tosta C. y don Francisco Martínez Funes.

Uno de ellos ocupó la primera magistratura, y los otros desempeñaron en el Gobierno Provisional una cartera en el gabinete, quedando, por consiguiente, descartados como posibles candidatos a la Presidencia en las elecciones próximas, según el artículo 2.° del Tratado General de Paz y Amistad celebrado en Washington en 1923.

El general Carías fue candidato en las elecciones populares de octubre de 1923 por ser el hombre de mayores prestigios, el militar más querido y el caudillo más respetado. Era, pues, el lógico candidato en las elecciones para las que había sido convocado el pueblo por la Asamblea Nacional Constituyente de 1924.

Pero surgieron inconvenientes creados por el artículo 2.° del Tratado General de Paz y Amistad referido; y no queriendo el general Carías ser un obstáculo para el afianzamiento de la paz, hizo que sus amigos renunciaran al propósito de elevarlo a la primera magistratura de la Nación, proponiendo en su lugar al que fuera candidato a la vicepresidencia en la fórmula nacionalista de 1923, doctor don Miguel Paz Baraona, por el triunfo de cuya candidatura el general Carías salió a los departamentos en una gira de propaganda política, demostrando de esta manera su gran desprendimiento, su gran patriotismo y su honradez ciudadana puesta a toda prueba.

El inconveniente establecido por el artículo 2.° del Tratado General de Paz y Amistad suscrito en Washington, y los rumores circulantes, obligaron al presidente provisional a hacer esta declaración:

«La Asamblea Nacional Constituyente ha convocado al pueblo hondureño a elecciones de autoridades supremas. Con tal motivo, declaro que, al quedar restablecido el orden público, alterado por el exministro de la Guerra, y en el deseo de garantizar de manera absoluta la libertad electoral, reorganizaré el gabinete y nombraré el personal administrativo de acuerdo con el Pacto de Amapala, quedando excluidos los generales Carías y Ferrera. — Vicente Tosta».[2]

---

[2] «Presidencia de la República de Honduras. — Casa Presidencial, 23 de agosto de 1924. — Excmo. señor:

El 30 de agosto, la Asamblea Nacional Constituyente emitió el Decreto Número 5, convocando a elecciones para autoridades supremas, elecciones que deberían verificarse el último domingo de octubre y en los días lunes y martes siguientes.

La revolución encabezada por el exministro de la Guerra continuaba. El 2 de septiembre, en la ciudad de La Esperanza, las fuerzas insurgentes proclamaron al general Gregorio Ferrera presidente provisional de la República.

Con gusto. A continuación te presento todo el texto corregido únicamente en ortografía, acentuación, puntuación y espaciado, respetando fielmente su redacción original, estilo histórico y vocabulario de época:

El gobierno provisional del general Tosta hizo conocer a la Legación norteamericana sus buenas intenciones para facilitar un arreglo que pusiera fin al nuevo derramamiento de sangre y llegar a un definitivo entendimiento en favor de la pacificación del país. El encargado de negocios de los Estados Unidos se interesó y gestionó por la efectividad de un arreglo, y en tal sentido, el diplomático norteamericano telegrafió al general Ferrera diciéndole:

«Yo espero que las proposiciones del señor presidente Tosta serán aceptadas por usted, y que podremos atender en el futuro cercano a una época de paz y prosperidad para el país y para el pueblo hondureño. Conforme a los deseos de mi gobierno, estoy dispuesto a cooperar con todos los partidos a ese fin. — Stokeley W. Morgan».

En vista del telegrama dirigido a V. E. por el Departamento de Estado, y el cual se sirvió mostrarme, tengo el honor de dirigirme a V. E. en los términos siguientes:

Surgido el gobierno provisional que presido del pacto celebrado en Amapala el 3 de mayo del año corriente, ha sido mi propósito observar en un todo las estipulaciones de dicho pacto; y al efecto las he cumplido una por una, y estoy en la idea de continuar cumpliéndolas de la manera más estricta.

De acuerdo con las estipulaciones, y gozando de la más absoluta libertad, se practicaron las elecciones de diputados a la Asamblea Nacional Constituyente, y funcionan, tanto en el gabinete como en las demás dependencias del gobierno, ministros y empleados pertenecientes a todos los partidos, sin distinción de colores políticos; y conforme a ellas también se emitió el decreto de amnistía, se organizó el poder judicial y se establecieron las juntas de reconocimiento, dándose a todos los ciudadanos amplias garantías, cualquiera que sea la filiación a que pertenezcan.

La Asamblea Constituyente ejerce sus funciones de la manera más libre, sin que intervengan en ella influencias de ninguna clase por parte del poder público; y al emitirse la Constitución, se convocará al pueblo a elecciones presidenciales, que se practicarán con amplia y efectiva libertad, permitiendo a todos los partidos que hagan uso —sin ponerles estorbos de ninguna clase para su propaganda— de la libertad de reunión, de la libertad de prensa y de todos los demás medios garantizados por las leyes patrias.

Por mi parte, para que esa libertad sea más positiva, y acatando lo dispuesto en el artículo 2.º del Tratado de Paz y Amistad suscrito en Washington, declaro que no lanzaré ni permitiré que se lance mi nombre como candidato a la Presidencia de la República, y procuraré por todos los medios que estén a mi alcance que la postulación que se haga no sea contraria al tratado de referencia y al pacto de Amapala, que son mis propósitos y deseos, que la política hondureña marche en completo acuerdo con las ideas de vuestro gobierno expresadas en distintas oportunidades.

Sírvase V. E. aceptar las protestas de distinguido aprecio con que me suscribo.

Por su atento seguro servidor.

(f) Vicente Tosta.

Al excelentísimo señor encargado de negocios de los Estados Unidos de América, don Stokeley W. Morgan. — Presente».

Los esfuerzos para celebrar una conferencia y llegar a un avenimiento amistoso fracasaron. Las comunicaciones cruzadas entre el diplomático norteamericano y el jefe insurgente son las siguientes:

«Puesto que el presidente provisional ha aceptado cumplir el pacto de Amapala y convocar para octubre próximo a elecciones populares, en las que el general Carías ha prometido no ser candidato a la Presidencia; y ya que el gobierno provisional ha propuesto un armisticio en condiciones justas y razonables, el gobierno americano no ve ninguna razón para que un arreglo amistoso entre las dos facciones no pueda efectuarse ahora, y se verá obligado a considerar a usted como el único responsable de la continuación de la guerra civil si la actitud de usted hace semejante arreglo imposible.

Yo sinceramente espero, sin embargo, que usted aceptará el armisticio ofrecido por el gobierno provisional antes de que ocurra más derramamiento de sangre. — Stokeley W. Morgan».

El 2 de septiembre, las fuerzas revolucionarias que acompañaban al exministro de la Guerra, general Ferrera, le habían proclamado presidente provisional de la República en la plaza militar de La Esperanza.

El liberalismo que llevó al poder al general don Rafael López Gutiérrez en 1920, y que se fraccionó en dos grupos en la campaña cívica de 1923, intentó deslindar toda su responsabilidad histórica acusando al Partido Nacional de haber provocado la dictadura, así como los acontecimientos bélicos antes referidos. Quiso además el liberalismo lavar toda su culpa, pero los documentos que la historia se encargará de recoger cuidadosamente vendrán, con el tiempo, a demostrar la inutilidad de tales cargos.

La rebelión encabezada por el general Ferrera se ha querido atribuir al espíritu reaccionario y a la naturaleza contradictoria que privaba en el ánimo de aquel caudillo, que nunca siguió una misma trayectoria ni alentó firmeza en sus proyectos, gravísimo inconveniente, por cierto, en todo político, ya que la firmeza de carácter y la seriedad en las determinaciones que se toman en la vida marcan y perfilan la personalidad, y a veces significan la llave del éxito.

Si Napoleón, después de haber escuchado a Fulton, se decide —como otras veces decidió con cálculo asombroso la gloria de sus victorias—, habría dominado, como fue su dorado sueño, el imperio británico. Y sus días no habrían terminado tan tristemente en Santa Elena, ni Fulton habría negociado con la Gran Bretaña. A Napoleón, esta vez, la indecisión lo perdió. Y la indecisión, eterna aliada de aquellas ideas que no pueden definir concretamente lo que se busca, llevó siempre al general Ferrera al fracaso en todas las luchas que emprendió.

No queremos analizar ni definir el carácter de su persona ni la envergadura política que perfiló en vida, porque esa es labor y misión que se encargará de cumplir la historia cuando se hayan disipado del ambiente las pasioncillas y las pequeñeces de la política sectaria.

Pero como se ha querido cargar sobre los hombros del fallecido caudillo la responsabilidad de aquel levantamiento que conmovió hondamente y estuvo a punto de variar el curso de la historia, como a punto de dar como resultado atentados lesivos a la integridad, léase la declaración espontánea del general Ferrera, cuando al contestar a las fuerzas que le proclamaron presidente provisional manifiesta que el movimiento revolucionario no lo hizo él de por sí, sino obedeciendo a los intereses de los liberales hondureños, y que no aceptaría, por consiguiente, más cargo que el de jefe militar del liberalismo hondureño.

He aquí la respuesta en referencia:

«Santa Bárbara, septiembre 2 de 1924. — Señor Jaime R. Turcios, La Esperanza.

Me he enterado atentamente de los conceptos de su mensaje de ayer relativos a la actitud asumida por los pueblos de ese departamento al cual pertenezco; dicha actitud se contrae a declararme primer jefe de la Nación, cargo y responsabilidad que no he buscado, y que yo creo es perfectamente factible que continúe en el cargo iniciado de primer jefe militar del liberalismo hondureño.

La Presidencia de la República jamás me ha preocupado, y varias veces he sentido vergüenza cuando me han achacado esos propósitos, porque considero que ese alto puesto sólo deben ejercerlo las superioridades.

Comprendo además que al país le falta todo, inclusive hombres, y si por un momento, por razones de política exterior, se hace necesario que la suerte de mi patria esté en mis manos, sólo me veré obligado a aceptar las responsabilidades para salvar su soberanía.

También les advierto, como ustedes lo saben, que este gran movimiento no lo hice yo, sino los liberales hondureños, y aunque primer jefe de ese movimiento, no soy más que subordinado de todos los elementos que lo componen y a los cuales pertenezco.

Su servidor y amigo. — G. Ferrera».

Se sindicó al doctor Bonilla de ser el inspirador del levantamiento militar de Ferrera por haber sido éste su partidario, pero el doctor Bonilla negó más tarde su injerencia.

Vanos esfuerzos

Hablando de las gestiones que llevaba a cabo el encargado de negocios de los Estados Unidos de Norteamérica, de acuerdo con el presidente provisional general Tosta, para poner término al movimiento revolucionario encabezado por el general Ferrera, véase el texto de los telegramas cruzados entre el jefe insurgente y el señor Morgan:

«Villanueva, 7 de septiembre de 1924. — Sr. Encargado de Negocios de Estados Unidos, Mr. Stokeley W. Morgan. — Tegucigalpa.

Recibí hoy su mensaje, fecha 5, en el cual se sirve exponerme que el general Tosta no puede retirar sus fuerzas de Comayagua y San Pedro Sula, y que, permaneciendo mis fuerzas en statu quo, acepta el armisticio de cuatro días más para conferenciar entre Siguatepeque y Comayagua.

Me permito manifestar al señor encargado de negocios que estoy a media jornada de la plaza de San Pedro Sula, o sea a 20 kilómetros, y que varias columnas avanzan hacia San Pedro Sula; y que, en estas condiciones, no pueden hacer alto porque quedarían a la intemperie y sin comida, pero tampoco tengo inconveniente en aceptar conferencias cuyos delegados pueden reunirse entre San Pedro Sula y mis campamentos en esta zona, pues de aquí a Siguatepeque el camino está obstruido y ningún expreso puede llegar en menos de tres o cuatro días, sin contar con los inconvenientes de los ríos.

Debo manifestar que un tostista de responsabilidad ha dicho hace tres días: "Estamos derrotados y no podemos resistir, pero el ministro americano no dejará que nos ataquen y por lo menos obligará a Ferrera a un armisticio para que el general Tosta nos haga llegar hombres y elementos".

Reitero a usted que los responsables de la guerra son los generales Tosta y Carías: la totalidad de hondureños son testigos del sinnúmero de asesinatos cometidos por el poder público y bandas cariístas; por todas partes se encuentran numerosos grupos de hondureños huyendo de las persecuciones del cariísmo, y sólo el temor del asesinato explica que la revolución cuente en tan breve tiempo con varios miles de hombres. No creo, señor, que constituya responsabilidad defender la vida con el fin de establecer un gobierno de orden y de responsabilidad en mi patria. — Afmo. — G. Ferrera».

El general Ferrera fue uno de los jefes que levantó la bandera revolucionaria en 1919, cuando consideró ultrajados los derechos del pueblo por el gobierno del doctor Francisco Bertrand, quien, en sus postrimerías, quiso imponer como candidato oficial a su concuño, el doctor don Nazario Soriano. Fue el general Ferrera uno de los jefes que dieron en tierra con aquel gobierno, y en la administración liberal del general don Rafael López Gutiérrez ocupó elevadas posiciones oficiales, habiendo después levantado la bandera revolucionaria contra aquel gobierno constitucional porque juzgó que los derechos del pueblo se violaban.

Cuando el gobierno del general López Gutiérrez asumió la dictadura, el general Ferrera se lanzó a la guerra reivindicadora y, conforme al Convenio de Tiloarque, fue reconocido como segundo jefe de la Revolución; habiendo asistido a las conferencias de Amapala por medio de su representante personal, licenciado don Francisco López Padilla, firmó aquel pacto que declaró electo presidente provisional al general Tosta.

Al formar su gabinete, el general Tosta nombró a Ferrera ministro de Guerra, como segundo jefe de la Revolución. Desde ese puesto, como miembro del gobierno y como factor decisivo que fue en la guerra libertadora, estaba en su deber velar y luchar porque el gobierno establecido garantizara el orden en la República. Era la misión a cumplir por los miembros triunfantes de la Revolución.

Sin embargo, el general Ferrera nada hizo ni tampoco intentó hacer nada, y alentado por la ambición de un intransigente grupo de partidarios suyos, preparó una nueva revolución e izó, como bandera, el asesinato y la persecución ejercida por grupos del cariísmo, según propia acusación del jefe insurgente.

Estaba en manos del general Ferrera evitar tales persecuciones y tales asesinatos, pero en manera alguna lanzarse a la guerra violando los pactos que acababa de firmar solemnemente.

El general Ferrera declaraba a las fuerzas que lo proclamaban presidente provisional que el cargo era de responsabilidades y que no lo había buscado; que la Presidencia de la República jamás le había preocupado; sin embargo, puso resistencia al ideal de paz y de conciliación nacional. Lo dice su respuesta a la excitativa del gobierno para una conferencia de avenimiento, y lo interpretó así el encargado de negocios de los Estados Unidos al contestar el mensaje del 7 de septiembre.

Mr. Morgan decía al general Ferrera:

«Tegucigalpa, septiembre 8. — Sr. Gral. don Gregorio Ferrera. — Donde esté.

He recibido su telegrama fechado el 7 del corriente, por el cual usted me avisa que no quiere celebrar un armisticio sobre la base de statu quo, sino que sus fuerzas continuarán avanzando a San Pedro Sula, lo que hace manifiestamente imposible tener la conferencia sugerida por usted en un lugar entre sus campamentos y San Pedro Sula.

Por eso parece claro que usted no tiene verdadera intención de evitar más derramamiento de sangre ni está dispuesto a hacer inmediatamente un convenio basado sobre el leal y honorable cumplimiento del Pacto de Amapala, manifestado en su telegrama del 28 de agosto recién pasado, siendo una condición que el gobierno provisional aceptó inmediatamente.

De consiguiente, yo tengo que cumplir con mi deber de avisar a mi gobierno sobre su actitud actual.

He recibido instrucciones diciendo que, en caso de que su proceder solamente haga imposible celebrar un convenio, el gobierno de Estados Unidos no reconocerá ninguna administración con usted como jefe, ni extenderá simpatía ni apoyo moral a cualquier clase de gobierno provisional por usted establecido.

Por eso espero, para bien del país, que se celebre inmediatamente el armisticio y se hagan en seguida los trámites para la paz. — Stokeley W. Morgan, encargado de negocios de Estados Unidos».

El general Ferrera confesó que aquel movimiento revolucionario que capitaneó no era suyo, sino de los liberales. Demostrado ha quedado que el peor instigador para la dictadura, a la que sobrevino la guerra civil, fue el candidato vencido doctor don Policarpo Bonilla; sin embargo, en vista de los acontecimientos bélicos que se sucedían en el país y ante las frecuentes publicaciones que hacían los periódicos salvadoreños, el doctor Bonilla, que se encontraba entonces en aquel país, hizo declaraciones con las que pretendió lavarse de toda culpa.

No de otra manera podrá apreciarse, si se analiza, el contenido de este histórico documento:

«San Salvador, 15 de septiembre de 1924. — Sr. Director de El Día. — Presente. — Muy señor mío:

Con mucha frecuencia, algún periódico de esta capital y los comunicados oficiales enviados de Tegucigalpa han pretendido hacerme aparecer como instigador o, al menos, como corresponsable del movimiento bélico que en estos momentos tiene lugar en Honduras.

Una falsedad igual aseguraron los que estaban en el poder cuando el general Ferrera se levantó en armas el primero de febrero próximo pasado; y aun cuando los hechos posteriores vinieron a demostrar la falta de escrúpulos de los que no reparan en medios para atacarme, los que hoy gobiernan en Honduras repiten el mismo cargo, aunque están convencidos de la falsedad de sus afirmaciones.

Creía yo, al retirarme hace tres meses de mi país, que mi separación de los asuntos políticos de Honduras —que hice constar en una circular que dirigí a mis amigos al hacer mi viaje— obligaría a mis adversarios a no seguir atacándome; pero, desgraciadamente, no ha sucedido así, y esto me pone en la necesidad de hacer pública mi conducta hasta hoy.

Desde a mediados de 1922, en que se inició la lucha electoral en Honduras, hice presente a todos los que apoyaban mi candidatura que debían tener la seguridad de que en ningún caso y por ningún motivo promovería yo la guerra civil, ni contra el presidente López Gutiérrez, ni contra un presidente electo, ni contra un designado, ni contra un gobierno de hecho, caso de hacerse ninguna elección.

Este propósito firme que tenía hace muchos años lo cumplí en absoluto, pues permanecí en Tegucigalpa sin tomar ninguna participación en la guerra, aun viendo amenazada mi vida.

Pasada la lucha, y temiendo que pronto sobrevendría una nueva por no haberse arreglado convenientemente nuestra situación política, preferí alejarme de mi país para no ser responsable de lo que sucediera, ni aun con mi presencia.

Y los pocos días que permanecí en Tegucigalpa los dediqué exclusivamente al arreglo de mis asuntos personales, sin tener relaciones de ninguna clase, ni aun con el general Ferrera, con quien tan estrechas las tuve durante la campaña electoral y muchos años antes, y a quien sólo hablé una vez en la única visita que me hizo a los pocos días de haber triunfado la Revolución; y desde entonces no se ha cruzado entre él y yo ninguna carta ni telegrama, ni he recibido de él, ni él ha recibido de mí comunicación verbal directa ni indirecta que se refiera a la lucha presente, pues sólo le he enviado una carta para protestar de algunas frases contra mi honra que se le atribuían, carta que no ha sido contestada porque probablemente no llegó a sus manos antes de salir de Tegucigalpa.

El general Ferrera ha procedido, pues, exclusivamente conforme a sus propias aspiraciones; y por más que comprendo los poderosos móviles que han impulsado al pueblo hondureño a lanzarse nuevamente a la guerra, es mi deber hacer constar que no he participado en manera alguna en su iniciación.

Y al haber procedido de esta manera, he tomado en cuenta, entre otras consideraciones, que todo movimiento revolucionario en Honduras es peligrosísimo para nuestra soberanía e integridad; y mi mayor deseo consistía en que las dificultades por que actualmente atraviesa Honduras hubieran sido arregladas pacíficamente.

Por desgracia, la guerra civil está desencadenada; y mi labor en estas circunstancias se ha reducido a dirigirme al general Tosta pidiéndole que se empeñe en la pacificación del país, labor que, según lo demuestran los documentos adjuntos, no hizo más que aumentar el encono de mis adversarios y hacerle olvidar, al contestarme, su elevada posición.

En los momentos actuales, el anhelo del patriotismo debe ser el pronto término de la guerra y el establecimiento de un régimen de ley y garantías que asegure la paz dentro del derecho, que es la única verdadera; y, como lo he dicho al presidente Tosta, prestaría todo mi contingente para ayudar a obtener ese resultado.

Rogando a usted la publicidad de la presente y de los telegramas adjuntos, por lo cual me es grato anticiparle mi reconocimiento, me suscribo de usted atento y seguro servidor. — P. Bonilla».

Quería el doctor Bonilla elevar su personalidad en el concepto internacional como un pacifista convencido, que sacrificaba todas sus ambiciones personales en aras de tan bello ideal. Así se entrevé por los conceptos de la carta transcrita, como en un afán desesperado de hacer olvidar el contraste de su pasada actitud en las elecciones presidenciales de 1923.

No debe olvidarse que el general Ferrera fue ardiente partidario del doctor Bonilla en la campaña cívica de octubre, y enemigo del gobierno de López Gutiérrez, y que el primero de febrero de 1924 fue a la guerra contra la dictadura en su condición de partidario del doctor Bonilla.

¿Qué causas y móviles indujeron al caudillo intibucano a tomar armas en defensa de los derechos conculcados del pueblo, al lado de los otros jefes de la Revolución? ¿Su filiación policarpista, o las razones antes expuestas, de que sufría frecuentes cambios en su modo de ver y apreciar los problemas políticos de su país? Sean cuales fueren las causas, es el hecho que se fundaron en justificados motivos para creer que su levantamiento, como ministro de la Guerra, obedecía a instancias del excandidato doctor Bonilla.

Así se colige por este párrafo tomado de la carta que, con fecha 15 de agosto de 1924, dirigió desde San Salvador el doctor Bonilla al presidente provisional don Vicente Tosta:

«Ignoro lo que pase actualmente en Honduras, pero temo que ese ensañamiento haya aumentado con motivo de la presente guerra, aun contra aquellos que no hayan tomado parte en ella. Y si esta política de persecución y de venganza continúa, no sería posible permanecer indiferente, y todo hondureño honrado se vería obligado a buscar la manera de contribuir a que todos los ciudadanos tengan protección bajo un régimen de orden y de garantías».

Esto motivó para que el jefe del Estado contestara al doctor Bonilla, en mensaje telegráfico, lo siguiente:

«He leído su telegrama. Las acciones de sus correligionarios desmienten sus palabras».

Esta lacónica respuesta da a entender que, habiendo sido el general Ferrera un partidario del doctor Bonilla, la acción por él asumida desvirtuaba todo cargo para el gobierno y para el cariísmo, como todo intento de disculpa pretendido por el doctor Bonilla.

El movimiento revolucionario siguió su errado curso, en un loco afán de aniquilamiento y destrucción. Tanto el gobierno provisional como el gobierno de los Estados Unidos estaban vivamente interesados en que se llegara a un entendimiento amistoso y se pusiera fin a aquella inútil contienda. Mr. Morgan siguió gestionando a fin de que se restableciera la paz, y a este respecto, el diario Reconciliación registra, en su edición del 22 de septiembre, el siguiente comunicado oficial:

«El gobierno que preside el señor general Tosta, inspirado en los mejores deseos porque no se sigan agotando estérilmente los recursos del país ni sacrificando más vidas, ha deferido sinceramente a las insinuaciones de aquel honorable diplomático y se prestó desde el principio a entrar en pláticas con el caudillo rebelde.

Pero éste, tomando esa buena voluntad del general Tosta como signo de debilidad, extremó sus pretensiones hasta el punto de hacer imposibles e ilógicas las discusiones, de opinión casi unánime del país, contraria a todo arreglo con el traidor, y el apoyo moral que el gobierno recibe de todos los que fueron garantes del Pacto de Amapala.

A última hora, Ferrera, que ha venido huyendo desde la Costa Norte hasta el interior, se dirigió de las inmediaciones de "El Espino" al honorable señor Morgan, expresándole la disposición en que estaba de entrar en nuevas pláticas de paz, en virtud de haber variado las circunstancias.

Por tal razón, el gobierno, deseoso de terminar con la anómala situación del país, y accediendo a las amistosas excitativas del representante diplomático de Estados Unidos, nombró a los doctores don Salvador Aguirre, don Venancio Callejas y don Nazario Pineda H., quienes llevaron como secretario al profesor y coronel don J. Vicente Cáceres, para que fuesen, en compañía del honorable señor Morgan, a discutir en su nombre las proposiciones de paz del jefe rebelde.

Llegada la comisión ayer por la mañana a Comayagua, el señor Morgan recibió una nota de Ferrera en que le expresaba que tendría el gusto de recibirlo en la hacienda El Sitio de los señores Valenzuela, a una legua de aquella ciudad. Como la nota se refería únicamente al señor Morgan, sólo él fue, pero regresó luego autorizado para llevar con él a la delegación del gobierno.

Una vez en el lugar indicado, el señor Morgan dio lectura a un breve discurso, excitando a los contingentes para que celebraran la paz en homenaje al bienestar de la República. Seguidamente, los señores delegados exhibieron sus credenciales y preguntaron a Ferrera si tratarían con él o con representantes suyos. Ferrera contestó que, por de pronto, sería con él, pero que, de continuar las conferencias, nombraría sus delegados.

A continuación, Ferrera, farsante siempre, expresó que estaba dispuesto a sacrificarse en beneficio de la paz, pero presentó para ésta bases tan absurdas y ridículas que causaron verdadera sorpresa en el ánimo de los señores delegados y aun del mismo señor diplomático norteamericano.

Entre las bases que propuso y que fueron rechazadas unánimemente y con toda energía por la delegación oficial, figuran las siguientes:

1ª, retiro inmediato de la presidencia de la República del señor general Tosta, a quien calificó de enfermo e infiel cumplidor de sus deberes;

2ª, armisticio, y como garantía de éste, la entrega inmediata a él de la plaza de Comayagua.

La delegación oficial le hizo presente lo absurdo de esas pretensiones, y entonces Ferrera dijo que, en último caso, prefería que viniese la intervención extranjera, pues era mejor ser esclavo de los extraños que de los mismos hijos del país.

Tales palabras se comentan por sí solas y ponen de relieve la falta de honor y de patriotismo del general Ferrera, y lo errado de su criterio al juzgar como despótico al actual régimen que preside el general Tosta.

No lográndose ningún entendimiento, la delegación oficial regresó para Comayagua con el honorable señor Morgan, y anoche mismo ingresaron a esta capital.

El culto diplomático estadounidense, señor Morgan, cuyas gestiones amistosas le han granjeado verdadera simpatía en el pueblo hondureño, quedó convencido de que sólo Ferrera era obstáculo para la paz de Honduras y felicitó a los delegados del gobierno por el tino, energía y patriotismo con que procedieron.

La comisión del gobierno cumplió con entereza y dignidad el delicado encargo que se le confió, poniendo muy en alto el decoro del gobierno e interpretando fielmente el pensamiento y los sentimientos de la generalidad del pueblo hondureño. Con tal motivo, ha recibido merecidas felicitaciones por su actuación patriótica».

La guerra ha ocasionado algunos miles de muertos y la propiedad ha sufrido considerablemente. No se encuentran datos para hacer una apreciación de lo que ha costado a la nación la nueva montonera que obligó al propio presidente general Tosta a salir en persona, el 24 de septiembre, para ponerse a la cabeza de las fuerzas y combatir al jefe revolucionario que, habiéndose tomado la plaza de Comayagua, amenazaba con dirigirse a la capital.

Ferrera fue derrotado en la batalla que se libró en Ajuterique, donde combatieron más de cinco mil hombres. Esta batalla se libró el

11 de octubre, y fueron teatro de ella Ajuterique, Cerro Negro y Puringla, entre Comayagua, Siguatepeque y La Paz.

Se difieren las elecciones

En vista del estado anormal en que se encontraba el país en virtud del movimiento revolucionario de Ferrera, las elecciones para autoridades supremas que debían practicarse el último domingo de octubre fueron diferidas para el tercer domingo de noviembre, según el Decreto Número 20 que la Asamblea Nacional Constituyente emitió el 14 de octubre, y que dice:

«La Asamblea Nacional Constituyente,

Considerando: que por la situación anormal del país no podrían practicarse el último domingo de octubre las elecciones de autoridades supremas, para las cuales fue convocado el pueblo hondureño en Decreto N.º 5 emitido por esta Asamblea el 29 de agosto del presente año,

Decreta:

Artículo único. — Diferir para el tercer domingo de noviembre próximo y los dos días subsiguientes la práctica de las referidas elecciones, debiendo cumplirse en todo lo demás con el decreto relacionado.

Dado en Tegucigalpa, en el Salón de Sesiones de la Asamblea Nacional Constituyente, a los catorce días del mes de octubre de mil novecientos veinticuatro.

R. Alcerro Castro, presidente.
Antonio Bermúdez M., secretario.
J. M. Albir, secretario».

El 29 de octubre puede decirse que se puso término al movimiento de Ferrera, gracias a los encuentros librados el día 28 en las alturas de El Cerrón, Piedra Pintada y Hacienda Grande, en la frontera con Guatemala. Las huestes revolucionarias fueron desbaratadas, y, liquidado este movimiento, el presidente provisional regresó a la capital para entregarse de lleno a los distintos asuntos de Estado que le esperaban.

A cumplir lo pactado

Historiar los pormenores del movimiento que encabezó el general Ferrera sería labor de obra aparte. Habiendo triunfado la Revolución Reivindicadora en los precisos momentos en que se firmaba el Pacto de Amapala, y comprometidos los jefes de aquella Revolución a cumplir lo pactado, cuando tal labor se iniciaba bajo los mejores auspicios de paz y conciliación, el ministro de la Guerra del gobierno provisional se alzó en armas, pretextando incumplimiento de lo convenido y la tenaz persecución ejercida por el cariísmo contra el liberalismo ferrerista.

Ha habido necesidad de hacer el recuerdo de estos sucesos, mencionando a los doctores Bonilla y Arias como al general Ferrera, porque la actuación de estos hombres se circunscribe en el mismo lapso en que actúa visiblemente en la política el general Carías.

Bonilla y Arias se encontraban fuera del país, y Ferrera, que fue partidario del doctor Bonilla, había sido segundo jefe de la Revolución Reivindicadora, contra cuyos principios libertadores hubo de alzarse más tarde para frustrar su misión revolucionaria. Ya quedan explicados los móviles que indujeron al general Ferrera a asumir aquella censurada actitud.

Ahora, regrésese a los días cuando el gobierno provisional se entrega a la reorganización general del país y en la que el general Carías participa activamente en su doble condición de jefe supremo de la Revolución y como ministro de Gobernación y Justicia en el gobierno provisional.

Al iniciar sus actividades, el gobierno provisional emite varios acuerdos: el 2 de mayo se da el Decreto N.º 2 convocando para una Asamblea Nacional Constituyente; el día 8, el N.º 5, aprobando en todas sus partes el pacto firmado en Amapala; el día 9 se emite el N.º 6, concediendo amplia e incondicional amnistía para todos los delitos políticos, militares y comunes conexos con los políticos, cometidos desde el primero de febrero hasta el 9 de mayo de 1924, decreto que los hombres de la Revolución daban con el fin de reconciliar a la familia hondureña y que era uno de los fines perseguidos cuando se lanzaron a los campos de combate; y el 29 de mayo, el Consejo de Ministros emite el N.º 7, convocando a elecciones para diputados a la Asamblea Nacional Constituyente, fijando la fecha en que tales elecciones debían practicarse, con el objeto de que se decretara la nueva Constitución que viniera a sustituir la del 94, rota con el golpe de Estado que proporcionó la dictadura militar lopezgutierrista.

Así, la Revolución cumplía con su programa, y el gobierno provisional seguía fiel a los puntos comprendidos en el pacto celebrado a bordo del Milwaukee.

El general Carías, en aras de la paz de Honduras, continuó perfilándose como el político más abnegado y patriota.

Los jefes de la revolución de 1907, que asumieron en aquel entonces el poder, acordaron reformar la Carta Fundamental de 1894; pero como en el seno de la Asamblea Constituyente surgió sutil y perspicaz el egoísmo, y jugaron papel intrincado la ambición y la pasión política hasta llegar a la intransigencia más cruda, el propósito de reforma que los tiempos y las circunstancias exigían en forma inaplazable quedó por último burlado, y siguió en vigor la misma Carta Fundamental de 1894, que, sin lugar a disquisiciones, contribuyó enormemente a fomentar las luchas sangrientas que ha vivido Honduras.

López Gutiérrez, al dar su golpe de Estado, no se inspiró ni estaba animado en reformar la Constitución del 94, ni abundó tampoco en el deseo de dar al país una Constitución más avanzada, más aceptable y más acorde a los tiempos y a los nuevos problemas sociales, políticos y económicos.

Se ha dicho que las democracias significan el gobierno de las mayorías, es decir, el sufragio. Sin embargo, en las elecciones de octubre de 1923, el general Carías obtuvo la mayoría electoral; pero como la Constitución del 94, incubadora de revoluciones por la elasticidad de sus disposiciones fundamentales, hizo posible en 1924 que la democracia no significara el gobierno de las mayorías, sus más avanzados intérpretes —porque fueron sus creadores— juzgaron que la democracia era la minoría del electorado manifestada en las urnas en favor de un candidato. Los que legislaron en 1894 previeron para treinta años. Así es la historia.

La Revolución Reivindicadora estaba en el deber de dar a Honduras una Constitución avanzada, aunque no se logró este fin, porque algunos de los legisladores de 1924 eran actores en el movimiento ferrerista, y en los otros no fue posible que se centralizara con toda serenidad el espíritu del legislador, oyendo el constante rugir del cañón en las serranías, que causaba el derramamiento de sangre que a diario empapaba nuestras campiñas, lo cual hizo que la

Constitución de 1924 no comprendiera, en sus ya avanzados postulados, la diversidad de nuevos problemas planteados.

Sin embargo, puede decirse que la Carta Fundamental emitida por aquella Constituyente señaló, aunque con timidez, los caminos a seguir para encontrar más tarde la verdadera fórmula de la verdadera paz.

El general Carías, como jefe supremo de la Revolución Reivindicadora, puso todo su empeño y toda su cooperación a fin de que en la Constituyente del 24 se colmaran muchas de las aspiraciones del pueblo.

Nosotros y ellos

Los países de la América indohispana son, en su mayoría, pequeños y débiles. Pero la sabia naturaleza concedió a la desproporción geográfica incalculables y valiosas riquezas. Y es natural que más de una potencia extranjera, comprendiendo la posición geográfica y el contenido de tales riquezas, se haya interesado más de una vez, fijando su atención en nosotros, estudiando los caprichos, las debilidades morales de la naturaleza criolla y las ambiciones que cada uno —es lógico suponer— alienta en su fuero interno.

Y conociendo bien nuestra psicología, no es remoto que el interés se haya remarcado visiblemente y sea, por consiguiente, más acentuado el deseo de prolongar y conservar permanentemente ese dominio en estas latitudes.

El presidente Monroe acaso tuvo esta visión al proclamar su sabia política, como es posible sea la misma que ha inspirado a Mr. Roosevelt al proclamar la suya del Buen Vecino. Pero es el caso que Mr. Monroe comprendió entonces la gravedad del peligro que amenazaría en venideros siglos a su patria por ser grande y rica, y quiso entonces aquel visionario estadista convertirse en el campeón de las débiles democracias del Nuevo Continente.

Y delineando una política de protección a los países pequeños y débiles del hemisferio occidental, Mr. Monroe buscó la defensa de su propio país.

Puede ser cierto el hecho de que a la sabia política de Monroe —atenta y vigilante—, o a la constante interferencia norteamericana en la política interna de estos países caribeños, nosotros hayamos insistido denominándoles imperialistas, desconociendo o poniéndonos en un plano diametralmente opuesto a la razón para no admitir que tales interferencias han tenido por mira la protección de sus intereses económicos, al grado de que, con razón o sin ella, en los pueblos de habla española en América creciera y se mantuviera latente una mala voluntad hacia los Estados Unidos del Norte por su política imperialista.

Quizás también porque muchos gobernantes de la gran federación interpretaron con un criterio verdaderamente imperialista los grandiosos principios proclamados por Monroe, pues hechos como los que se vieron en México, Panamá, Nicaragua, Cuba, Puerto Rico, Santo Domingo y Haití justifican el concepto que fue estereotipándose en el espíritu y en la mente de la raza latinoamericana; y que, gracias a la política del Buen Vecino sustentada por Mr. Franklin D. Roosevelt, la desagradable impresión sentida y el prejuicio alentado paulatinamente están desvaneciéndose, como en las tardes la luz resplandeciente del día.

Condenaríamos el imperialismo si la política del Buen Vecino no nos hubiese sacado del error, ya que, gracias a ese imperialismo, debemos el que todavía estos países proclamen con altivez racial su independencia política, hasta cierto grado propia, si consideramos esa independencia desde el punto de vista meramente tradicional, en cuanto a costumbres y falta de alfabeto, vías de comunicación, higiene y despoblación.

Mr. Sumner Welles, ampliamente conocido en la América Latina, hizo en 1924 —después de que se efectuaron las conferencias a bordo del Milwaukee, surto en aguas de Amapala— estas importantes declaraciones:

«Nuestros propósitos son sanos y desinteresados; no ambicionamos tomar de su tierra ni una pulgada, combatiendo la errada idea que priva en la mente de los pueblos indohispanos acerca de los móviles que hacen a los Estados Unidos del Norte interesarse tan abiertamente por los grandes y pequeños problemas que nos afligen, ni queremos inmiscuirnos en su política interna; lo único que deseamos es el mantenimiento de la paz y de los gobiernos constitucionales; queremos que se establezcan sobre bases firmes gobiernos de orden y absolutamente independientes».

Un periodista yankee, Mr. Davis Lawrence, dijo entonces:

«En estos momentos, la característica principal de la política del gobierno de los Estados Unidos para con sus vecinos es la voluntad de descubrir y analizar sin prejuicios lo que piensan la América del Centro y del Sur acerca de los Estados Unidos».

Quiso decir, o dar a entender el publicista Lawrence, que no se podía llegar a descubrir y a analizar el grado de prejuicio y el estado de mentalidad de estos países por medio de una política intervencionista, tal como se venía practicando a lo largo de toda América antes de que entrara en vigencia la nueva política del Buen Vecino.

Decía el señor Lawrence, interpretando la doctrina Monroe:

«Lo que nosotros, durante varias generaciones, hemos considerado perfectamente claro y definido, ha estado exasperando la mente de nuestros vecinos del Sur.

Se han acumulado sospechas sobre sospechas; y de la doctrina original, formulada para impedir que las naciones europeas se anexen territorios, directa o indirectamente, instituyendo sus sistemas de gobierno en el hemisferio occidental, la controversia entera se ha desviado a la cuestión de las instrucciones que la nación más poderosa del mundo, o sea los Estados Unidos, pudiera intentar respecto de sus vecinos del continente americano.

Y a los pueblos de la América del Centro y del Sur no les falta del todo una lista de agravios específicos en lo pasado que sirven de base a sus recelos para el porvenir. México no ha olvidado todavía las circunstancias en que perdió el territorio de Texas.

Se ha visto en épocas recientes a los Estados Unidos ocupar militarmente Haití y la República Dominicana. Se nos ha observado en disputa con Colombia acerca del territorio necesario para construir un canal de océano a océano, contribuyendo finalmente, por el reconocimiento de la nueva República de Panamá, a la separación de este territorio del Estado a que pertenecía.

Todos estos incidentes, que han hecho escasa impresión en la generalidad de nuestro propio pueblo, han asumido proporciones enormes en la imaginación de los pueblos de la América Española».

Los gobiernos de Estados Unidos inspiraron su política de acuerdo con la conciencia de su grandeza económica y de su grandeza territorial, pero descuidaron el conocimiento y la psicología del pueblo latino. Y como dice el mismo señor Lawrence, en los últimos años fueron comprendiendo mejor el punto de vista de los pueblos del hemisferio occidental: hay un empeño mayor en conocer a fondo los fueros internos y externos de estos países.

Funcionaba aparentemente en estado normal el gobierno provisional, y entonces dieron principio las actividades políticas para elegir al presidente constitucional que debía suceder al orden transitorio creado por la revolución triunfante.

Ferrera estaba levantado en armas y había sido completamente liquidado. Pero había que seguir observando no sólo lo pactado en Amapala, sino también los pactos celebrados en Washington en 1923.

La prensa, como las agrupaciones políticas, principiaron sus actividades; y como estaban en vigencia el Pacto General de Paz y Amistad celebrado en Washington y el pacto firmado en Amapala, con cláusulas terminantes que de hecho excluían a los jefes de la Revolución, el Departamento de Estado de Washington, por medio de su ministro residente en Honduras, doctor Franklyn E. Morales, hizo llegar a la Cancillería la nota siguiente:

«Legation of the United States of America. — Tegucigalpa, 3 de julio de 1924. — Mi querido señor Ministro:

Mi Gobierno quedó sumamente complacido cuando los consejos amistosos de los Gobiernos de Guatemala, El Salvador, Nicaragua y Costa Rica, junto con los de mi Gobierno, lograron hacer posible la creación de un Gobierno Provisional por las varias facciones de Honduras, el cual se esperaba daría seguras garantías de libertad y de justicia en las elecciones, para que luego pudiera establecerse un Gobierno Constitucional en Honduras.

Mi Gobierno ha seguido observando con amistoso interés y preocupación el desarrollo de la situación política de Honduras. Y se ha preocupado mucho al saber que ciertos jefes de la Revolución recién pasada están todavía, como parece, haciendo esfuerzos en favor de sus candidaturas para el alto cargo de Presidente Constitucional. En el caso de que esos esfuerzos tuvieren buen éxito, es posible que surja una situación en virtud de la cual el Gobierno que resulte de las elecciones no pueda ser reconocido por el Gobierno de los Estados Unidos de América, ni tampoco por los Gobiernos de Centroamérica que han ratificado el Tratado General de Paz y Amistad suscrito en Washington el día 7 de febrero de 1923, ni por aquellos Gobiernos que decidan adoptar las estipulaciones de ese tratado como norma de su política respecto al reconocimiento de nuevos gobiernos en las repúblicas hermanas de Centroamérica.

El Gobierno de los Estados Unidos de América piensa que la estabilidad de las instituciones republicanas en Honduras está ahora mismo puesta a prueba ante los ojos del mundo entero, y espera con vehemencia que los directores políticos de la República evidenciarán la capacidad del pueblo hondureño para normalizar la situación creada por la Revolución recién pasada, mediante la práctica de elecciones libres y justas, y sujetándose a las reglas establecidas por todos los Gobiernos de Centroamérica en el Tratado General de Paz arriba aludido, para dar solución a una situación como la que ahora existe en Honduras.

A fin de que no sea mal comprendida la política de mi Gobierno, he recibido instrucciones del mismo para repetir su declaración hecha el día 30 de junio de 1923, sobre que la actitud del Gobierno de los Estados Unidos de América, respecto al reconocimiento de nuevos gobiernos en Centroamérica, será de acuerdo con las disposiciones del Artículo 2.º del Tratado General de Paz y Amistad firmado en Washington el día 7 de febrero de 1923 por los representantes de las cinco repúblicas de Centroamérica, el cual tratado estipula que las partes contratantes no reconocerán ningún Gobierno que surja en cualquiera de las cinco repúblicas en virtud de un golpe de Estado o de una revolución contra un Gobierno reconocido, mientras la representación del pueblo, libremente electa, no haya reorganizado el país en forma constitucional.

Y aun en ese caso, se obligan a no otorgar el reconocimiento si alguna de las personas que resultaren electas Presidente, Vicepresidente o Designado estuviere comprendida en cualquiera de los casos siguientes:

1.º Si fuere el jefe o uno de los jefes del golpe de Estado o de la revolución, o fuere por consanguinidad o afinidad ascendiente o hermano de alguno de ellos.

2.º Si hubiese sido secretario de Estado o hubiese tenido alto mando militar al verificarse el golpe de Estado o la revolución, o al practicarse la elección, o hubiese ejercido ese cargo o mando dentro de los seis meses anteriores al golpe de Estado, revolución o elección.

A fin de que sea perfectamente entendida la actitud de mi Gobierno, queda usted en completa libertad para publicar la presente nota en la prensa del país.

Cordialmente suyo,
Franklin E. Morales.

Dr. don Paulino Valladares, Ministro de Relaciones Exteriores. — Tegucigalpa.

El 6 de agosto de 1924, el presidente provisional aceptó la renuncia interpuesta por el general Carías de su cargo de secretario de Estado en el despacho de Gobernación y Justicia, renuncia que se vio obligado a presentar para atender mejor, como lo reclamaban, sus intereses personales y para quedar en libertad y poder dirigir más eficientemente los destinos del Partido Nacional.

En la misma fecha en que elevaba la renuncia de su elevado cargo, dirigía un patriótico manifiesto a sus correligionarios pidiéndoles apoyar el Gobierno del general Tosta en la defensa de las instituciones:

«La actuación del señor general Tosta durante su Gobierno Provisional ha sido de notoria honradez política y administrativa.

Tengo fe absoluta en que todos los miembros del Partido Nacional, que me han proclamado su jefe, estarán de acuerdo conmigo en que es obra de patriotismo, de consecuencia política y de honradez, rodear en estos momentos difíciles al gobierno legítimo y prestarle toda la cooperación que sea necesaria.

En tal virtud, excito a todos mis amigos partidarios para que aunemos nuestros poderosos esfuerzos a fin de que en breve pueda el Gobierno devolver al país la tranquilidad que éste necesita para restablecer su régimen constitucional e impulsar el progreso.

— Tegucigalpa, 6 de agosto de 1924. — Tiburcio Carías A.»

Demuestra con esta actitud el jefe del Partido Nacional su acendrado patriotismo y su gran desinterés, sacrificándolo todo para zanjar las mayores dificultades y para aportar todo contingente posible a fin de mantener inalterable el imperio de la paz y el bienestar de los hondureños.

Quería evitar a todo trance el derrame de una sola gota de sangre y no puso obstáculos para aceptar las transacciones decorosas, ni midió responsabilidades para prestar su apoyo al Gobierno Provisional.

Y esas muestras de patriotismo y desinterés continuó dándolas en forma desprendida y sincera. En las elecciones de octubre de 1923 fue el favorecido por el voto popular, cuya mayoría fue burlada por las intrigas que dos viejos políticos pusieron en juego.

Entonces, como candidato del Partido Nacional, se vio obligado a protegerse y proteger a los suyos recurriendo a la lucha armada, porque así también lo reclamaba la mayoría de un pueblo cuyos derechos se conculcaban y cuya libertad se restringía bajo las desoladoras pisadas de una dictadura.

Habiendo triunfado también el general Carías en la lucha armada, no tuvo inconveniente en someterse al espíritu de un pacto que él no inspiró, pero que sí aceptó en la creencia de que hacía el mayor bien posible al pueblo por cuyos derechos y libertades luchaba.

El 24 de noviembre de 1924 renunciaba a su candidatura para presidente de la República; así consta en el mensaje que dirigió a la Convención del Partido Nacional reunida en Tegucigalpa, cuyo documento dice:

«Honorable Convención del Partido Nacional:

Presento mi cordial saludo al inaugurar vuestras sesiones, y desde luego hago votos fervientes porque resolváis con todo acierto el problema que tengáis que discutir.

Dignaos oír la exposición que os voy a presentar.

I

Roto el orden constitucional de la República por consecuencia de la dictadura establecida por el expresidente general Rafael López Gutiérrez, quien había hecho burla de la libertad del sufragio mediante la imposición más descarada que registran los anales patrios, tuve que ponerme al frente de la Revolución Reivindicadora para establecer el imperio de la ley.

La lucha fue larga y sangrienta, bien que coronada con el mejor éxito, dando por resultado el implantamiento del gobierno del general don Vicente Tosta, uno de los jefes que contribuyó en grado máximo al triunfo definitivo de nuestras armas.

La administración reparadora del general Tosta seguía su marcha regular, desenvolviendo las energías de la nación para impulsar el progreso; pero en su gabinete figuraba como ministro de la Guerra el general don Gregorio Ferrera, en quien comenzaban a germinar las ambiciones de mando que fueron auspiciadas por la camarilla de que se rodeó, la cual se componía en su mayor parte de enemigos de nuestra causa.

Ferrera ya tenía premeditada su traición, y aprovechó su puesto de ministro de la Guerra para hacerse de elementos con los cuales intensificó la guerra que acaba de terminar con el fracaso de sus ambiciones.

Hoy la República, aunque desangrada, se encuentra en un período de relativa paz que da respiro a nuestros conciudadanos para que puedan meditar sobre el problema electoral que está pendiente aún, eligiendo con cordura y patriotismo a los candidatos a la Presidencia y Vicepresidencia de la nación.

II

Cuando el Partido Nacional, que representa las tres cuartas partes del pueblo hondureño, me hizo la honra de designarme candidato para la Presidencia en la pasada lucha electoral, yo acepté gustoso esa designación y enfrenté la situación con la actividad y energía indispensables, sin que me guiara ningún fin rastrero, sino el bien de mis compatriotas y la dignidad y honra de la patria, a la cual lo sacrifico todo.

El problema de la elección presidencial vuelve de nuevo a agitar los ánimos del pueblo, y el partido mantiene sus anteriores candidaturas; pero como han variado las bases sobre que opera la política internacional nuestra, con motivo del Tratado General de Paz y Amistad suscrito en Washington el 7 de febrero de 1923 por los países centroamericanos, muy especialmente en lo que estatuye el Artículo 2.º de ese tratado, debe tomarse otra orientación, a la cual es mi deber contribuir, ya que estoy lejos de toda ambición personal.

Debemos, pues, procurar que se utilicen otras actividades y energías que sean prenda de paz interior y exterior, y para dejaros campo para que peséis las causas expuestas y encontréis la mejor solución de este problema de vital importancia para nuestro partido, os presento mi renuncia de la candidatura para presidente de la República con que el partido me ha honrado; renuncia que os pido me admitáis, honorables señores delegados, y que a la vez designéis de entre nuestros correligionarios la persona más apta y de mayores méritos que me sustituya en la designación antes relacionada.

Os reitero mis votos porque tengáis completo y brillante éxito en vuestras labores.

— Tegucigalpa, 24 de noviembre de 1924.»

Otro gesto patriótico

Aplacadas las inquietudes de la guerra y la situación social del país volviendo a la normalidad, surge de nuevo el imperativo de elegir los ciudadanos que habían de regir los destinos de la Nación. Como bien lo dice el general Carías al presentar su renuncia de candidato, la elección presidencial vuelve de nuevo a agitar los ánimos del pueblo; pero, con motivo de haber entrado en vigencia el Tratado General de Paz y Amistad suscrito en Washington, que varió por completo las bases en que operaba la política internacional, a pesar de las aclamaciones constantes de todo el pueblo hondureño, en atención al Art. 2.° de aquel tratado, renuncia a su candidatura en un gesto de desprendimiento que demuestra su honradez y patriotismo; pues quien quiera que examine sin pasión y con serenidad esta actitud suya, encontrará que tal determinación es firme e invariable, ya que está lejos de que sus actos sean guiados o inspirados por el espíritu de una ambición rastrera.

Su hombría de bien, su rectitud de carácter y sus deseos muchas veces demostrados por el bienestar y la paz del país, en vez de restarle méritos por tal actitud, le suman la sincera y leal adhesión de miles de conciudadanos que ven en este raro varón un símbolo de redención para la Patria.

A pesar de que en la renuncia campean la sinceridad y el desinterés, dando en ella una prueba más de su rectitud patriótica y de su espíritu de abnegación y sacrificio, que podrían abonar o constituir razón poderosa para tomar en cuenta tal determinación, la renuncia no ha tenido ningún resultado, pues la Convención, después de consultar y recabar la opinión de sus comitentes, acuerda no admitir la renuncia, y la representación del Partido, en asamblea solemne, se declara incompetente para resolver.

El problema político sigue en pie, y hay ansiedad porque los directores del Partido adopten una actitud definitiva que oriente y aplaquen el clamor del pueblo —de ese pueblo que desconoce los tejes y manejes de la política interna y externa, que ignora los compromisos internacionales que influyen en la estabilidad de los gobiernos y el afianzamiento de las instituciones, que desconoce la existencia de tratados que a veces asumen los caracteres de leyes sagradas, que no sabe que hay sanciones internacionales—; al que hay que prestarle atención, al que hay que orientar y decirle la verdad, pues cuando es patriota y consciente, oye la verdad, aprecia los hechos y acepta las razones que se le dan.

El general Carías fue el primero en hablar la verdad a su pueblo, dando las razones que le imposibilitaban ser candidato a la Presidencia por su condición de Jefe Supremo de la Revolución Reivindicadora y por la existencia de los Pactos de Washington. Fue su actitud decorosa la que salvó los escollos que amenazaban levantarse entonces contra el porvenir de la Patria.

El general Carías, hombre que sabe hacer honor a su palabra empeñada, no quiso marchar a la consecución de los anhelos populares por las vías determinadas de su propia voluntad. Con brazo inflexible y con pensamiento invariable, actuó sobre la voluntad de un enorme conglomerado porque así lo exigían las vinculaciones internacionales. Había cumplido el pensamiento del gran pensador argentino Mitre: combatir por el derecho, por la libertad, por la justicia, en nombre de los eternos principios que forman la conciencia humana; había combatido para derrocar los obstáculos que se oponían al engrandecimiento de la Patria.

Siendo el general Carías el más querido y prestigiado de los hombres que han pretendido ocupar la primera magistratura de la República, y en quien había fijado sus ojos todo un pueblo que sufre y trabaja, por disciplina y para garantizar la paz interna y para estabilizar el orden público, hubo de inclinarse en favor de una fórmula surgida para armonizar los conflictos que presentan siempre, en la política internacional de las naciones, los pactos, convenios y tratados que se celebran para ajustar los intereses y mediar las diferencias siempre comunes en la vida de los pueblos.

Cuando más probabilidades de éxito tenía el general Carías para salvar la soberanía nacional y consolidar el orden público, se retira de la arena política, más grande, más noble y más iluminado, ostentando con justo orgullo su fama de patriota y de honrado ciudadano.

Había necesidad de convencer al pueblo de la urgencia de una política conciliadora y afín a los compromisos internacionales contraídos. Entonces el Caudillo se puso a trabajar activa y tesoneramente en favor de la nueva fórmula Paz Baraona–Quezada.

Un diario de aquella época, comentando la actitud abnegada del general Carías, decía:

«Vamos a referirnos acerca del patriota abnegado que, pudiendo llegar a empuñar el poder, se sacrifica en aras del bienestar de la

Patria, y no sólo abdica del puesto preferente en que lo ha colocado la opinión pública, sino que se convierte en propagandista desinteresado de aquellos a quienes ha juzgado merecedores de sucederle y capaces de afianzar la paz de la Nación y de realizar las nobles aspiraciones del partido de que él es jefe.

Estaba seguro de su triunfo, pues nadie antes de ahora ha sido tan aclamado como él por el pueblo hondureño, ni ha recibido más elocuentes demostraciones de firmeza en el afecto y estimación nacionales. Sabía que su solo nombre era para el país un símbolo de redención. Sin embargo, cuando vio la lucha sorda de los intereses creados contra su éxito final, y creyendo que con su retiro del palenque desaparecerían las amenazas que se ciernen sobre el bienestar nacional, con abnegación casi inverosímil, por lo desacostumbrada, con un desinterés personal que lo glorifica, renuncia al encumbramiento que quiere llevarlo la opinión, y se va, como apóstol del patriotismo, a predicar a los pueblos lo que estima de mayor conveniencia nacional.

Al general Carías hubo que ir a sacarlo, como a Cincinato, de sus labores agrícolas para ponerlo al frente de las legiones nacionalistas y encargarlo de dirigir sus esfuerzos. Para él está la Patria ante todo y sobre todo, y cuando ha creído que su alejamiento de la pugna política es conveniente para aquella, lo pone en práctica, sin vacilaciones y con la misma abnegación que ya en él es característica.

Partió el general Carías para la Costa Norte en propaganda por los nuevos candidatos. Este hombre parece forjado en los moldes de la antigüedad, de donde salieron preclaros varones que, al través de la historia y de los tiempos, siguen despertando admiración y simpatía».

El 11 de diciembre de 1924, el Caudillo, aclamado por las multitudes, renunciando a su candidatura en aras de la conveniencia nacional, giraba a los comités y subcomités nacionalistas de la República este mensaje:

«Por motivos de alta conveniencia para la Nación y para los intereses del partido que hemos organizado y sostenido a costa de tantos sacrificios y de tanta sangre, he resuelto, de manera irrevocable, retirar mi candidatura y apoyar la fórmula del doctor don Miguel Paz Baraona como Presidente y del doctor don Presentación Quezada como Vicepresidente, fórmula que se ha convenido con los demás jefes de la Revolución y que apoyaremos de la manera más decidida.

Considero que ustedes darán fe a mis palabras y estimaré como la mejor muestra de su adhesión hacia mí y de su disciplina el que se funden en la decisión que hemos tomado.

Todos ustedes deben ver en esta resolución, como la vemos nosotros, la mejor forma de salvaguardar los altos intereses a que me he referido; y, por lo mismo, espero que acatarán la solución dada al problema electoral y pondrán de su parte toda su actividad para hacer que salga electa la fórmula Paz Baraona–Quezada.

— Su afmo. — Tiburcio Carías A.»

El 29 de agosto de 1924, la Asamblea Nacional Constituyente emitió el Decreto Número 5, convocando al pueblo para las elecciones de autoridades supremas el último domingo de octubre y en los días lunes y martes siguientes.

El 14 de octubre del mismo año, y en vista de la situación anormal por la que atravesaba el país, que hacía impracticables las elecciones de autoridades supremas para las cuales había sido convocado el pueblo, la Constituyente emitió el Decreto N.º 20, posponiendo para el tercer domingo de noviembre dichas elecciones.

Como no fue posible que el Decreto N.º 20 se cumpliera, hubo necesidad de que la misma Constituyente, convertida en Asamblea Legislativa, emitiera el 5 de noviembre otro decreto, difiriendo para el cuarto domingo de diciembre y los dos días subsiguientes la práctica de tales elecciones, en vista de que no se había restablecido el orden público alterado con motivo de la guerra civil; y en cumplimiento de este último decreto, las elecciones se verificaron, dando como resultado el triunfo de la fórmula Paz Baraona–Quezada, que el general Carías auspició y sostuvo, consecuente y disciplinado, en una determinación patriótica.

Una vez inaugurado el gobierno del doctor Paz Baraona, el general Carías volvió a sus trabajos agrícolas de Zambrano con la conciencia tranquila del deber cumplido.

EL CAPÍTULO DE LA DICTADURA

Decía el doctor Paulino Valladares que cuando el general Rafael López Gutiérrez se separó del puesto de administrador de la Aduana de Puerto Cortés para venir a Tegucigalpa a recibir la cartera de ministro en el gobierno del general don Miguel R. Dávila, se permitió el lujo de unas ligeras vacaciones, paseando su humanidad por los Estados Unidos.

«En Nueva York nos encontramos con él —relata el doctor Valladares— y almorzamos cierta vez en compañía de don Juan E. Paredes. Nos dijo López Gutiérrez: "Debemos trabajar para que el general Dávila se quede en el poder por un período más, o por toda su vida, si es posible"».

En la narración de hechos históricos deberíamos ajustarnos siempre a la estricta verdad y cumplir en todo los mandatos de Henopel, que dice: «Es preciso que la historia trate, en todo momento, de poner en claro el lado psicológico de los hechos».

Pues el historiador debe tener en cuenta constantemente este elemento para poder explicar la mayor parte de los sucesos.

¿En qué época de la administración López Gutiérrez se estableció en el país el estado de violencia y de zozobra?

Después de una interrumpida lucha cívica llegó al poder el general don Rafael López Gutiérrez. El Partido Nacional, que contaba con la mayoría de la voluntad popular, perdió entonces la partida en las inesperadas contingencias de la guerra de 1919.

En 1923, el Partido Nacional se congregó nuevamente para tomar parte en la contienda electoral. El candidato del Partido Nacional en 1919 fue el doctor don Alberto Membreño. El candidato del mismo partido en 1923 fue el general don Tiburcio Carías Andino.

López Gutiérrez hizo un gobierno impopular, acrecentando, por consiguiente, las filas del nacionalismo. La obcecación de determinado grupo de hombres alrededor de aquel gobernante provocó la dictadura e hizo necesaria la guerra reivindicadora de 1924.

El Partido Nacional fue preparándose para la lucha cívica con una fórmula presidencial prestigiada, aunque desarrollaba sus actividades dentro del imperativo de esta pesimista interrogación: ¿respetará o no respetará el Jefe de Estado la libertad del sufragio?

Ya eran conocidas las actividades que se desplegaban por algunos parientes y empleados del gobernante en favor de un deudo político, hermano de la esposa del presidente: el licenciado don Carlos Lagos. En los íntimos conciliábulos de la familia reinante se discutieron los impedimentos legales, y hubo algunos amigos que se empeñaron en demostrar que el Art. 104 de la Constitución Política en vigencia no impedía la elección. Aquel criterio personalista e interesado de los allegados se fundaba en que, si la soberanía reside en la universalidad de los hondureños y si todos éstos votaban por el cuñado del presidente López Gutiérrez, la elección sería legal.[3]

Y al no ser el licenciado Lagos el candidato oficial, ¿quién lo sería? Quedaba a la familia la resolución de esta penosa disyuntiva. Se pensó entonces en una rápida reforma de la Carta Fundamental.

«Los propósitos impositores del gobierno fueron tan notorios —decía entonces el Dr. Valladares—, sus planes oligárquicos tan visibles y su intransigencia partidista tan alarmante, que el Departamento de Estado de Washington se preocupó por la estabilidad pública de Honduras».

«Los consejos y prevenciones de los Estados Unidos no fueron suficientes para evitar, a última hora, el ataque a los electores, perpetrado con lujo de barbarie en las calles centrales de la capital de la Nación. El pueblo fue ametrallado sin piedad el día de los comicios.

«Nosotros salimos de Tegucigalpa —continúa el Dr. Valladares— en septiembre de 1923. Poco antes de nuestra huida expusimos al general Carías la convicción de que el gobierno de López Gutiérrez no permitiría su triunfo en los comicios. Creímos siempre que se impediría al carismo por la fuerza o por el fraude, que sumara en las urnas la mayoría legal absoluta. Y así fue. Conservamos las pruebas de las órdenes impartidas por la esposa y los cuñados del gobernante, y por el ministro de Gobernación, tendientes a dividir el voto del electorado.

---

[3] Por lo visto, la familia Lagos era más optimista que el mismo Dr. Pangloss, al suponer que todos los hondureños ungirían con sus votos a ese personaje tan aclamado... entre la familia reinante.

«A principios de diciembre obtuvimos algunos datos ciertos sobre el propósito que abrigaba el general López Gutiérrez de dar un golpe de Estado. Pasadas las elecciones esperamos la resolución del Congreso Legislativo, y pensamos durante algún tiempo que se podía llegar a un arreglo sobre la base de la presidencia del general Carías, por haber obtenido éste una lujosa mayoría de sufragios, a pesar de la imposición flagrante y sangrante que consternó a la patria.

«Llegado el primero de febrero, López Gutiérrez asumió la dictadura acariciada.

«Desconocida la dictadura, cuando el Departamento de Estado rompió sus relaciones con el dictador del 6 al 9 de febrero, la consideramos derrotada, cualesquiera que fueran las peripecias de la guerra».

La guerra había sucedido a la dictadura. El país se encontraba bajo la impresión de esas dos fuerzas anormales: la guerra y la dictadura. El Pacto de Amapala ponía fin a la situación anormal que vivía el país; del convenio celebrado entre el delegado personal del presidente Calvin Coolidge y los jefes de la Revolución Reivindicadora, surgió la designación del general Vicente Tosta como presidente provisional, contando con el apoyo moral de los Estados Unidos y de los otros gobiernos de Centroamérica para consolidar el orden público.

Después de la designación del general Tosta en Amapala, el general Gregorio Ferrera pretendió restablecer el Pacto de Tiloarque, desconociendo así la obra de las conferencias de Amapala. La llegada de Mr. Sumner Welles a playas hondureñas ponía fin a la lucha armada, pero en la Isla del Tigre el problema hondureño apenas quedaba resuelto provisionalmente.

En la lucha política de 1923 se interpretó el Tratado General de Paz y Amistad como instrumento lesivo a la soberanía de la patria, y de este error se salió cuando hechos consumados habían perjudicado tanto los intereses nacionales.

El secretario de Estado, Mr. Charles Evans Hughes, definiendo en un discurso la política del Departamento de Estado en el caso de las repúblicas de la América Central, dijo:

«Ha sido nuestro constante esfuerzo, en los intereses de su integridad y soberanía, facilitar mediante nuestros buenos oficios los convenios y las medidas de seguridad y de progreso entre ellas, que favorezcan condiciones estables y prósperas. Al fomentar la estabilidad no amenazamos la independencia, sino que buscamos conservarla. No nos proponemos obtener el control, sino que nos esforzamos en establecer el Self Control».

Cuando el general López Gutiérrez asumió la dictadura que tanto había acariciado, creyó contar con el apoyo moral del gobierno de Washington; pero cuando, en modo rápido, brusco y radical, el Departamento de Estado rompió sus relaciones diplomáticas, el dictador tembló de pánico; quiso entonces enviar a Washington como agente confidencial al doctor don Alberto Uclés, pero el secretario de Estado, Mr. Hughes, no lo permitió, y el general López Gutiérrez volvió a temblar, y como lo comentó una vez el Dr. Valladares: «Tanto tembló, que se murió también».

Del Convenio de Tiloarque entre los jefes de la Revolución Reivindicadora surgió la fugaz presidencia del doctor don Fausto Dávila, a quien mandaron a traer de Nueva Orleans, inaugurando éste su gobierno en la ciudad de San Pedro Sula.

Pero los sucesos que siguieron desarrollándose en los campos de batalla, como en los campos de la política, frustraron el idealismo político del Dr. Dávila, que se esfumó en las aguas de Amapala.

Y a pesar de las intenciones y trabajos puestos en juego por el general Ferrera para restablecer el Pacto de Tiloarque y desconocer el de Amapala, el general Tosta inauguró su gobierno, secundado por la firme determinación del general Carías de que se cumpliera lo pactado. Vinieron, como es natural, las intrigas, y las pasioncillas fueron abriendo hondos surcos que daban a la situación política establecida marcados caracteres que, en más de un momento, prometieron el desencadenamiento de nuevas tempestades; por un instante pareció surgir la fórmula presidencial Carías–Ferrera, como por un momento también se escucharon los nombres de la fórmula José María Casco–Ramón Alcerro Castro.

Los jefes de la Revolución habían lanzado sus respectivos manifiestos al pueblo hondureño; pero a pesar de todo, el general Ferrera permanecía al margen de aquellos acontecimientos que se desarrollaban, siempre equivocado.

El Pacto de Amapala establecía en su Art. IV que en la designación de los miembros del gabinete y demás nombramientos para el servicio de la administración pública, deberían tener parte equitativa todas las fracciones políticas de la República. Tosta tuvo que vencer varios obstáculos para organizar su gabinete, ya que el ministro americano, Mr. Franklin E. Morales, insistía en el cumplimiento del Pacto de Amapala, e invocando aquel convenio suscrito, tuvieron representación en el ministerio las fracciones políticas de la República, quedando de esta manera representados el grupo policarpista y el pequeño conglomerado arista.

Los gobiernos de Estados Unidos y de Centroamérica se comprometieron en el Pacto de Amapala a prestar su apoyo moral al gobierno provisional, y éste, a su vez, estaba obligado a cumplir con dichas estipulaciones; y al no hacerlo, no habría sido reconocido por el Departamento de Estado ni por los otros poderes de la América Central.

Vino la lucha para encontrar un candidato que armonizara todas las tendencias políticas, que afianzara la paz y garantizara el bienestar público. Se quería, pues, un candidato único. El problema presentaba dos bases: la primera, la campaña eleccionaria; la segunda, la lucha armada. En la primera había triunfado el nacionalismo, y en la segunda también había triunfado, sólo que a este triunfo se habían sumado como factores el esfuerzo prestado por los generales Vicente Tosta y Gregorio Ferrera.

Ni el general Tosta ni el general Ferrera pertenecían al nacionalismo, pero la paz de la República aconsejaba la armonía entre los jefes de la victoriosa Revolución Reivindicadora, ya que un desacuerdo entre los mismos haría inminente la renovación de la matanza, como en efecto lo fue, cuando el general Ferrera, en su calidad de ministro de la Guerra del gobierno provisional de la Revolución, se lanzó a la rebelión pretextando la falta de cumplimiento del Pacto de Amapala.

Ferrera se había lanzado una vez más al bochinche, empujado por los mismos elementos que provocaron la dictadura y la guerra de 1924.

Ferrera alegó en su proclama revolucionaria que su levantamiento se justificaba por la constante violación que sufría el Pacto de Amapala de parte del gobierno provisional y del cariísmo que también participaba en aquel gobierno.

Y el Pacto de Amapala, entretanto, se cumplía en todas sus partes: se organizó el ministerio conforme a su Art. 4.º, se dio el decreto de amnistía, se liquidaron las tropas y se convocó al pueblo a elecciones de diputados para la Asamblea Nacional Constituyente. Ferrera dejó írrito el Pacto de Amapala.

El nacionalismo triunfante resolvió el problema del candidato a la presidencia de la República sin contar con la decisión de Ferrera, que se encontraba en los cerros como jefe de la revuelta.

En las conferencias de Amapala, el delegado del general Ferrera propuso como candidato a la presidencia provisional al Dr. Fausto Dávila, y el delegado del general Carías, al general Vicente Tosta. Cuando el general Ferrera se lanzó a la lucha armada después de aceptado el pacto, el compromiso contraído había desaparecido, como extinta era ya la posibilidad de la fórmula Carías–Ferrera.

Con Ferrera habría sido casi difícil encontrar una solución que correspondiera a los esfuerzos del general Carías; pero sin aquél correspondió al nacionalismo resolver el problema eleccionario que afianzaría el imperio de la paz. De esta manera, las milicias del nacionalismo fueron a las urnas el último domingo de diciembre y los dos días siguientes, saliendo electo presidente de la República el doctor don Miguel Paz Baraona.

Es decir, pues, que en las elecciones del 28 de diciembre de 1924 se conoció al sucesor del gobierno constitucional de López Gutiérrez, pues el de Tosta era uno de conciliación transitoria.

Y el Caudillo, después de exilios obligados, de privaciones dignas y altivas, de rebeldías heroicas y patrióticas; el Caudillo, aclamado unánimemente por la voluntad de un pueblo para designarlo de nuevo candidato a la presidencia de la República, oye en la soledad de sus meditaciones los imperativos de la patria, que siempre pide abnegaciones perínclitas; y después que él mismo recorre la República en propaganda en contra de su propia candidatura, como en un paréntesis de olvido, deja la política para volver a su heredad de Zambrano a confundirse con los que trabajan la tierra.

Y en Zambrano queda el general Carías entregado a las faenas agrícolas para reintegrarse nuevamente a la política cuando, en 1928, su partido reclama otra vez su contingente, y sin poder desoír al pueblo que lo pedía a gritos para presidente de la República, contra su propia voluntad acepta el puesto que le señala la voluntad popular.

FOTOGRAFÍAS

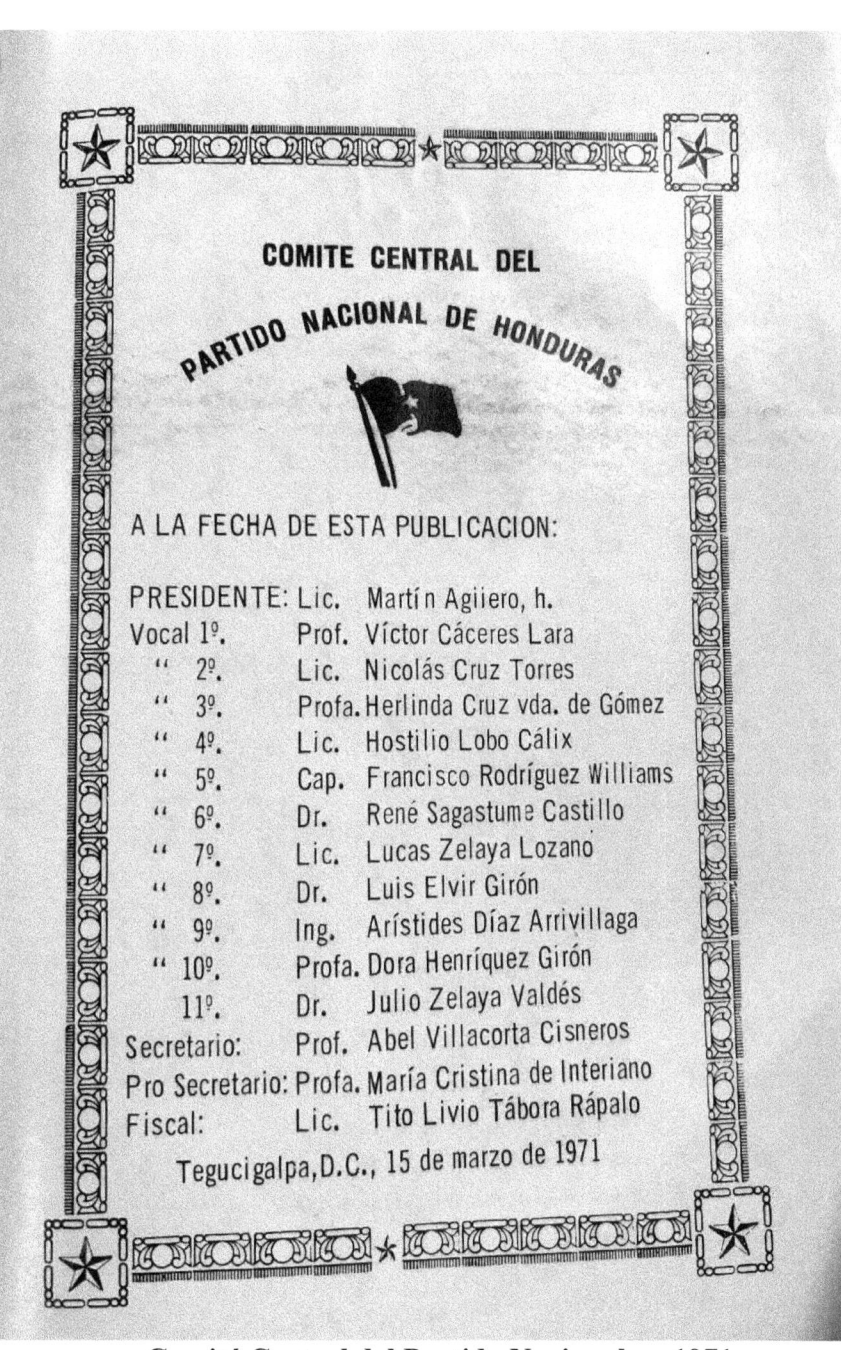

COMITE CENTRAL DEL

PARTIDO NACIONAL DE HONDURAS

A LA FECHA DE ESTA PUBLICACION:

PRESIDENTE: Lic.   Martín Agiiero, h.
Vocal 1º.   Prof. Víctor Cáceres Lara
  "   2º.   Lic.   Nicolás Cruz Torres
  "   3º.   Profa. Herlinda Cruz vda. de Gómez
  "   4º.   Lic.   Hostilio Lobo Cálix
  "   5º.   Cap.   Francisco Rodríguez Williams
  "   6º.   Dr.   René Sagastume Castillo
  "   7º.   Lic.   Lucas Zelaya Lozano
  "   8º.   Dr.   Luis Elvir Girón
  "   9º.   Ing.   Arístides Díaz Arrivillaga
  " 10º.   Profa. Dora Henríquez Girón
     11º.   Dr.   Julio Zelaya Valdés
Secretario: Prof. Abel Villacorta Cisneros
Pro Secretario: Profa. María Cristina de Interiano
Fiscal: Lic.   Tito Livio Tábora Rápalo

Tegucigalpa, D.C., 15 de marzo de 1971

Comité Central del Partido Nacional en 1971.

Retrato del general Carías.

Murió el General Tiburcio Carías Andino

ESTADOS UNIDOS PUEDE RETIRAR DIVISION COMPLETA DE VIETNAM

CAMBIOS FUNDAMENTALES EN FUERZAS ARMADAS DE ISRAEL

Club Arlequín ganó lotería de España

El Día
Diario Libre - Doctrinario - Informativo

El 23 de diciembre de 1969 falleció el dictador. Tenía 93 años.

Diario El Día fue muy cercano al general Carías.

LA CARICATURA DE LA SEMANA
EL ÚLTIMO CONSEJO DEL ÚLTIMO CAUDILLO

Caricatura elaborado por el famoso Raviber (Ramón Villeda Bermúdez).

EXCELSIOR

Año II   Tegucigalpa, 31 de marzo de 1938   Núm. 14

15 de Marzo

O
p
i
n
a
m
o
s

Q
u
e

Las campanas del entusiasmo se echaron al vuelo este memorable día, en que el varón más egregio de Honduras celebró en la quietud de su hogar campestre, rodeado de sus afectos y de algunos íntimos, el glorioso aniversario de su natalicio. Y llamamos glorioso a su advenimiento al mundo, porque sin ese memorable suceso, la Historia Patria continuaría en larga espera de que un ansiado Lohengrín, caballero en el clásico cisne redentor, llegara algún día en defensa de sus fueros mal comprendidos y peor injuriados.

Porque Honduras no hubiera aventado muy lejos las costras del ayer.

Y porque no hubiera surgido, cual luce hoy, como un nuevo sol en el prometedor horizonte de los pueblos elegidos dando brillo a los pimpollos generosos de una nueva vida que se anuncia con repiques y hosannas de resurrección.

Toda la patria de Lempira rindió homenaje de admiración y cariño al querido mandatario Gral. Carías. Desde Ocotepeque al Cabo Gracias a Dios; desde las Islas de la Bahía hasta el Golfo de Fonseca. Desde el cerebro privilegiado hasta el labriego humilde; desde el anciano hasta el infante. Todo Honduras reunió en una sola palpitación lo mejor de sus sentimientos y los dejó ir al vuelo el 15 de marzo como bandada maravillosa de blancas palomas describiendo dichas en el éter impalpable con el ebúrneo temblor de sus alas fugaces.

Antaño estos acontecimientos se reducían a festividades convencionales o aparatosas dentro de un círculo muy estrecho, con mucha pólvora de salvas, curvatura de espinazos serviles, y harto champán bautizando paladares inéditos a este licor protocolario...

En la época Carías Williams, todo ese sarcasmo de las esferas oficiales ha quedado relegado al olvido como un vicio anacrónico.

Hoy este gran hombre se retira a su humilde y honorable hogar de Zambrano, a tomarse algunas horas de descanso reparador, para, llegado el nuevo día, volver a sus árduas faenas con la misma voluntad férrea que lo caracteriza, como un varón hecho de aquel roble epopéyico en el que solamente se modelan los patricios de verdad.

Hasta allí le sigue el cariño hondureño en forma de amable recuerdo; porque la sustracción del hombre a lo que ha producido el yunque de su idea bienhechora es algo difícil, y por eso el Gral. Carías, que ha hecho de Honduras su querido pueblo, no puede sustraerse al cariño sincero de su propio pueblo que lo aclama, le admira y le quiere con devoción, aunque se interponga la distancia o lo cobijen con amable fervor el follaje aromoso de los verdes pinares de Zambrano, porque los ojos del espíritu son pupilas que se adentran por todas las sendas espirituales.

EXCELSIOR se une lleno de regocijo a todas las felicitaciones recibidas por el querido mandatario, deseándole muchos años de vida para su bienestar y el de HONDURAS.

Excélsior y sus felicitaciones en el cumpleaños del dictador.

EXCELSIOR

Cumpleaños del
Sr. Presidente

Gral. don Tiburcio Carías Andino

Presidente constitucional de la República, quien estuvo celebrando el día de su natalicio en su preciosa mansión de Zambrano, en completa intimidad familiar.

Portada dedicada a Carías Andino. La original es a colores.

El General Carías visita Ojojona

El Excelentísimo Sr. Presidente Carías Andino, saliendo de la Iglesia Parroquial de Ojojona el día de su visita a ese pueblo de abolengo. A su lado encuéntrase el Sr. Alcalde Municipal don Manuel Sierra y otras distinguidas personas

El 12 de Febrero de 1939 será una fecha memorable en el alma vibrante del pueblo de Ojojona, pues ya sus esplendores tan viejos pero insignes, que dormían angustioso olvido en las telarañas del tiempo, van despertando de su letargo de luengos años por obra y gracia de un hombre que sin ser taumaturgo hace brotar maravillas con la varita mágica de su enorme voluntad y su comunicación de ciudadano que se sabe obligado a un pueblo amado y agradecido.

Hoy le llegó el turno a Ojojona de sentir en el dorso de sus calles vírgenes el rodar de vehículos modernos y la estridencia de sus cláxons, como un sueño de las urbes nórdicas o una súbita inyección de progreso, cuyas sensaciones nos deslumbren. Porque en la conciencia adormecida de los pueblos distantes un acontecimiento de esta naturaleza causa con razón efectos deslumbrantes.

Ayer no más el Cerro de Hule era un lugar agreste donde las rochelas de garañones hacían retemblar con sus raseos de absidiana la cerrilidad de aquellos ámbitos y los becerros montaraces distendían sus grandes pupilas en las lejanas lontananzas sureñas como si quisieran diluirse en los glaucos remansos del Golfo de Fonseca.

Hoy el Cerro de Hule ha entregado sus corcobas y sus planicies para que penetre el progreso en su avanzar incontenible por la cicatriz moruna de su carretera, pasando por el Suyatillo, Las Quebraditas, Santa Ana, El Junquillo y entrando a La Bocana llegar hasta Ojojona

como una bendición ansiada para verter en esa realidad la cornucopia labriega, imán de todas las prosperidades.

Ojojona, pues, queda unida a los miles de kilómetros de carretera y cienes de pueblos y ciudades que la Administración del General Carías ha puesto en contacto comercial, social e histórica en los años que lleva de su progresista gobierno.

Tomamos a continuación algunos párrafos que a este respecto encontramos en «La Epoca» de este D. C., vertidos con toda fidelidad por la acreditada Oficina de Prensa de Información Centroamericana. Dice así:

—«Cabe hacer notar en estos párrafos la belleza panorámica y atracción que para el turismo ofrece el ramal carretero de El Sauce a Ojojona, lo mismo que la importancia agrícola e histórica de estas laboriosas poblaciones, pues al ascender al «Cerro de Hule», haciendo siempre la travesía sobre la magnífica autovía mencionada, el turista no resiste la tentación de parar unos instantes y contemplar el espléndido y vasto panorama que la naturaleza le brinda; por un rumbo, la quietud azul del Golfo de Fonseca confundiéndose con el cielo, y hacia otro, a lo lejos, Tegucigalpa descansando a sus plantas, tal como la admiró y cantó el gran poeta cubano J. Joaquín Palma. Deslizándose luego sobre la moderna autovía, en pocos minutos se llega a Santa Ana, la población que en 1894 fué duramente castigada por una de nuestras pasadas guerras fratricidas con el incendio de su total número de casas y que ahora, resurgida gracias a la constancia y laboriosidad de sus habitantes, se encuentra en segura vía

—Pasa a la Pág. 24

Otro grupo de visitantes al pueblo de Ojojona en el punto denominado «La Bocana». Adviértase en el arco vegetal la leyenda alusiva que habla mucho de la sociabilidad de los ojojonas

En enero de 1939, Carías Andino visitó Ojojona.

328

CONTENIDO